上海市商务委员会公平贸易公共服务项目

中国企业RCEP国家
经贸风险防范和争端解决指引

上海国际经济贸易仲裁委员会（上海国际仲裁中心）◎ 编

上海人民出版社

编委会

目　录

序　言

《区域全面经济伙伴关系协定》（Regional Comprehensive Economic Partnership，以下简称 RCEP）是 2012 年东盟发起，历时八年，由包括中国、日本、韩国、澳大利亚、新西兰和东盟十国共 15 方成员制定的协定。2022 年 1 月 1 日，RCEP 正式生效，首批生效的国家包括文莱、柬埔寨、老挝、新加坡、泰国、越南等东盟 6 国和中国、日本、新西兰、澳大利亚等非东盟 4 国。2022 年 2 月 1 日起，RCEP 对韩国生效。2022 年 3 月 18 日起，对马来西亚生效。2022 年 5 月 1 日起，对缅甸生效。2023 年 1 月 2 日起，对印度尼西亚生效。2023 年 6 月 2 日起，对菲律宾生效，至此 RCEP 对 15 个签署国全面生效。

RCEP 由序言、20 个章节（包括初始条款和一般定义、货物贸易、原产地规则、海关程序和贸易便利化、卫生和植物卫生措施、标准 / 技术法规和合格评定程序、贸易救济、服务贸易、自然人临时流动、投资、知识产权、电子商务、竞争、中小企业、经济技术合作、政府采购、一般条款和例外、机构条款、争端解决、最终条款章节）和 4 部分市场准入附件共 56 个承诺表（包括关税承诺表、服务具体承诺表、投资保留及不符措施承诺表、自然人临时流动具体承诺表）组成。RCEP 是一个现代、全面、高质量、互惠的大型区域自由贸易协定。

RCEP 的全面生效为我国与成员方扩大货物贸易创造了更有利条件，有利于深入推进区域产业链、供应链融合发展，对于中国企业拓展国际经贸合作新空间，中国在更高起点上推动实现更高水平制度型开放具有重要意义。2022 年中国与 RCEP 其他成员进出口总额达 12.95 万亿元人民币，同比增长 7.5%。实际利用 RCEP 其他成员投资额 235.3 亿美元，同比增长 23.1%。

随着中国企业与 RCEP 其他成员国企业经贸交往的进一步深化，不可避免地会与其他成员国企业产生更多商事争议。国际商事纠纷常见的争议解决机制包括法院诉讼、商事仲裁和商事调解。法院诉讼的适用范围广、纠错机制多、裁判执行力强，商事仲裁的灵活度高、一裁终局、可强制执行，商事调解的氛围友好、保密性强、自主性强。不同商事争议解决机制各具特色，选择适合商事交易具体情况的争议解决方式，能最大程度地保护商事交易双方的合法利益。

RCEP 成员国法律体系多样、法治水平差异悬殊。大多数国家通过民事诉讼解决商事纠纷，少数国家设立有国际商事法庭。有的国家制定专门的国际商事仲裁法和调解法，有的国家依赖的是某个争议解决机构的相应规则。为有效帮助中国企业在与 RCEP 其他成员国家企业开展商事交易时，能快速了解交易对方国家的商事争议解决制度，掌握代表性国际仲裁中心的服务内容，从我国企业已与 RCEP 其他成员国家企业发生的贸易诉讼案例中汲取经验，本书在参考国际组织和政府部门相关报告指南，以及国别法律制度研究的基础上，从数据编、制度编、机构编、案例编四个方面，对 RCEP 成员国贸易概况、RCEP 主要成员国贸易争议解决制度、RCEP 区域内代表性国际仲裁中心、RCEP 贸易企业风险防范分析进行了较为全面细致的编写。欢迎各界交流指正，共同为中国企业对外经贸合作高质量稳步发展贡献力量。

本书是上海国际经济贸易仲裁委员会（上海国际仲裁中心）受上海市商务委员会委托开展的 2022 公平贸易公共服务项目——RCEP 国家经贸投资仲裁和多元争端解决法律服务的部分研究成果。在本书的编写过程中，得到了上海市商务委员会申卫华副主任、曹茵处长、颜海燕副处长和丁秀峰同志、上海对外经贸大学法学院乔宝杰院长、陶立峰副院长的大力支持和帮助指导，上海对外经贸大学法学院唐琼琼老师、毛真真老师、柳菲菲老师、谢宝朝老师、周舟同学、王梓懿同学、吴红梅同学、王振晔同学、房天运同学、樊又溶同学对本书中的数据材料收集和案例编写提供了学术支持，在此表示感谢。

第一编
数据编：RCEP 成员国贸易

第一章 RCEP 成员国经济贸易数据

第一节 东盟国家经济贸易情况

一、GDP 数据

根据世界银行数据，近年来东盟经济呈稳定增长态势，东盟 GDP 从 2017 年的 28569.4 亿美元增长至 2021 年的 33433.5 亿美元。

2021 年，东盟经济从新冠肺炎疫情中逐步复苏，GDP 总体实现增长，仅缅甸、老挝为负增长。GDP 前五位的成员国依次为印度尼西亚、泰国、新加坡、菲律宾、马来西亚。新加坡、菲律宾、印度尼西亚、马来西亚和柬埔寨 GDP 分别增长 7.6%、5.7%、3.7%、3.1% 和 3%，增幅位列东盟前五位；新加坡 GDP 增幅超过世界平均水平（5.8%）。

2021 年东盟人均 GDP 从上年的 4506.6 美元上升至 4965 美元，新加坡、文莱、马来西亚和泰国居前四位。新加坡以 72794 美元位列全球人均 GDP 第五位。

二、进出口货物贸易数据

（一）货物贸易总量

据东盟初步统计，2021 年东盟对外货物贸易总额 3.34 万亿美元，同比增长 25.6%。其中，出口额 1.71 万亿美元，增长 23.0%；进口额 1.63 万亿美元，增长 28.3%。

（二）进出口商品结构

2021 年东盟主要出口产品包括：

①电机、电气设备及其零件；录音机及放声机、电视图像、声音的录制和重放设备及其零件；②锅炉、机器、机械器具及其零件；③矿物燃料、矿物油及其蒸馏产品；沥青物质；矿物蜡；④动、植物油、脂及其分解产品；精制的食用油脂；动、植物蜡；⑤塑料及其制品；⑥橡胶及其制品；⑦全部车辆及其零件、附件，但铁道及电车道车辆除外；⑧光学、照相、电影、计量、检验、医疗或外科用仪器及设备、精密仪器及设备；上述物品的零件；⑨钢和铁；⑩天然或养殖珍珠、宝石或半宝石、贵金属、包贵金属及其制品；仿首饰；硬币。

2021 年东盟主要进口产品包括：

①电机、电气设备及其零件；录音机及放声机、电视图像、声音的录制和重放设备及其零件；②矿物燃料、矿物油及其蒸馏产品；沥青物质；矿物蜡；③锅炉、机器、机械器具及其零件；④塑料及其制品；⑤钢和铁；⑥天然或养殖珍珠、宝石或半宝石、贵金属、包贵金属及其制品；仿首饰；硬币；⑦车辆及其零件、附件，但铁道及电车道车辆除外；⑧光学、照相、电影、计量、检验、医疗或外科用仪器及设备、精密仪器及设备；上述物品的零件；⑨有机化学品；⑩杂项化学产品。

（三）贸易伙伴

2021 年，中国、美国、欧盟、日本和韩国长期保持东盟前五大贸易伙伴，东盟与上述伙伴贸易均实现正增长。

三、进出口服务贸易

（一）服务贸易总量

据东盟秘书处统计，2021 年，东盟对外服务贸易总计 7458.5 亿美元，其中出口额 3483.5 亿美元，进口额 3975 亿美元。金融服务、生产性服务、维护和维修服务、其他商业服务呈贸易顺差。

（二）服务贸易行业结构

东盟服务贸易出口的主要行业领域包括旅游业，其他商务服务业，运输业，电信、计算机和信息服务，以及金融服务等；进口的主要行业领域包括运输业，其他商务服务业，旅游业，知识产权使用，电信、计算机和信息服务等。

第二节　东亚国家

一、GDP 情况

（一）日本

国际货币基金组织（IMF）发布《世界经济展望》，预测 2022 年全球 GDP 增长 3.6%，日本增长 2.4%。2022 年 6 月，世界银行预测 2022 年全球 GDP 增长 2.9%，日本增长 1.7%。两大机构均预测 2022 年日本经济增速仍将明显落后全球步伐。

2021 年日本名义人均 GDP 为 39340 美元。

（二）韩国

据国际货币基金组织统计，2021 年韩国名义 GDP 为 18106 亿美元，全球排名第十。2017—2021 年，韩国第一产业占 GDP 比重平均为 1.89%，第二产业平均占比为 35.86%，第三产业平均占比为 62.25%。其中，2021 年第一、二、三产业占 GDP 比重分别为 1.84%、32.38% 和 65.78%。消费占 GDP 平均比重为 64.38%，投资平均占比为 31.70%，净出口平均占比为 3.87%。其中，2021 年投资、消费和净出口占 GDP 比重分别为 64.51%、31.82% 和 3.67%。

二、进出口货物贸易

（一）货物贸易总量

1. 日本

据日本贸易振兴机构数据，2021 年日本货物进出口总额 15319.7 亿美元，比上年增长 20.1%。货物出口、进口额分别为 7585.8 亿美元、7733.9 亿美元，分别比上年增长 18.5%、21.7%，但是货物贸易出现逆差，逆差额为 148.1 亿美元。

2021 年，日本钢铁、半导体制造设备、建筑矿山机械、半导体等电子产品和汽车等行业的出口额，分别增长 44.5%、29.8%、42.6%、14.9% 和 9.2%。

2021 年，日本矿物性燃料进口额大增 47.2%，其中原油、原油制品、液化天然气和煤炭分别增长 45.6%、67.7%、30.6% 和 57.2%；钢铁、有色金属进口额分别增长 46.6%、60.3%；半导体等电子零部件、手机进口额增长 30.4%、20.6%。

2．韩国

2021 年，韩国进出口贸易总额为 12594.9 亿美元，同比增长 28.5%。其中，出口额 6444 亿美元，同比增长 25.7%；进口额 6150.9 亿美元，同比增长 31.5%。

（二）主要贸易伙伴

1．日本

据日本财务省统计，2021 年中国、美国和中国台湾地区是日本前三大贸易伙伴，双边贸易额分别为 3502.6 亿美元、2166.2 亿美元和 882.1 亿美元。

2．韩国

2021 年，韩国的主要贸易伙伴为中国、美国、东盟、欧盟等。

（三）进出口商品结构

1．日本

机械设备、运输设备和机电产品是日本出口商品前三类别，2021 年出口额分别为 1495.5 亿美元、1479.8 亿美元和 1397.4 亿美元，分别占出口总额的 19.7%、19.5% 和 18.4%。

矿物燃料、机械设备和化工产品是日本进口商品前三类别，2021 年进口额分别为 1544.6 亿美元、1245.7 亿美元和 888 亿美元，分别占进口总额的 20%、16.1% 和 11.5%。能源价格上涨带动日本进口额大幅增长。

2．韩国

韩国主要出口商品均为资本或技术密集型产品，如半导体、显示器、石化产品、车辆等；主要进口商品为油气等能源和燃料、矿石、半导体、电子零部件、机械等。

三、进出口服务贸易

（一）日本

根据日本贸易振兴机构统计，2021 年，日本服务贸易出口额 1698.5 亿美元，同比增长 3.7%；进口额 2083.4 亿美元，同比增长 5.2%。

其中，知识产权使用费出口额 481.2 亿美元，同比增长 11.1%；进口额 295.6 亿美元，同比增长 3.5%。运输服务出口额 252.6 亿美元，同比增长 20.9%；进口额 318.7 亿美元，同比增长 15.7%。金融服务出口额 135.5 亿美元，同比减少 13.8%；进口额 100.1 亿美元，同比减少 6.4%。旅游服务出口额 47.3 亿美元，下降 55.2%；进口额 28.3 亿美元，下降 47.9%。旅游服务贸易规模大幅缩水，只达到疫情前的一成左右。

（二）韩国

2021 年，韩国服务贸易出口额 1211.9 亿美元，进口额 1243.0 亿美元，贸易逆差 31.1 亿美元。韩国的主要服务贸易伙伴为美国、中国、日本、欧盟、东盟等。

服务贸易顺差行业为：运输业、建筑业、通信信息服务业、金融服务、个人休闲服务；逆差行业为：研发及专门领域和经营的咨询、技术和贸易等服务、旅游、加工服务、知识产权使用、维修、政府服务、保险服务。

第三节 大洋洲国家

一、GDP 总体情况

（一）澳大利亚

据澳大利亚统计局数据，2020 年澳大利亚 GDP 首次出现下降，但

2021 年 GDP 再次增长，以 4.2% 的增速达到 2.05 万亿澳元，人均 GDP 为 8.0 万澳元。

2021 年，在澳大利亚国内生产总值中，第一、二、三产业分别占 2.9%、24.6%、72.5%。当年，澳大利亚国民支出总额达 2.01 万亿澳元，同比上升 6.6%。其中，固定资本形成总额 4847 亿澳元，约占 GDP 的 23.6%；最终消费支出 1.52 万亿澳元，约占 GDP 的 74.2%；货物和服务净出口 1220.4 亿澳元，约占 GDP 的 5.9%。

（二）新西兰

据新西兰统计局数据，2021 年新西兰 GDP 达 2675 亿新西兰元，经济增长 5.6%，人均 GDP 为 52324 新西兰元。服务业占 GDP 的比重最高，约为 67%，制造业约为 17%，初级产业约为 6%。

二、进出口货物贸易

（一）货物贸易总量

1．澳大利亚

据澳大利亚统计局数据，2021 年，澳大利亚货物贸易总额为 8000.39 亿澳元，同比增长 19.75%。其中，出口额为 4576.21 亿澳元，同比增长 25.61%；进口额为 3424.18 亿澳元，同比增长 12.72%；实现贸易顺差 1152.03 亿澳元。

2．新西兰

2021 年，新西兰货物贸易总额 1294.3 亿新西兰元。其中，出口额 632.9 亿新西兰元，进口额 661.4 亿新西兰元，贸易逆差 28.5 亿新西兰元。

（二）货物贸易商品结构

1．澳大利亚

2021 年，铁矿石、烟煤两类位居澳大利亚出口商品分类金额前两位，分别在澳大利亚货物出口总额中占到 33.7%、13.7%。其中，中国目的地在澳铁矿石出口额中占到 82%。

重油制品、燃油汽车两类位居澳大利亚进口商品分类金额前两位，分别在澳大利亚货物进口总额中占到 5.9%、3.0%。

2．新西兰

2021 年，新西兰前五大出口商品分别是乳制品、肉类制品、木材及木制品、水果坚果和饮料。前五大进口商品分别是车辆、机械制品、电子机械及设备、矿物燃料和塑料制品。

（三）货物贸易主要伙伴

1．澳大利亚

2021 年，澳大利亚的主要出口目的地是中国、日本、韩国、印度和中国台湾地区。对这些出口伙伴的出口额分别为 1767.6、623.4、352.8、188.7 和 162.1 亿澳元，占澳出口总额的 38.6%、13.6%、7.7%、4.1% 和 3.5%；分别增长 20.6%、42.6%、51.5%、89.7% 和 63.4%。

主要进口来源地是中国、美国、日本、泰国和德国。进口额分别为 912.4、337.7、203.0、150.8 和 143.1 亿澳元，分别占澳大利亚进口总额的 27.7%、10.2%、6.2%、4.6% 和 4.3%，除自美国进口下降 1.9% 以外，自中国、日本、泰国和德国四国进口分别增长 8.1%、15.0%、5.6% 和 4.8%。

2．新西兰

新西兰货物贸易的前五大出口伙伴为中国、澳大利亚、美国、日本和韩国。前五大进口伙伴为中国、澳大利亚、美国、日本和德国。

三、进出口服务贸易

1．澳大利亚

据澳大利亚统计局数据，2020—2021 财年，澳大利亚服务贸易总额为 1113.80 亿澳元，占贸易总额 13.4%，同比下降 37.3%。其中，出口额为 625.27 亿澳元，占总出口额 13.6%，同比下降 32%；进口额为 488.53 亿澳元，占总进口额 13.2%，同比下降 44%。实现服务贸易顺差 136.74 亿澳元。

主要服务贸易出口产品为：旅行、其他商业服务、文娱、电信及计算机和信息服务、金融、运输、知识产权使用。主要服务贸易进口产品为：其他商业服务、运输、电信及计算机和信息服务、知识产权使用、金融、文娱、政府相关服务、养老金服务、旅行、维修。

服务贸易的出口目的地为中国和美国。服务贸易进口来源国为美国、中国。

2．新西兰

据新西兰统计局数据，2021 年，新西兰服务贸易总额 332.2 亿新西兰元，其中，出口额 138.9 亿新西兰元，进口额 193.3 亿新西兰元，贸易逆差 54.4 亿新西兰元，是新西兰近七年来首次出现服务贸易逆差。

新西兰服务贸易前五大出口目的地为：美国、澳大利亚、中国、印度和英国；前五大进口来源国为：澳大利亚、新加坡、美国、瑞士和丹麦。

2021 年主要服务贸易出口产品为旅游、其他商业服务、知识产权服务、电信服务和交通；主要进口产品为交通、其他商业服务、电信服务、保险服务和知识产权服务。

第二章 我国与 RCEP 成员国贸易合作

第一节 与东盟国家

一、总体情况

中国与东盟经贸合作发展迅速，已建成世界上经济总量最大的发展中国家自由贸易区即中国—东盟自贸区，形成互为最大贸易伙伴、互为重要的投资来源地和目的地的良好发展格局。中国自 2009 年起连续 13 年保持东盟第一大贸易伙伴。2021 年，双边贸易额再创历史新高，达 8782 亿美元，占中国对外贸易总额 14.5%。东盟连续两年是中国第一大贸易伙伴。

除与东盟作为整体已于 2002 年签订《中国—东盟全面经济合作框架协议》外，中国与东盟十国同样分别建立了重要双边经贸合作。如中国与柬埔寨于 2020 年签订《中国政府和柬埔寨王国自由贸易协定》，涵盖货物贸易、原产地规则、海关程序与贸易便利化、技术性贸易壁垒、卫生与植物卫生措施、服务贸易、投资合作、"一带一路"倡议合作、电子商务、经济技术合作、透明度、管理和机制条款争端解决、例外等十六章内容。中国与柬埔寨两国通过取消或降低双方之间的关税和非关税壁垒，促进商品和服务的自由流通，有助于扩大双方企业之间的贸易交往，提高贸易交易额和贸易效率，能够为两国企业和消费者创造更多机会和选择，同时促进生产、投资和就业的增长。又如中国与菲律宾于 1999 年签订《中国政府和菲律宾政府关于对所得避免双重征税和防止偷漏税的协定》，对不同种类的征税安排、消除双重征税、无差别待遇、情报交换、相互协商程序等达成一致。通过国家层面的安排，税收协定为跨国企业提供了稳定和可预测的税收环境，有效避免双重征税，有助于吸引外国直接投资和促进贸易合作。

在多边经贸合作层面，包括中国在内的全球 160 多个国家均已加入世界贸易组织（WTO），各成员方根据所作承诺降低关税和非关税壁垒，推动贸易自由化。这对成员方双边贸易的推动和促进全球贸易的增长和经济合作，为国家提供更多的市场准入机会发挥重要作用。同样不可忽视的是，《联合国国际货物销售合同公约》(United Nations Convention on Contracts for the International Sale of Goods，以下简称 CISG)。CISG 是联合国制定的首个涵盖商品销售的国际统一法公约，为全球范围内的国际货物销售提供了一个统一、合理、可靠的法律框架，为货物买卖双方提供了公平、合理的合同条款和义务。中国于 1981 年签署加入 CISG，1988 年正式生效。CISG 已成为包括中国企业在内的全球商界最受欢迎的货物买卖合同适用法律规范。

表 2-1-1　中国与东盟十国经贸合作表

	与中国双边贸易 / 自贸协定	与中国双边税收协定	与中国双边本币互换协定	世界贸易组织	联合国国际货物销售合同公约
菲律宾	无	1999 年签订	无	1995 年加入	未加入
柬埔寨	2020 年签订	2016 年签订	无	2004 年加入	未加入
老挝	无	1999 年签订	2020 年签订	2013 年加入	2019 年加入
马来西亚	无	无	2009 年签订	1995 年加入	未加入
缅甸	无	无	无	1995 年加入	未加入
泰国	无	1986 年签订	2011 年签订	1995 年加入	未加入
文莱	无	2004 年签订	无	1995 年加入	未加入
新加坡	2008 年签订自贸协定，后陆续签订议定书及升级议定书	2007 年签订	2010 年签订	1995 年加入	1980 年加入
印度尼西亚	无	2001 年签订	2009 年签订	1995 年加入	未加入
越南	无	1995 年签订	无	2007 年加入	2015 年加入

值得注意的是，老挝、新加坡和中国在加入 CISG 时作了保留，只有买卖双方的营业地分别在不同的 CISG 缔约国时，双方的货物买卖合同才能适用 CISG。越南特别注重以书面形式签订、修改和终止买卖合同，在加入 CISG 时作出的保留主要不允许某些情况下采取非书面形式处理合同。

二、贸易情况

（一）货物贸易

据中国海关统计，2021 年，尽管新冠肺炎疫情负面影响持续，中国与东盟的货物贸易仍实现快速增长，双边贸易达 8782.1 亿美元，增长 28.1%，占我国外贸总额比重 14.5%。东盟连续两年保持我国第一大货物贸易伙伴地位。中国也连续 13 年保持东盟第一大贸易伙伴地位。其中，中国对东盟出口 4837.0 亿美元，自东盟进口 3945.1 亿美元。

2021 年，中国和东盟双边贸易有以下特点：

第一，规模再上新台阶。双方贸易于 2019 年首次超过 6000 亿美元后，2021 年内跨过 7000 亿、8000 亿美元两大台阶，达到历史高点。与东盟的贸易规模占中国外贸总额比重 14.5%，占我国与"一带一路"沿线国家贸易额的半壁江山。

第二，中国自东盟进口势头强劲。中国对东盟贸易顺差为 891.9 亿美元。我国自东盟进口增长率 30.8%，已反超对东盟的出口增长率 26.1%，进出口差距呈缩小趋势。

第三，与东盟成员国经贸联系加深。东盟十国中，越南、马来西亚、泰国、印度尼西亚与我国贸易额位居前列，其中越南、马来西亚与中国贸易额分别为 2302 亿美元和 1768 亿美元，两者占中国与东盟贸易的 46.3%。印度尼西亚与中国贸易增速高达 58.6%，在中国所有主要贸易伙伴中最高，印度尼西亚也超过新加坡成为中国在东盟的第四大贸易伙伴国。其他多数东盟国家与中国贸易也保持正增长。

（二）服务贸易

中国与东盟双方服务贸易保持高速增长。中国已成为东盟第一大境外游客来源地。2015 年至 2020 年，中国赴东盟各国旅行人数占东盟接待旅客总数的 15% 至 22.5% 不等。

第二节　与东亚国家

一、总体情况

中国是日本最大的贸易伙伴，日本是中国第二大贸易对象国，中日贸易额分别占中日两国对外贸易总额的 6.1% 和 22.9%。韩国作为中国的传统贸易伙伴，两国经贸合作质量稳步提高。中韩自贸协定已经 6 次降税，有力地推动了双方经贸合作的发展。

中国与日本、韩国建立的主要双边经贸合作以及参与的重要多边经贸合作，可见表 2-2-1。

表 2-2-1　中国与日本、韩国经贸合作表

	与中国双边贸易／自贸协定	与中国双边税收协定	与中国双边本币互换协定	世界贸易组织	联合国国际货物销售合同公约
日本	无	1983 年签订	无	1995 年加入	2008 年加入
韩国	2015 年签订自贸协定	1994 年签订	2004 年签订	1995 年加入	2004 年加入

二、双边货物贸易

（一）日本

据中国海关统计，2021 年中日货物贸易额为 3714.0 亿美元，同比增加 17.1%，创历史新高。其中，中国对日本出口额 1658.5 亿美元，同比增长 16.3%；自日本进口额 2055.5 亿美元，同比增长 17.7%；中方逆差 397.0 亿美元。

据日本财务省国际收支统计，2020 年，日本对华服务贸易顺差 35.9 亿美元，同比减少 27.7%。其中，知识产权使用费顺差 63.5 亿美元，同比增长 22.1%；通信、计算机和信息服务逆差 13.7 亿美元，同比增长 14.3%；旅游收支顺差 14.8

亿美元，同比下降 53.3%；运输服务顺差 13.6 亿美元，同比增长 43.4%。

（二）韩国

据中国海关总署统计数据，2021 年中国与韩国货物贸易进出口金额为 3623.5 亿美元，同比增长 26.9%。中国出口韩国的货物贸易金额为 1488.6 亿美元，同比增长 32.4%。中国进口韩国的货物贸易金额为 2134.9 亿美元，同比增长 23.3%。

第三节　与大洋洲国家

一、总体情况

2021 年，中澳双边货物进出口额达到 2312.1 亿美元，中国连续第 13 年保持澳大利亚第一大贸易伙伴、出口市场和进口来源地的地位。同年，中国继续保持新西兰最大贸易伙伴、出口市场和进口来源国地位。

中国与澳大利亚、新西兰建立的主要双边经贸合作以及参与的重要多边经贸合作，可见表 2-3-1。

表 2-3-1　中国与澳大利亚、新西兰经贸合作表

	与中国双边贸易/自由贸易协定	与中国双边税收协定	与中国双边本币互换协定	世界贸易组织	联合国国际货物销售合同公约
澳大利亚	2015 年签订自贸协定	1988 年签订	2012 年签订	1995 年加入	1988 年加入
新西兰	2008 年签订自贸协定，2021 年升级议定书	2019 年签订	2011 年签订	1995 年加入	1994 年加入

二、双边贸易

（一）澳大利亚

2021 年，中国对澳大利亚货物出口额达 663.88 亿美元，进口额达

1648.24 亿美元，分别比上年增长 24.2%、40.6%。

2021 年，机电、通信设备、计算机及零配件和电机、电气、音像设备及其零附件分别居中国对澳大利亚出口的第一、二大类贸易产品，出口额分别为 217 亿美元和 111 亿美元，分别占 32.8% 和 16.7%。居第三、四类的分别是核反应堆、锅炉、机械器具及零件和杂项制品，分别占 16% 和 12.4%。

2020 年，中国自澳大利亚进口的商品中，铁矿石为主的矿产品占绝大多数，进口额为 1164 亿美元，占自澳进口货物总额的 70.6%；居第二位的是矿物燃油，总额 186 亿美元，占 11.3%；居第三、四位的分别是镍及其制品、肉类，分别占 2%、1.2%。

中国是澳大利亚服务贸易出口排名第一的目的地。2021 年，澳大利亚对华服务出口额 103.59 亿澳元，同比下降 36.1%，占澳大利亚服务贸易出口总额的 16.6%。在澳大利亚服务贸易进口主要来源地中，中国排第十名，澳大利亚从中国的服务进口额为 14.39 亿澳元，同比下降 41.5%，占澳大利亚服务贸易进口总额的 2.9%。

2020—2021 财年，中国与澳大利亚的服务贸易最主要的是旅游和个人文化娱乐。中国是澳大利亚第一大旅游来源地，澳大利亚对华旅游出口额为 61.28 亿澳元，占澳大利亚该项出口额的 21.8%，占对华服务贸易出口总额的 59.2%，其中教育相关旅游总额为 61.09 亿澳元，占澳大利亚对华服务贸易出口总额的 59.0%。中国也是澳大利亚第一大个人文化娱乐服务目的地，澳大利亚对华个人文化娱乐服务出口额为 32 亿澳元，占澳大利亚该项出口额的 52.0%，占澳大利亚全部对华服务贸易出口总额的 30.9%。

（二）新西兰

2021 年，中国与新西兰货物贸易额首次突破 200 亿美元大关。据中国海关总署统计，2021 年中国与新西兰双边货物贸易总额为 247.1 亿美元，同比增长 36.4%。中国出口到新西兰的货物总额为 85.6 亿美元，同比增长 41.5%。中国进口新西兰的货物总额为 161.5 亿美元，同比增长 33.8%。

第三章　我国企业与 RCEP 成员国企业贸易争议

第一节　与东盟国家企业贸易争议

一、与东盟国家贸易争议合作安排

国际贸易交往的增多必然带来贸易争议的增多，国际贸易跨国性的特征使得跨国诉讼、仲裁、调解等的有效开展和执行必须通过双边或多边合作协助。

在双边层面，如中国与老挝于 1999 年签订《中国和老挝关于民事和刑事司法协助的条约》，对司法保护、司法协助的范围、民事案件送达文书与调查取证、法院民事裁决和仲裁裁决的承认与执行、刑事司法协助、争议解决等分六章作出 37 条规定。这类司法协助条约允许涉及跨国事务的当事人和法院在其他国家寻求协助，允许各国之间共享证据和调查信息，帮助当事人收集跨国民事案件所需的证据，为一个国家的判决在另一个国家得到执行提供了依据，当事人可以在多个国家追求权益保护和执行判决，增强了国际民事司法的有效性和执行力，从而更有效地解决跨国民事或商事纠纷。

在多边层面，较重要的有 1970 年通过的《关于从国外调取民事或商事证据的公约》(Convention on the Taking of Evidence Abroad in Civil or Commercial Matters，以下简称《海牙取证公约》)。《海牙取证公约》包括请求书，外交官员、领事代表和特派员取证以及一般条款等共三章 42 条，总体规定了在民事商事案件中，缔约国司法机关可以通过请求书的方式请求另一缔约国主管机关调取证据或履行其他司法行为，有助于便利缔约国之间请求书的转递和执行以及相关、增进相关缔约方间在民事商事方面的司法合作。

1958 年通过的《承认及执行外国仲裁裁决公约》(Convention on the Recognition and Enforcement of Foreign Arbitral Awards，以下简称《纽约公约》) 是目前国际上关于承认和执行仲裁裁决的最重要公约，为一国裁决在他国执行提供了重要保障。《纽约公约》全文共 16 条，主要包括适用范围、仲裁裁决拘束力、申请条件、拒绝承认与执行仲裁裁决的情形、担保等。《纽约公约》不仅创设了全球范围内承认和执行外国仲裁裁决的国际秩序，统一了成员国司法审查的标准，还直接促进了商事仲裁在全球的推广，促进了仲裁业的繁荣。RCEP 国家均已加入该公约。

2018 年通过的《联合国关于调解所产生的国际和解协议公约》(United Nations Convention on International Settlement Agreements Resulting from Mediation，以下简称《新加坡调解公约》) 是国际社会在调解方式解决争议的多边合作达成的最新成果。《新加坡调解公约》包括适用范围、一般原则、对依赖于和解协议的要求、拒绝准予救济的理由、并行申请或者请求、保留、其他法律或者条约、对和解协议的效力等共 16 条。公约确保当事人达成的和解协议根据简化和精简的程序具有约束力和可执行性，因此对于便利国际贸易并促进将调解作为一种解决贸易争端的有效替代方法具有重要意义。

2019 年通过的《承认与执行外国民商事判决公约》(Convention on the Recognition and Enforcement of Foreign Judgments in Civil or Commercial Matters) 是全球首个全面确立民商事判决国际流通统一规则的国际文书，旨在使各国判决在全球得到执行。该公约的通过将为包括国际贸易、跨境商业在内的国际民商事活动提供更优质、高效、低成本的司法保障，但目前 RCEP 国家均未加入该公约。

　　中国已加入《海牙取证公约》《纽约公约》和《新加坡调解公约》，但中国尚未批准《新加坡调解公约》。中国加入《纽约公约》时声明，公约只适用于缔约国之间作出的因商事关系引起争议的仲裁裁决。印度尼西亚、马来西亚、菲律宾也作出同样声明。越南除前述声明外，还明确对于非缔约国的仲裁裁决，将在互惠原则上适用《纽约公约》。文莱和新加坡对《纽约公约》的适用仅于缔约国之间的仲裁裁决，对是否为商事关系引起的争议没有特别声明保留。

表 3-1-1　中国与东盟国家经贸争议解决合作安排表

	与中国双边民商事司法协助条约	《海牙取证公约》	《纽约公约》	《新加坡调解公约》
菲律宾	无	未加入	1958 年签署	2019 年签署（未批准）
柬埔寨	无	未加入	1960 年签署	未加入
老挝	1999 年签订民事刑事司法协助条约	未加入	1998 年签署	2019 年签署（未批准）
马来西亚	无	未加入	1985 年签署	2019 年签署（未批准）
缅甸	无	未加入	2013 年签署	未加入
泰国	1994 年签订民商事司法协助和仲裁合作条约	未加入	1959 年签署	未加入
文莱	无	未加入	1996 年签署	2019 年签署（未批准）
新加坡	1997 年签订民商事司法协助条约	1978 年签署	1986 年签署	2019 年签署
印度尼西亚	无	未加入	1981 年签署	未加入
越南	1998 年签订民事刑事司法协助条约	2020 年签署	1995 年签署	未加入

二、与东盟各国企业商事争议的典型诉讼案例

　　根据从中国裁判网等公开可获取的权威数据库的检索，考虑到仲裁和调解的不公开性，对中国企业与 RCEP 其他成员国企业之间的贸易等商事争议的判决书和裁定书进行了非穷尽梳理，通过列表形式可以方便相关中国企业

了解与相应国家企业开展经贸往来的已有案例。

以下以国家名称拼音顺序列出中国企业与东盟国家企业的典型贸易争议诉讼案件，由于公开信息中没有中国企业与文莱贸易争议，故只涉及东盟九国企业。

表 3-1-2　中国企业与菲律宾企业的贸易争议典型诉讼

	原　告	被　告	争议案由	诉讼结果	审理法院	案　号
1	深圳市南方之旅航空服务有限公司	菲律宾航空公司	买卖合同纠纷	有利于菲律宾公司	上海市第二中级人民法院	（2020）沪02民终156号
2	菲律宾医疗生化股份有限公司	广州市钢都医疗器械科技有限公司	买卖合同纠纷	有利于菲律宾公司	广州市番禺区人民法院	（2017）粤0113民初2051号
3	菲律宾国明泰贸易有限公司	上海灏翔实业有限公司	国际货物买卖合同纠纷	有利于菲律宾公司	上海市宝山区人民法院	（2017）沪0113民再1号
4	上海海曲港口设备工程有限公司	菲律宾苏比克谷物公司	定作合同纠纷	有利于菲律宾公司	上海市第一中级人民法院	（2017）沪01民终6768号
5	菲律宾航空公司	上海优益喜国际货物运输代理有限公司	货运代理合同纠纷	有利于菲律宾公司	上海市浦东新区人民法院	（2014）浦民二（商）初字第S571号

表 3-1-3　中国企业与柬埔寨企业的贸易争议典型诉讼

	原　告	被　告	争议案由	诉讼结果	审理法院	案　号
1	柬埔寨金瑞米业有限公司	广西昂邦正农业科技有限公司、广西安泰农业发展有限公司、李明斋、叶遐	买卖合同纠纷	部分支持柬埔寨公司	广西壮族自治区高级人民法院	（2019）桂民终1070号
2	江苏汇鸿国际集团中锦控股有限公司	华源同泰（柬埔寨）农业科技发展有限公司	信用证纠纷	有利于柬埔寨公司	江苏省南京市中级人民法院	（2016）苏01民初字第849号
3	山东省新迈特五金矿产有限公司	神工机械设备（柬埔寨）发展有限公司	国际货物买卖合同纠纷	有利于中国公司	山东省青岛市中级人民法院	（2015）青民四初字第45号
4	柬埔寨旅游联盟	广东风光国际旅行社有限公司、广东天侠商旅服务有限公司	旅游合同纠纷	有利于柬埔寨公司	广东省广州市中级人民法院	（2013）穗中法民四终字第46号

表 3-1-4　中国企业与老挝企业的贸易争议典型诉讼

	原　告	被　告	争议案由	诉讼结果	审理法院	案　号
1	老挝农业发展投资有限公司	湖北碧山机械股份有限公司	买卖合同纠纷	有利于中国公司	湖北省孝感市中级人民法院	（2014）鄂孝感中民商外初字第 00001 号
2	老挝友谊路桥建设有限公司	昆明世好环保工程有限公司	建筑工程施工合同纠纷	有利于老挝公司	云南省高级人民法院	（2014）云高民三终字第 7 号
3	万象—云南车辆集团有限公司	重庆鑫源摩托车股份有限公司	承包合同纠纷	有利于老挝公司	重庆市高级人民法院	（2013）渝高法民终字第 00181 号

表 3-1-5　中国企业与马来西亚企业的贸易争议典型诉讼

	原　告	被　告	争议案由	诉讼结果	审理法院	案　号
1	上海雷帝快递有限公司	马来西亚亚洲航空（长途）有限公司上海代表处	快递服务合同纠纷	有利于中国公司	上海市黄浦区人民法院	（2022）沪 0101 民初 4535 号
2	中国外运（马来西亚）物流有限公司	青岛景嵘国际物流有限公司	货运代理合同纠纷	部分有利于马来西亚公司	青岛海事法院	（2022）鲁 72 民初 51 号
3	上海仕进国际贸易有限公司	马来西亚国际航运有限公司	海上货物运输合同纠纷	有利于中国公司	浙江省高级人民法院	（2013）浙海终字第 45 号
4	莆田市亚华工艺制品有限公司	马来西亚槟城极乐寺	承揽合同纠纷	有利于马来西亚一方	最高人民法院	（2012）民申字第 1551 号
5	马来西亚国家航运有限公司	山东莱钢永峰钢铁有限公司	海上货物运输合同纠纷	有利于马来西亚公司	青岛海事法院	（2011）青海法海商初字第 85 号
6	厦门中禾实业有限公司	马来西亚国际航运有限公司	海上货物运输合同纠纷	有利于中国公司	福建省高级人民法院	（2008）闽民终字第 359 号
7	厦门市盈众汽车租赁有限公司	马来西亚航空公司	汽车租赁合同纠纷	部分有利于中国公司	福建省厦门市中级人民法院	（2005）厦民初字第 204 号
8	马来西亚马之旅有限公司	广州康辉国际旅行社有限公司	旅行团接待委托合同纠纷	有利于马来西亚公司	广东省广州市中级人民法院	（2004）穗中法民三初字第 195 号
9	马来西亚 KUB 电力公司	中国光大银行股份有限公司沈阳分行	担保合同纠纷	有利于马来西亚公司	辽宁省沈阳市中级人民法院	（2004）沈中民（4）外初字第 12 号

表 3-1-6 中国企业与缅甸企业的贸易争议典型诉讼

	原 告	被 告	争议案由	诉讼结果	审理法院	案 号
1	缅甸佤邦邦康地区开发有限公司	耿马孟定金孟清边贸进出口有限公司、孙军	买卖合同纠纷	有利于缅甸公司	云南省耿马傣族佤族自治县人民法院	（2018）云0926民初828号
2	德宏州鸿明实业投资有限公司	缅甸迈扎央管委会矿业公司	买卖合同纠纷	有利于中国公司	云南省德宏傣族景颇族自治州陇川县人民法院	（2015）陇民初字第359号
3	云南再峰（集团）怒江乙源水电开发有限责任公司	缅甸联邦浙林有限公司	借款合同纠纷	有利于缅甸公司	云南省怒江傈僳族自治州中级人民法院	（2012）怒中民三初字第03号

表 3-1-7 中国企业与泰国企业的贸易争议典型诉讼

	原 告	被 告	争议案由	诉讼结果	审理法院	案 号
1	徐州市观音机场有限公司	泰国泰新时代航空公司	服务合同	有利于泰国公司	江苏省睢宁县人民法院	（2021）苏0324民初10866号
2	泰国黄春发有限公司	中国太平洋保险公司广州分公司	海上货物运输保险合同纠纷	有利于中国公司	广东省高级人民法院	无信息
3	富桠（泰国）有限公司	厦门香椰进出口贸易有限公司	买卖合同纠纷	有利于泰国公司	福建省厦门市中级人民法院	（2021）闽02民终4686号
4	泰国德盛米业有限公司	广州市御品轩贸易有限公司	国际货物合同纠纷	有利于泰国公司	最高人民法院	（2010）民四他字第34号
5	泰国东方航空有限公司	江西省赣中旅国际旅行社有限公司	定期包位合同纠纷	有利于泰国公司	江西省高级人民法院	（2020）赣民终524号
6	浙江省中国国际旅行社有限公司	泰国泰新时代航空有限公司、义乌民用航空站	补贴合同纠纷	有利于泰国公司	浙江省高级人民法院	（2020）浙民终241号
7	上海联兴进出口有限公司	泰国森富企业有限公司、上海龙富木业有限公司	买卖合同信用证纠纷	不利于泰国公司	上海市浦东新区人民法院	无信息
8	广州飞机维修工程有限公司	泰国东方航空有限公司	留置权纠纷	有利于泰国公司	最高人民法院	（2020）最高法商初4号

表 3-1-8　中国企业与新加坡企业的贸易争议典型诉讼

	原　告	被　告	争议案由	诉讼结果	审理法院	案　号
1	中金汇理商业保理（新加坡）有限公司	东莞市入世丰针织有限公司	保理合同纠纷	有利于新加坡公司	上海市静安区人民法院	（2020）沪0106 民初17032 号
2	长荣海运（新加坡）有限公司	嘉兴华明进出口有限公司、中国外运华中有限公司集装箱海运分公司	海上货物运输合同纠纷	有利于新加坡公司	青岛海事法院	（2022）鲁72民初 1443 号
3	中国京冶工程技术有限公司（新加坡分公司）	佛山市久航金属制品有限公司、佛山市胜勇金属制品有限公司	买卖合同纠纷	有利于新加坡公司	广东自由贸易区南沙片区人民法院	（2020）粤0191 民初16130 号
4	广州汇翔国际货运代理有限公司	中国货物流新加坡有限公司	货运代理合同纠纷	有利于新加坡公司	广东省广州市中级人民法院	（2021）粤01 民终20679 号
5	新中管理服务新加坡有限公司	福清市东张镇岭下村村民委员会	林业承包合同纠纷	有利于新加坡公司	福建省福清市人民法院	（2021）闽0181 民初1354 号
6	新加坡葆蔓国际生物有限公司	广州天玺生物科技有限公司	承揽合同纠纷	有利于中国公司	广东自由贸易区南沙片区人民法院	（2020）粤0191 民初7754 号
7	四川升达林业产业股份有限公司	新加坡时正有限公司	反担保质押合同纠纷	有利于中国公司	四川省高级人民法院	（2014）川民终字第 588 号
8	日本水产（新加坡）私人有限公司	青岛新大地食品有限公司	国际货物买卖合同纠纷	有利于新加坡公司	山东省高级人民法院	（2014）鲁民四初字第 8 号
9	新加坡有旺控股私人有限公司	四川新绿色药业科技发展有限公司	代理合同	有利于新加坡公司	四川省高级人民法院	（2019）川民终 1175 号
10	泰州市华天船用设备制造有限公司	亚拓（新加坡）私人有限公司	船舶建造合同纠纷	有利于中国公司	上海市高级人民法院	（2019）沪民终 341 号
11	中国人民财产保险股份有限公司杭州市分公司	MCC 运输新加坡有限公司	海上货物运输合同保险索赔纠纷	有利于中国公司	浙江省高级人民法院	（2017）浙民终 748 号

（续表）

	原 告	被 告	争议案由	诉讼结果	审理法院	案 号
12	天际通商（新加坡）有限公司	高深（集团）有限公司	担保合同纠纷	有利于新加坡公司	云南省高级人民法院	（2017）云民初89号
13	上海雷欧体育管理咨询有限公司	新加坡康威医疗集团、康慧母婴专护服务（上海）有限公司	房地产租赁居间服务合同纠纷	有利于中国公司	上海市第一中级人民法院	（2016）沪01民终1777号
14	福建省邦领食品有限公司	新加坡早安咖啡食品有限公司	货物买卖合同纠纷	有利于中国公司	福建省漳州市中级人民法院	（2015）漳民初字第457号
15	中化贸易（新加坡）有限公司	江苏省纺织工业（集团）进出口有限公司	货物买卖合同纠纷	有利于新加坡公司	北京市西城区人民法院	（2015）西民（商）初字第6195号
16	富勤环保（天津）有限公司	长荣海运（新加坡）私人有限公司、中国天津外轮代理有限公司	海上货物运输合同	不利于新加坡公司	天津市高级人民法院	（2015）津高民四终字第3号
17	长沙威重化工机械有限公司	新加坡井河原株式会社、大连雷雷国际贸易有限公司	买卖合同纠纷	不利于新加坡公司	湖南省高级人民法院	（2014）湘高法民三终字第19号
18	新加坡钛克丝私人有限公司	浙江振邦绣品有限公司	绣品买卖合同纠纷	有利于新加坡公司	浙江省杭州市中级人民法院	（2009）浙杭商外初字第296号
19	浙江宏伟建筑工程有限公司	星木旅游公司（新加坡）	旅游服务合同纠纷	有利于中国公司	上海市第二中级人民法院	（2006）沪二中民五（商）初字第31号
20	上海民光进出口有限公司	新加坡服装私人有限公司	服装买卖合同	有利于中国公司	上海市第二中级人民法院	（2003）沪二中民五（商）初字第131号
21	永增源私人（新加坡）有限公司	山东龙大企业集团有限公司	苹果买卖合同纠纷	有利于中国公司	山东省高级人民法院	（2004）鲁民四终字第42号
22	中国农业银行上海市分行	时代科技（新加坡）私人有限公司、上海良丰置业发展有限公司	房产抵押贷款合同纠纷	不利于新加坡公司	上海市第一中级人民法院	（2002）沪一中民三（商）初字第46号

（续表）

	原　告	被　告	争议案由	诉讼结果	审理法院	案　号
23	新加坡伊巴科国际有限公司	台州金海马家具有限公司	买卖合同纠纷	有利于新加坡公司	浙江省台州市中级人民法院	（2010）浙台商外初字第 11 号
24	新加坡欧申海洋工程船舶有限公司	中国交通进出口有限公司、江苏宏强船舶重工有限公司	船舶建造合同纠纷	有利于新加坡公司	上海市高级人民法院	（2017）沪民终 381 号

表 3-1-9　中国企业与印度尼西亚企业的贸易争议典型诉讼

	原　告	被　告	争议案由	诉讼结果	审理法院	案　号
1	中国冶金进出口天津公司	印度尼西亚鹰山钢铁股份有限公司	买卖合同纠纷	有利于中国公司	北京市第一中级人民法院	（2007）一中民初字第 686 号
2	青岛捷能电力建设有限公司	印度尼西亚万向镍业有限公司、上海琪璞实业发展有限公司	建设工程承包合同纠纷	有利于印度尼西亚公司	山东省青岛市中级人民法院	（2019）鲁 02 民初 2168 号
3	江苏脒诺甫纳米材料有限公司	印度尼西亚 DRE 国际资源有限公司	锆英砂买卖合同纠纷	有利于中国公司	江苏省无锡市中级人民法院	（2019）苏 02 民初 284 号
4	印度尼西亚卡威·阿吉阿拉姆公司	香港金星轮船有限公司、山东中外运船务代理有限公司	海上货物运输合同纠纷	有利于印度尼西亚公司	山东省高级人民法院	（2016）鲁民终 762 号
5	印度尼西亚 KLJAYA 公司	杭州宇华涂层有限公司	布料买卖合同纠纷	有利于印度尼西亚公司	浙江省杭州市余杭区人民法院	（2017）浙 0110 民初 5719 号
6	印度尼西亚金都宫社摩达有限公司	重庆银鸿铝业有限公司	铝箔买卖合同纠纷	有利于印度尼西亚公司	重庆市第一中级人民法院	（2014）渝一中法民初字第 00178 号

表 3-1-10　中国企业与越南企业的贸易争议典型诉讼

	原　告	被　告	争议案由	诉讼结果	审理法院	案　号
1	张家界东方中旅国际旅行社有限公司	越南越秀旅游服务商贸有限责任公司、江西亚特兰蒂斯国际旅行社有限公司	旅游合同纠纷	不利于越南公司	湖南省张家界市中级人民法院	（2020）湘 08 民初 23 号

（续表）

	原　告	被　告	争议案由	诉讼结果	审理法院	案　号
2	广西贵港市精通贸易有限公司	越南精通国际有限公司、马家英、苏国强、刘京文	买卖合同纠纷	有利于中国公司	广西壮族自治区崇左市中级人民法院	（2019）桂14民终83号
3	越南新世纪化纤有限公司	浙江华盛化纤有限公司	废塑料买卖合同纠纷	有利于越南公司	浙江省宁波市中级人民法院	（2010）浙甬商外终字第13号
4	越南制造出口加工有限公司	青岛宙庆工业设计有限公司	设计合同纠纷	有利于越南公司	山东省高级人民法院	（2008）鲁民三终字第46号
5	越南下龙旅游公司	北海南国国际旅行社有限责任公司	旅游合同纠纷	有利于越南公司	广西壮族自治区高级人民法院	（2004）桂民四终字第20号
6	中国建筑（东南亚）有限公司（越南）	上海外经（集团）有限公司、上海电力建设有限公司	建设工程施工合同纠纷	不利于越南公司	最高人民法院	（2017）最高法民终12号

第二节　与东亚国家企业贸易争议

一、与日本、韩国贸易争议合作安排

中国与韩国在民商事争议解决上的共识较多，在双边和多边层面均有合作交集。

日本加入《纽约公约》时声明，公约只适用于缔约国之间作出的仲裁裁决。韩国对《纽约公约》的保留声明与中国一样，将公约的适用限于缔约国之间作出的因商事关系引起争议的仲裁裁决。

表 3-2-1　中国与日本、韩国经贸争议解决合作安排表

	与中国双边民商事司法协助条约	《海牙取证公约》	《纽约公约》	《新加坡调解公约》
日本	无	未加入	1961 年签署	未加入
韩国	2003 年签署	2009 年加入	1973 年签署	2019 年签署（未批准）

二、与日韩企业的贸易争议典型诉讼

表 3-2-2　中国企业与日本企业的贸易争议典型诉讼

	原　告	被　告	争议案由	诉讼结果	审理法院	案　号
1	日本东昌贸易株式会社	宜昌市电子总公司、东莞市夷昌电子科技有限公司等	来料加工合同纠纷	部分支持日本公司	广东省高级人民法院	（2013）粤高法民四终字第 113 号
2	上海申福化工有限公司	巴拿马哈池曼海运公司、日本德宝海运株式会社	海上货物运输合同纠纷	有利于中国公司	最高人民法院	（2013）民提字第 6 号
3	日本龙洋合同会社	亿佰国际旅行社（上海）有限公司	旅游服务合同纠纷	有利于日本公司	上海市徐汇区人民法院	（2022）沪0104 民初7333 号
4	上海申合进出口有限公司	日本伊藤忠商事株式会社	买卖合同纠纷	支持中国公司	江苏省高级人民法院	（2001）苏民再终字第 027 号
5	日本泰平商事株式会社	江苏舜天国际集团服装进出口南通公司	买卖合同纠纷	有利于中国公司	江苏省高级人民法院	（2001）苏经终字第 011 号
6	日本设计株式会社	沈阳冠隆置业发展有限公司	设计合同纠纷	有利于日本公司	辽宁省沈阳高新技术产业开发区人民法院	（2019）辽0192 民初842 号
7	日本泰科株式会社	泰科检测设备（苏州）有限公司	买卖合同纠纷	有利于日本公司	江苏省苏州市中级人民法院	（2007）苏中民三初字第 0161 号
8	日本 CHI 株式会社	广州温馨贸易有限公司	买卖合同纠纷	有利于中国公司	广东省广州市中级人民法院	（2020）粤01 民终18372 号
9	秦皇岛新澳海底世界生物科普有限公司	日本国山一贸易株式会社、山东省东方国际贸易股份有限公司	买卖合同纠纷	不利于日本公司	山东省高级人民法院	（2014）鲁民四终字第 30 号
10	济宁市汇源农产品有限责任公司	日本邮船株式会社、日本邮船（中国）有限公司青岛分公司	海上货物运输合同货损纠纷	不利于中国公司	山东省高级人民法院	（2019）鲁民终 970 号

（续表）

	原　告	被　告	争议案由	诉讼结果	审理法院	案　号
11	津和商事株式会社	中节能（天津）投资集团有限公司	货物买卖合同纠纷	有利于日本公司	最高人民法院	（2019）最高法民申4108号
12	中本贸易株式会社（日本）	扬州宝源食品有限公司	买卖合同纠纷	有利于日本公司	江苏省扬州市中级人民法院	（2014）扬商外初字第00017号
13	三井住友金融租赁株式会社	温州市国彩包装有限公司	买卖合同纠纷	有利于日本公司	浙江省高级人民法院	（2018）浙民终878号
14	中国人民财产保险股份有限公司天津市分公司	英之杰船务（日本）株式会社	海上货物运输合同纠纷	有利于日本公司	天津市高级人民法院	（2016）津民终370号
15	中国平安财产保险股份有限公司台州中心支公司	安徽福茂再生资源循环科技有限公司、日本冈田商事株式会社	海上货物运输合同纠纷	不利于日本公司	武汉海事法院	（2015）武海法商字第00282号
16	日本三井住友海上火灾保险株式会社	中远海运集装箱运输有限公司	海上货物运输合同	有利于中国公司	上海海事法院	（2016）沪72民初2017号
17	中远物流日本株式会社	萨宜凯（上海）投资有限公司	海上货物运输合同纠纷	有利于日本公司	上海市高级人民法院	（2015）沪高民四（海）终字第12号
18	日本铸造服务株式会社	杰马威康机械设备（太仓）有限公司	承揽合同纠纷	有利于日本公司	江苏省高级人民法院	（2019）苏民终242号
19	日本直效有限公司	直效空气净化设备（上海）有限公司	货物买卖合同纠纷	有利于日本公司	上海市第二中级人民法院	（2016）沪02民终4691号
20	日本邮船株式会社	上海国际高尔夫球乡村俱乐部有限公司	服务合同纠纷	有利于日本公司	上海市青浦区人民法院	（2016）沪0118民初10748号
21	日本清真旅游中心株式会社	山东泰华国际旅行社有限公司上海分公司、山东泰华国际旅行社有限公司	委托合同纠纷	有利于日本公司	上海市静安区人民法院	（2020）沪0106民初31223号

（续表）

	原　告	被　告	争议案由	诉讼结果	审理法院	案　号
22	江苏太湖联轮模具有限公司	日本京都轮胎有限公司、上海京都轮胎有限公司	承揽合同纠纷	不利于日本公司	江苏省高级人民法院	（2013）苏商外终字第 0051 号
23	日本钢叉株式会社	青岛宝九耕耘刀有限公司	借用合同纠纷	有利于日本公司	山东省青岛市城阳区人民法院	（2014）城商初字第 1435 号
24	日本财产保险株式会社	镇江新洋国际货运代理有限公司、镇江市路达物流有限公司	货物运输合同纠纷	有利于中国公司	武汉海事法院	（2013）武海法商字第 01452 号
25	日本 Lohasbrand 股份有限公司	洪雅峨眉半山健康管理有限公司	顾问合同纠纷	有利于日本公司	四川省成都市中级人民法院	（2016）川 01 民初 598 号

表 3-2-3　中国企业与韩国企业的贸易争议典型诉讼

	原　告	被　告	争议案由	诉讼结果	审理法院	案　号
1	韩国亚洲水产食品有限公司	山东新华锦水产有限公司	买卖合同纠纷	有利于韩国公司	山东省高级人民法院	（2021）鲁民终 1444 号
2	浙江远大物产集团有限公司	韩国世统股份有限公司	买卖合同纠纷	有利于中国公司	广州市番禺区人民法院	（2017）粤 0113 民初 2051 号
3	现代重工有限公司（韩国）	中国工商银行股份有限公司浙江省分行	保证合同纠纷	有利于中国公司	浙江省高级人民法院	（2016）浙民终 157 号
4	韩国（株）可来运制果公司	浙江东峻商贸有限公司	货物买卖合同纠纷	有利于韩国公司	浙江省杭州市中级人民法院	（2019）浙 01 民初 3232 号
5	韩国国际 CNG 有限公司	无锡市东邦环保工程有限公司	居间合同纠纷	有利于中国公司	江苏省无锡市中级人民法院	（2020）苏 02 民辖终 52 号
6	韩国 IJIN 商社	威海丰和国际贸易有限公司	承揽合同纠纷	有利于韩国公司	山东省威海市中级人民法院	（2021）鲁 10 民终 536 号
7	韩国 YUNTECH 公司	深圳市鑫三力自动化设备有限公司	买卖合同纠纷	有利于韩国公司	广东省深圳前海合作区人民法院	（2021）粤 0391 民初 4035 号

（续表）

	原　告	被　告	争议案由	诉讼结果	审理法院	案　号
8	韩国未来产业（株）公司	深圳市未来无铅科技有限公司	买卖合同纠纷	有利于韩国公司	最高人民法院	（2020）最高法民申 4239 号
9	韩国栗村化学株式会社	深圳市三明新能源科技有限公司、广州化工进出口有限公司	买卖合同纠纷	有利于韩国公司	广东省广州市中级人民法院	（2019）粤 01民终 9041 号
10	山东聚丰网络有限公司	韩国 MGAME公司	网络游戏代理及许可合同纠纷	有利于中国公司	最高人民法院	（2009）民三终字第 4 号
11	韩国大熊制药株式会社	北京清丰瑞恒医药科技有限公司、香港清瑞国际有限公司等	买卖合同纠纷	有利于韩国公司	北京市高级人民法院	（2020）京民辖终 111 号
12	韩国刺绣设备有限公司	青岛方中工贸有限公司	买卖合同纠纷	有利于韩国公司	山东省高级人民法院	（2002）鲁民四终字第 89 号
13	宁波震裕科技股份有限公司	韩国 DA 高科技有限公司	货物买卖合同纠纷	有利于韩国公司	浙江省宁波市中级人民法院	（2019）浙 02民初 587 号
14	韩国美资荷任株式会社	青岛娜映家具有限公司、金洪彪	货物买卖合同纠纷	有利于韩国公司	山东省青岛市中级人民法院	（2022）鲁 02民终 3462 号
15	江苏太平橡胶股份有限公司	韩国金宇投资有限公司	货物买卖合同纠纷	有利于中国公司	江苏省镇江市中级人民法院	（2016）苏 11民初 337 号
16	韩国进出口银行	苏州甲乙电子有限公司	借款合同纠纷	有利于韩国公司	江苏省苏州市中级人民法院	（2019）苏 05民初 359 号
17	北京科海通国际贸易有限公司	韩国韩中企业家协会、金勋	委托合同纠纷	有利于中国公司	北京市第四中级人民法院	（2020）京 04民初 555 号
18	北京康维欣科技有限公司	萌蒂（中国）制药有限公司、韩国 Genewel有限公司等	经销代理确权纠纷	有利于韩国公司	北京市第四中级人民法院	（2021）京 04民初 899 号
19	韩国 Y.S 商社	日照格林食品有限公司	货物买卖合同纠纷	有利于韩国公司	山东省日照市中级人民法院	（2013）日民三初字第 4 号

（续表）

	原　告	被　告	争议案由	诉讼结果	审理法院	案　号
20	韩国 Techwin 系统株式会社	广东奥丽依内衣集团有限公司、广州梵今莱生物科技有限公司	货物买卖合同纠纷	有利于中国公司	广东自由贸易区南沙片区人民法院	（2021）粤0191 民初3606 号
21	韩国 RK 全球有限公司	上海临馨贸易有限公司	货物买卖合同纠纷	有利于中国公司	上海市第一中级人民法院	（2021）沪01民辖终1211 号
22	韩国 GEOMYEO-NGINTECCO 有限公司	中信国安第一城国际会议展览有限公司	服务合同纠纷	有利于韩国公司	河北省廊坊市中级人民法院	（2020）冀10民初102 号
23	韩国柏兰斯株式会社	慈溪市晨阳包装有限公司	货物买卖合同纠纷	有利于中国公司	浙江省高级人民法院	（2011）浙商外终字第11 号
24	韩国 HU 创新公司	深圳市绿航科技有限公司	货物买卖合同纠纷	有利于韩国公司	广东省深圳前海合作区人民法院	（2018）粤0391 民初2129 号

第三节　与大洋洲国家企业贸易争议

一、中国与澳大利亚、新西兰贸易争议合作安排

中国与澳大利亚、新西兰均没有就争议解决达成双边条约，在仲裁领域三国均为《纽约公约》的成员国。新西兰加入《纽约公约》时声明，公约只适用于缔约国之间作出的仲裁裁决。

表 3-3-1　中国与澳大利亚、新西兰经贸争议解决合作安排表

	与中国双边民商事司法协助条约	《海牙取证公约》	《纽约公约》	《新加坡调解公约》
澳大利亚	无	1992 年签署	1975 年签署	2021 年签署（未批准）
新西兰	无	未加入	1983 年签署	未加入

二、中国企业与澳大利亚、新西兰贸易争议典型诉讼

表 3-3-2　中国企业与澳大利亚企业的贸易争议典型诉讼

	原 告	被 告	争议案由	诉讼结果	审理法院	案 号
1	上海万域商贸有限公司	澳大利亚 JJR 太平洋贸易有限公司	买卖合同纠纷	有利于中国公司	上海市嘉定区人民法院	（2019）沪 0114 民初 20285 号
2	天津天筑建材有限公司	三亚元海房地产营销策划有限公司、TZAAC 集团有限公司	买卖合同纠纷	不利于澳大利亚公司	天津市高级人民法院	（2019）津民终 284 号
3	宁波市纽克服饰有限公司	澳大利亚纽泰服饰有限公司	货物买卖合同纠纷	有利于中国公司	上海市第一中级人民法院	（2018）沪 01 民终 11306 号
4	澳大利亚西玛国际有限公司	常熟锐钛金属制品有限公司	货物买卖合同纠纷	部分有利于澳大利亚公司	江苏省高级人民法院	（2016）苏民终 493 号
5	澳大利亚木业世界家居有限公司	安吉卓美家居用品有限公司	货物买卖合同纠纷	有利于澳大利亚公司	浙江省湖州市中级人民法院	（2015）浙湖商外初字第 16 号
6	湖北新冶钢有限公司	Sims 集团澳大利亚控股有限公司	货物买卖合同纠纷	有利于中国公司	湖北省黄石市中级人民法院	（2012）鄂黄石中民三初字第 00007 号
7	中石化国际事业澳大利亚有限公司	中拓（福建）实业有限公司	涉买卖合同的不当得利纠纷	有利于澳大利亚公司	福建省福州市中级人民法院	（2020）闽 01 民初 955 号
8	澳大利亚 IMEXAG 有限公司	上海农富果品有限公司	货物买卖合同纠纷	有利于澳大利亚公司	上海市徐汇区人民法院	（2016）沪 0104 民初 2650 号
9	澳大利亚 Parklands 动力设备有限公司	江苏沃得植保机械有限公司	货物买卖合同纠纷	有利于澳大利亚公司	江苏省镇江市中级人民法院	（2016）苏 11 民初 50 号
10	澳大利亚新世纪澳洲公司	白玛斯德国际贸易重庆有限公司	买卖合同纠纷	有利于澳大利亚公司	重庆市高级人民法院	（2017）渝民终 316 号

（续表）

	原　告	被　告	争议案由	诉讼结果	审理法院	案　号
11	澳大利亚杰斯托进口有限公司	上海新联纺进出口有限公司	买卖合同纠纷	有利于中国公司	上海市第一中级人民法院	（2018）沪 01民终 11306 号
12	普洛穆潘澳大利亚有限公司	富阳市进出口有限公司	货物买卖合同纠纷	有利于中国公司	浙江省杭州市中级人民法院	（2007）杭民三初字第 45 号
13	上海东麟国际经贸有限公司	澳大利亚强生有限公司	货物买卖合同纠纷	有利于中国公司	上海市第二中级人民法院	（2004）沪二中民五（商）初字第 127 号

表 3-3-3　中国企业与新西兰企业的贸易争议典型诉讼

	原　告	被　告	争议案由	诉讼结果	审理法院	案　号
1	维麒新西兰股份有限公司	福州欧闽贸易有限公司	销售代理合同纠纷	有利于新西兰公司	福建省福州市中级人民法院	（2022）闽 01民终 965 号
2	上海凡卜国际旅行社有限公司	任游新西兰有限公司、成都果范创想科技有限公司	旅游服务合同纠纷	有利于新西兰公司	四川省成都市中级人民法院	（2021）川 01民终 1074 号
3	宁波爱美乐康贸易有限公司	新西兰 Futureway 有限公司、宁波碧罗兰生物科技有限公司	货物买卖合同、合作协议纠纷	有利于新西兰公司	浙江省宁波市中级人民法院	（2019）浙 02民终 1476 号
4	阳泉田园乳业有限公司	新西兰牛奶品牌有限公司、恒天然品牌（新西兰）有限公司、大昌三昶（上海）商贸有限公司等	商标侵权纠纷	有利于新西兰公司	北京知识产权法院	（2016）京 73民初 601 号
5	高培（广州）乳业有限公司	新西兰蕊盛蕊有限公司	股权转让、对外担保合同纠纷	有利于新西兰公司	广东省广州市中级人民法院	（2019）粤 01 民终 14801 号
6	永安财产保险股份有限公司广东分公司营业部	香港华球海运有限公司、新西兰海事互保协会	航次租船合同纠纷	有利于新西兰公司	广州海事法院	（2010）广海法初字第 716 号
7	珠海泰立调光设备有限公司、珠海市中粤新通信技术有限公司清算小组	新西兰 Aterlight电气控制音频系统有限公司	买卖合同纠纷	有利于中国公司	广东省高级人民法院	（2004）粤高法民四终字第 274 号

第二编

制度编：RCEP 主要成员国贸易争议解决制度

第一章 日本、韩国贸易争议解决制度

第一节 日本贸易争议解决制度

一、日本诉讼制度

（一）概述

日本是大陆法系国家，成文法是其重要的法律依据。虽然没有关于司法判例约束力的明文规定，实践中，最高法院的司法判例被认为有一定程度的约束力。日本贸易争议诉讼解决的法律依据主要是 1890 年的日本《民事诉讼法典》，最新修订于 2022 年。

日本的法院根据级别分为最高法院（最高裁判所）、高等法院（高等裁判所）、地方法院（地方裁判所）和简易法院（简易裁判所）。位于东京都的最高法院是最高级别的审判机关。最高法院具有对所有案件的终审权，案件由所有法官组成的大合议庭或由 3 名或 3 名以上的法官组成的合议庭审理。最高法院有 15 名法官，其中 1 名为首席法官。高等法院共设 8 所，位于札幌、仙台、东京、名古屋、大阪、广岛、高松及福冈。家庭事务由专门的家庭裁判所审理。日本法院审理案件只可使用日语。

根据日本《民事诉讼法典》的规定，民事诉讼原则上由拥有日本法执业资格的律师代理，但经法院批准，除律师以外的人员可以代理在简易法院的民事诉讼。例如，公司法务负责人经批准可以代理在简易法院的以该公司为当事人的民事诉讼；以个人为当事人的民事纠纷中，该个人的亲属可以作为该个人的诉讼代理人等。根据《专利代理人法》的规定，日本的专利代理人可以代理部分专利、商标相关的民事诉讼，根据《司法书士法》的规定，司法书士可以代理在简易法院的部分民事诉讼及与民事诉讼相关的程序。

（二）案件管辖

1. 一般管辖

民商事案件的初审一般依所涉金额的不同由地方法院或简易法院审理。案件标的额在 140 万日元以下（包括 140 万日元）的由简易法院管辖，超过 140 万日元的由地方法院管辖。当事人可以协商约定第一审的管辖法院，但不得违反级别管辖和专属管辖的规定。值得注意的是，不动产纠纷也可以协议管辖。知识产权纠纷案件，按照地域分别由东京地方法院和大阪地方法院管辖；破产案件，原则上由被申请破产的公司的主要经营场所所在地法院管辖。

日本诉讼程序采取三审终审制。当事人不服第一审判决向上一级法院提起上诉，被称为"控诉"；当事人不服第二审判决向再上一级法院提起上诉，被称为"上告"。提起上诉的期限均为判决书送达之日起 14 日以内。第三审的上告审为法律审而非事实审，上诉理由仅限于二审判决存在宪法解释错误，或其他违反宪法的情况如严重违反诉讼程序等。

2. 涉外管辖

2011 年的《关于民事诉讼法典和民事中间救济法部分修正法》对过去司法判例所确定的涉外民商事管辖权规则予以法典化，确立了一套符合国际民事管辖权发展趋势又具有日本特点的涉外民事管辖权体系。

日本法律规定了日本法院对自然人、在外国有外交豁免权的日本人以及法人或者非法人组织作为被告时的涉外民事管辖权。日本法院在涉外案件中对自然人的管辖权的行使依据，可以分为三项：（1）自然人现在的住所在日本；（2）如果自然人没有住所或者住所不明时，其居所在日本；（3）如果自然人在日本没有居所或者居所不明时，该自然人在诉讼提起之前的任何时候曾经在日本有住所（但是该自然人在日本有住所后又在其他任何国家有住所除外）。

日本法院对法人或者非法人组织管辖权的行使依据主要有两项：（1）该法人或者非法人组织的主要办公场所在日本；（2）如果该法人或者非法人组织没有办公场所或者办公场所不明时，则其法定代表人或者任何其他主要负责人员在日本有住所。

日本法院对合同关系、票据关系、准物权关系、公司、海事留置权和其他海事请求权关系、侵权行为、海上侵权等诉讼的涉外管辖权规定，原则上如果合同义务履行地或票据付款地、财产权标的物、公司办公场所或业务活动地、船舶所在地、侵权行为地或损害后果发生地、碰撞受损船舶或碰撞地、消费者起诉时或合同缔结地、单独雇佣合同劳务提供地等在日本，则日本法院具有管辖权。

日本法院享有专属管辖权的案件有三类：一是有关公司的组织、股份公司管理人员的责任、股份公司管理人员的斥退、有限合伙成员的斥退、公司债券回赎的撤销等诉讼。二是登记地位于日本的诉讼。三是涉及产生于登记的知识产权的成立与效力的诉讼，由登记完成地的日本法院专属管辖。对于属于外国法院专属管辖的案件，日本法院应该放弃对该涉外案件行使管辖权。

同时，该法还对涉外民事过度管辖权作出了限制规定，即使日本法院对某一诉讼具有管辖权，法院考虑案件的性质、被告进行答辩的负担、证据的地点或者其他因素，认为存在特殊的情形致使在日本审理裁判案件会影响到当事人之间的公正和有碍法院庭审的适当有效的进行时，可以拒绝全部或者部分诉讼。

（三）诉讼程序

日本民事诉讼案件的审理采用辩论主义。法庭审理案件要经过口头辩论程序，大致包括：（1）双方进行陈述及答辩，（2）整理和明确诉讼争点，（3）围绕争点进行质证等法庭调查，（4）最终陈述等四个阶段。法官对证据的证明力及事实认定秉持自由心证主义，拥有自由裁量权。

日本最高法院的调查显示，一审民事诉讼案件的诉讼中和解的比例为37.1%，法院判决的比例为41.4%，两者所占比例相当。当事人在诉讼中如达成和解，由法院制作和解记录，与生效判决具有同等效力。如果一方当事人违反和解记录，另一方可以立即申请强制执行。

日本对民事诉讼的审理期限没有明确规定。日本最高法院的调查报告显示，第一审的平均审理周期约为 8.1 个月，控诉和上告的审理周期为 1 年以上。2022 年日本《民事诉讼法》修订，允许民事诉讼中进一步使用电子和其他通信技术，包括在线提交和接收诉讼文件、网络方式召开听证会、案件记录数字化、快速程序等内容，以回应电子化诉讼的全球趋势。2022 年日本《民事诉讼法》采取分阶段生效方式，2023 年 3 月有关在线参与诉讼准备及和解程序的规定已生效。

中国和日本没有签订相互承认和执行司法判决的条约，目前，中国和日本的法院也没有相互承认和执行对方法院作出的经济纠纷的司法判决的先例。

二、日本仲裁制度

（一）概述

日本近代的仲裁制度源自 1890 年《民事诉讼法》第八篇"仲裁程序"，2003 年制定的《仲裁法》最新修订于 2023 年。日本仲裁制度参考借鉴了德国的仲裁制度、《联合国国际贸易法委员会国际商事仲裁示范法》（以下简称《国际商事仲裁示范法》）以及《联合国调解所产生的国际解决协议公约》。日本仲裁法将日本加入的 1958 年《纽约公约》中有关承认与执行外国仲裁裁决的内容规定于其中，构成《纽约公约》缔约方的仲裁裁决在日本承认与执行的国内法依据。

日本《仲裁法》并没有对国内仲裁和国际仲裁作出区分，只要是仲裁地在日本的仲裁程序都适用《仲裁法》。日本《仲裁法》并没有强制要求争议必须交由常设仲裁机构予以解决，也没有明文禁止临时仲裁，因此，《仲裁法》实际上允许当事人通过仲裁协议将争议交付临时仲裁解决，即当事人可以不指定仲裁机构对仲裁案件进行行政管理，由当事人和仲裁员商定仲裁程序以解决争议。

日本主要的仲裁机构包括日本商事仲裁协会、日本船舶交易所、日本体育仲裁机构、建设纠纷委员会等。日本没有临时仲裁的实践。

（二）仲裁协议

第一，仲裁协议有效要件。《仲裁法》规定，有效的仲裁协议必须符合两个要件：一是仲裁事项具有可仲裁性；二是仲裁协议必须以书面形式达成。

《仲裁法》规定，除法律另有规定外，仲裁合意以当事人可进行和解的民事纠纷（离婚或解除收养关系的纠纷除外）为对象时有效。因此，除离婚和解除收养关系的纠纷、不可和解的民事纠纷以及非民事纠纷外，其他可以和解的合同纠纷、侵权纠纷、财产纠纷、商事纠纷、家庭纠纷和继承纠纷等民事纠纷都属于可仲裁的纠纷。

以下可被认为是书面形式的仲裁协议：如全部当事人署名的文书、当事人互寄的书信或电报含传真及其他通信手段提供给收信人的文字通信记录；在书面合同中记载的仲裁协议条款；以电磁记录即以电子计算机进行信息处理的方式、电磁的方式以及其他不能以人的知觉识别的方式作成的记录。在仲裁程序中，一方当事人提出的书面主张中记载有仲裁协议的内容，且他方当事人提出的书面主张中对此未作异议的，视为以书面形式达成仲裁协议。

第二，仲裁协议的效力。《仲裁法》确定了有效的仲裁协议具有排除法院管辖权的效力。在当事人之间存在仲裁协议的情况下，当事人一方就同一争议向法院提起诉讼时，法院应当依被告申请驳回起诉，除非仲裁协议无效、仲裁程序不符合仲裁协议约定或被告提出驳回起诉的申请是在其对案件进行辩论或于辩论准备程序中进行陈述后提出的。此外，仲裁协议的存在并不影响当事人在仲裁开始前或仲裁中向法院申请针对同一争议的保全处分，也不妨碍受理该保全申请的法院作出保全处分命令。

第三，仲裁协议效力的确认。《仲裁法》规定，有权审查仲裁协议效力的主体包括仲裁庭和法院。《仲裁法》确立了仲裁庭的自裁管辖权原则，仲裁庭可以对仲裁协议是否存在、仲裁协议的效力以及自己是否具有审理案件的仲裁管辖权作出判断。

仲裁庭经审理认为异议不成立的，应当在仲裁裁决前专门作出决定或在仲裁裁决中予以明确说明；经审理后确认仲裁庭不具有管辖权的，则应作出终结仲裁程序的决定，并在决定中说明其无管辖权。对于仲裁庭裁定有管辖权的，当事人可以在收到该决定通知之日起 30 日内向法院提出申请，确认仲裁庭是否有管辖权。但是该申请不会产生中止仲裁程序的效力，即使法院对此请求正在审理，仲裁庭仍可以继续仲裁程序，并作出仲裁裁决。

出于保护弱者的考虑，日本《仲裁法》对消费者仲裁和劳动仲裁作了特殊规定，如消费者可随时取消和商家达成的仲裁协议、雇员与雇主之间签订的劳动争议仲裁协议无效。

（三）仲裁庭的组成

第一，仲裁员人数。《仲裁法》规定，仲裁员的人数首先由当事人合意确定。当事人未就仲裁员人数达成合意的，仲裁员人数默认为 3 人或当事人申请由法院确定仲裁员人数。

第二，仲裁员的选任。在仲裁员选任问题上，《仲裁法》规定，当事人可以商议选任仲裁员，如无合意，则应根据当事人人数和仲裁员人数适用《仲裁法》的规定进行选任，法院将依当事人申请提供协助。法院在选任仲裁员时，应考虑以下 3 个因素：依当事人合意确定的仲裁员的条件；被选任者的公正性及独立性；选任独任仲裁员或第三名仲裁员的国籍。日本《仲裁法》对仲裁员资格没有作出规定，双方可自由选择包括外国人在内的仲裁员。实践中，只有退休法官、法学教授、律师等极少数人才可能成为仲裁员。在日本进行的国际仲裁，外籍律师可以担任仲裁员，也可以担任代理人。

第三，仲裁员的回避。《仲裁法》规定，仲裁员的回避事由包括不具备当事人合意确定的仲裁员条件，或者有足以怀疑仲裁员公正性及独立性的适当理由。当事人应当在规定期限内以书面方式向仲裁庭提出回避申请并且载明回避事由。仲裁庭依当事人申请作出关于仲裁员是否回避的决定。对于仲裁员无回避事由的决定，当事人可以继续向法院提出针对该仲裁员的回避申请，法院认为该仲裁员存在回避事由的，应作出具有回避事由的决定。在法院审理当事人提出的回避申请期间，仲裁庭仍可继续进行仲裁程序。

第四，仲裁员的解任。根据《仲裁法》的规定，仲裁员的解任事由包括仲裁员在法律上或事实上不能执行该仲裁任务，或者仲裁员使仲裁任务不当延迟。法院依当事人申请作出解任。当事人可以通过达成合意解任仲裁员。

第五，仲裁员的报酬与罚则。仲裁员的报酬由当事人合意确定，如无合意的，由仲裁庭决定仲裁员应获得的适当报酬。《仲裁法》规定了对仲裁员腐败行为的刑事惩罚，但仅适用于仲裁地在日本国内的仲裁。

第六，仲裁庭的特别权限。日本《仲裁法》创设了临时措施制度，仲裁庭除有权确定对争议是否具有管辖权外，还有权在仲裁中作出临时措施或保全措施的决定，且可以命令当事人提供适当担保。仲裁庭经一方请求可以采取的临时措施包括三类：第一类是财产保全，基于金钱给付债权或基于财产给付目的，如违反该临时措施可申请法院出具罚金决定并可申请强制执行罚金决定。第二类是行为保全，维持现状或禁止妨碍仲裁程序正常进行的措施，如违反该临时措施可直接申请法院强制执行。第三类是证据保全，如违反该措施可申请法院出具罚金决定并申请强制执行。

（四）仲裁的法律适用

仲裁地在日本的仲裁程序应当适用《仲裁法》。仲裁协议的法律应适用当事人约定的法律，如无约定时，则为日本法律。仲裁争议适用的实体法由当事人合意确定，无合意时应适用与争议具有最密切关系的国家的法律。《仲裁法》允许友好仲裁，当事人双方提出明确请求时，仲裁庭可以不适用任何国家的法律，而基于公平合理的原则灵活作出裁决。仲裁庭在作出裁决时，还应当考虑当事人的合同约定以及有关习惯。

（五）仲裁程序

第一，仲裁规则。当事人可以在不违反公共秩序规定的情况下，合意确定仲裁程序规则。如无合意，仲裁庭应在不违反法律规定的限度内，适用其认为适当的仲裁程序规则。

第二，仲裁地。仲裁地由当事人合意确定。如无合意，仲裁庭应考虑当事人便利及其他与纠纷有关的情况以确定仲裁地。

第三，仲裁程序的开始。当事人可以合意确定仲裁程序开始的时间。如无合意，仲裁程序于一方当事人通知另一方当事人将纠纷提交仲裁时开始。

第四，仲裁语言。当事人可以合意确定仲裁程序应使用的语言。如无合意，由仲裁庭决定。仲裁庭可以要求将证据文件翻译为当事人或仲裁庭确定的语言。

第五，审理方法。仲裁庭可以对当事人提出的证据或陈述意见进行开庭审理，若当事人申请开庭审理，仲裁庭则应当开庭审理。

第六，鉴定人的选任。仲裁庭可以选任一位或两位以上的鉴定人对必要事项进行鉴定，并可要求鉴定人以书面或口头形式报告鉴定结果。同时，仲裁庭可以要求当事人向鉴定人提供鉴定所必需的信息、文书及其他物品。

第七，法院对仲裁的司法审查。日本法院尊重意思自治，一般不介入仲裁。法院可以根据当事人申请，协助当事人指定仲裁员、就仲裁程序中的送达和取证等提供协助。法院对仲裁的司法审查实施集中管辖，对于仲裁地在日本国内的仲裁，有权介入仲裁程序的日本法院包括当事人合意确定的法院、仲裁地的法院以及被申请人的普通裁判籍所在地的法院。法院依照《仲裁法》的规定介入仲裁程序时，其对仲裁程序有关问题所作出的裁判可以不经口头辩论直接作出。对于法院作出的裁判，利害关系人可根据《仲裁法》的规定，自受告知之日起两周内提出即时抗告。对于仲裁地尚未确定，但仲裁地有可能在日本国内，且申请人或被申请人的普通裁判籍（依最后住所地确定的普通裁判籍所除外）所在地在日本国内的仲裁程序，有权介入仲裁程序的法院仅限于申请人和被申请人普通裁判籍所在地的地方法院。当事人可以依法就仲裁员的人数、仲裁员的选任、仲裁员的回避和仲裁员的解任问题，申请法院介入。

《仲裁法》同时允许当事人选择东京地方法院或大阪地方法院管辖。其中，东京地方法院的仲裁司法审查由东京地方法院 2022 年成立的商事法庭统一管辖，该商事法庭配有先进的计算机技术和设备，可实现在线诉讼审判等功能。

（六）仲裁裁决

仲裁裁决应由仲裁庭多数意见作出。仲裁庭作出仲裁裁决时，应当制作仲裁裁决书并署名。仲裁裁决书应出具裁决理由，但当事人另有约定的除外。仲裁裁决书还应载明裁决作出的日期和仲裁地。

仲裁程序进行中，若当事人就争议达成和解，仲裁庭可以依当事人双方的申请作出以该和解协议为内容的决定，且该决定具有仲裁裁决的效力。在双方当事人均同意的情况下，仲裁庭或当事人选任的一名或两名以上的仲裁员可对争议进行调解。

如出现下列8种情形之一，可申请撤销仲裁裁决：（1）因当事人行为能力存在缺陷导致仲裁协议无效的；（2）根据当事人合意选择的准据法，如无此合意时则根据日本法律认定仲裁协议无效的；（3）根据日本法律或当事人约定的法律，当事人未收到关于指定仲裁员的通知；（4）当事人未能在仲裁程序中答辩；（5）仲裁裁决超过仲裁请求范围；（6）仲裁庭的构成或仲裁程序违反日本法律；（7）根据日本法律，仲裁事项不具有可仲裁性；（8）仲裁裁决内容违反日本的公共秩序或善良风俗。对于前6项事由，当事人应承担举证责任。

申请撤销仲裁裁决的期限为当事人收到仲裁裁决书副本之日起3个月内，由申请人向法院提出。法院应当开庭审理决定是否撤销仲裁裁决。对于法院作出的撤销仲裁裁决的决定，当事人可以提起即时抗告。

（七）仲裁裁决的承认与执行

第一，承认与执行仲裁裁决的范围。根据《仲裁法》规定，无论仲裁地是否在日本，仲裁裁决具有既判力，日本仲裁裁决和外国仲裁裁决均可以申请在日本执行。

第二，拒绝承认与执行的理由。《仲裁法》规定有9项拒绝承认于执行的事由：（1）因当事人行为能力具有缺陷导致仲裁协议无效的；（2）根据当事人合意选择的准据法，如无此合意时则根据日本法律认定仲裁协议无效的；（3）根据日本法律或当事人约定的法律，当事人未收到关于指定仲裁员的通知；（4）当事人未能在仲裁程序中答辩；（5）仲裁裁决超过仲裁请求范围；（6）仲裁庭的组成或仲裁程序违反当事人的约定，或无此约定时违反日本法律；（7）根据当事人约定的仲裁程序适用的法律，在无此约定时根据仲裁地国法律，仲裁裁决不是终局的，或者被上述国家的司法机关撤销或终止效力的；（8）根据日本法律仲裁事项不具有可仲裁性的；（9）仲裁裁决内容违反日本的公共秩序或善良风俗的。对于前7项事由，当事人应承担举证责任。

第三，申请承认与执行仲裁裁决的程序。申请执行仲裁裁决的当事人可以将债务人作为被申请人，向标的物所在地或可被扣押的债务人财产所在地的地方法院申请承认与执行有关仲裁裁决。申请承认与执行外国仲裁裁决，如裁决原文为非日语，只要符合一定的条件，申请人可不提交仲裁裁决的日文翻译件。实践中，英文仲裁裁决基本不用提供翻译件，其他语种裁决则需个案判断。

第四，《仲裁法》与《纽约公约》的关系。日本在加入《纽约公约》时作了互惠保留，仅依据《纽约公约》承认与执行仲裁地为公约缔约方所作出的裁决。因此，在《纽约公约》缔约方境内作出的仲裁裁决，日本应按照《纽约公约》的规定予以承认与执行；对于在非《纽约公约》缔约方境内作出的仲裁裁决，则可根据日本《仲裁法》的规定申请承认与执行。由于《仲裁法》有关承认与执行仲裁裁决的条件与《纽约公约》的规定是一致的，实际上仲裁地在任何国家的仲裁裁决都可以在日本申请承认与执行。

（八）仲裁费用

《仲裁法》规定，当事人可以就仲裁费用的分担进行约定，仲裁庭可以根据当事人的约定具体确定各方当事人应承担的费用数额。当事人没有约定的，仲裁费用由当事人各自承担。仲裁庭可以决定其认为合适的仲裁员报酬。

三、日本调解制度

（一）法院附设民事调解

1. 法律依据

日本民事调解制度的法律依据主要是 1952 年《民事调解法》，该法于 2011 年修订。《民事调解法》的内容涵盖：调解一般规定，包括调解范围、调解机关、调解程序、通过调解达成的和解协议的效力、调解失败的处理以及调解员的报酬等事项；特殊调解规则，包括涉及不动产的调解、农业调解、商事调解、矿难事故调解、环境污染等公害调解等；罚则，包括当事人不参加调解的民事责任、调解参与人泄露调解信息的民事责任以及调解人员泄露调解信息的刑事责任等。

《民事调解法》中的调解指的是法院附设的调解制度，不涉及民间调解。法院附设的调解制度，是在法院设立的调解委员会或在法官的居中调解下，当事人之间互相作出让步达成合意以解决民事纠纷。如果调解成功，法院将当事人的调解协议载入笔录，该笔录与确定判决具有同等效力。如果调解失败，当事人可以根据法律规定就该纠纷提起诉讼。

2. 调解范围

无论财产性争议还是非财产性争议的所有民事性质争议均可提请法院调解解决，如金钱借贷、货物买卖、交通事故、相邻权纠纷等案件。

医疗纠纷、建筑纠纷、噪声及恶臭污染等调解案件也属于民事调解的范畴，但由于该类案件的专业性，案件的调解必须有医生、建筑师、不动产鉴定师等专家调解委员参与。如果此类案件调解不成转向诉讼程序，专家调解委员的调解意见可在诉讼中运用。

3. 受理机构

在日本，民事调解案件由各简易法院受理，原则上由被申请方住所地的简易法院管辖。

当事人申请调解的，原则上由法院调解委员会进行调解。如果争议是法院依职权交付调解的，且法院认为适当时，调解也可以单独由法官进行。调解委员会由一名调解主任和两名以上的民事调解委员组成，并由调解主任组织调解程序。调解主任由地方法院从法官中指定。调解委员从普通公民主要是具有丰富社会经验或者具有专业知识的人士中选出，包括医生、大学教授、注册会计师、不动产鉴定师等，原则上必须是 40 岁以上 70 岁以下。也有从律师中选拔出的调解官参与调解，调解官在案件调解中具有和法官相同的权限。

4. 调解程序

第一，调解程序的启动。调解程序的启动有两种方式：一是当事人申请调解；二是受诉法院依职权将争议交付调解。两种方式均以当事人对调解表示同意为前提。在当事人申请调解的情况下，当事人应向法院提交调解申请书，申请书中应当载明当事人、法定代理人、调解请求与争议要点等内容。

第二，调解的管辖法院。该法规定，对调解案件具有管辖权的法院主要为被告的住所、居所、营业所或其他办公场所所在地的法院，当事人也可以约定管辖法院。

第三，利害关系人参与调解。经调解委员会许可，与调解结果有利害关系的人可以参加调解程序。调解委员会也可以在其认为适当的时候，通知与调解结果具有利害关系的人参加调解程序。

第四，调解前措施。调解委员会依一方当事人申请，认为确有必要时，可以在调解前作出命令，禁止被告或其他与案件有关的人改变现状或处分财物，或者停止采取可能使调解目的无法实现或实现起来极度困难的行为。这种调解前措施类似诉讼中的诉前保全措施，但不具有强制执行力。

第五，事实调查与证据调查。调解委员会和调解主任可以依职权调查事实，可以依职权或当事人申请调查证据。

第六，调解方式和费用。调解案件在申请立案以后，法院组织 2—3 次调解，大多数案件可以在 3 个月左右调解完成。调解以非公开的形式进行，调解的所有内容对当事人以外的所有人保密。与诉讼相比，调解收取的手续费更加便宜，一般是同标的额诉讼费的一半。

5．调解结果

第一，未实施调解而终结的情形。调解委员会认为案件的性质不适合调解或当事人基于不正当目的提出调解申请时，可不经调解终结案件。对于该决定，当事人可以在决定告知之日起两周内提起即时抗告。

第二，调解成功。双方当事人经调解就争议解决达成一致意见，并将该意见记录在案，视为调解成功。该记录的和解意见与法院判决具有同等效力。

第三，调解失败。调解委员会认为当事人之间没有达成合意的可能性或达成的合意不适当时，并且法院也没有根据《民事调解法》规定在调解过程中作出裁定，调解委员会可以认定调解不成功并终结案件。

第四，法院决定代替调解。如果案件事实和法律关系已经通过调解程序理清，法院及调解委员认为有必要尽快解决纠纷，可以对案件作出类似判决的决定。在此过程中，法院应考虑案件具体情况并给予双方当事人公平待遇，在不违反双方当事人调解请求目的的限度内，作出决定。该决定可以命令支付金钱、交付财物及其他履行财产上的给付义务。

如果当事人或利害关系人在收到决定之日起两周内提出异议，该决定终止效力。如未在规定时间内提出异议，该决定将具有与法院判决同等的效力。可见，法院的替代性调解的决定在某种程度上仅具有和解协议的效力，并不必然具有强制执行力。

第五，撤回调解申请。申请调解的当事人在调解程序终结前可以撤回全部或部分调解申请。但是在法院作出替代调解的决定后，申请调解的当事人如要撤回调解申请的，必须经对方同意，否则撤回申请不发生效力。

6. 特殊调解规则

不动产调解、农业调解、商事调解、矿业污染调解、交通事故调解以及对自然人采光、通风及其他个人利益产生污染或妨害事件的调解，还应满足《民事调解法》的特别规定。

7. 罚则

法院附设的民事调解在日本较受欢迎，其被广泛认可和推行与《民事调解法》有关调解参与人的民事刑事责任规定有一定关系。该法规定：第一，与案件有关的人员经法院或调解委员会传唤而无正当理由拒不参与调解的，应承担罚款的民事责任；第二，如果当事人或调解参与人无正当理由不履行调解前措施决定的，应承担罚款的民事责任；第三，民事调解员或行使相应职权的人将调解委员会的评议内容、调解主任和调解委员的意见、调解多数意见和少数意见的情况等信息泄露的，应承担罚金的刑事责任；第四，若前述人员将其在调解过程中获知的个人隐私信息无正当理由泄露的，应承担最高 1 年的有期徒刑或罚金。

（二）民间替代性纠纷解决

1. 法律依据

除《民事调解法》规定的法院附设调解外，民间调解也广受欢迎。2006年《促进利用替代性纠纷解决程序法》是日本民间调解服务的主要法律依据。该法规定了立法目的、有关定义、基本原则及政府促进利用替代性纠纷解决的职责，私营替代性纠纷解决服务者认证制度，替代性纠纷解决程序与诉讼的关系，违反该法的法律惩罚制度等。通过对日本私营替代性纠纷解决服务者提供认证以规范民间替代性纠纷解决服务。开展私营替代性纠纷解决服务的自然人、法人或其他组织均应遵守该法。

2. 民间替代性纠纷解决机构

《促进利用替代性纠纷解决程序法》施行后，获得认证的民间替代纠纷解决机构大都是日本的仲裁机构和调解机构，认证单位多为社会团体。

3. 替代性纠纷解决与诉讼

第一，当事人就同一争议先提交替代性纠纷解决程序后提起诉讼的。若当事人在收到替代性纠纷解决程序终结通知之日起 3 个月内就争议提起诉讼的，此前当事人在替代性纠纷解决程序中所作的陈述均归于无效。因替代性纠纷解决服务者认证失效或被撤销认证而导致替代性纠纷解决程序无法继续进行的，当事人在知晓程序无法继续进行的事实之日起 1 个月内就争议提起诉讼的，当事人在此前替代性纠纷解决程序中所作的陈述归于无效。

第二，当事人就同一争议先提起诉讼后提交替代性纠纷解决程序的。当事人在民事诉讼期间，合意将争议提交私营替代性纠纷解决服务者解决的，法院可以在符合下列任一情形的前提下作出中止诉讼程序（不超过 4 个月）的决定：（1）同一争议的替代性纠纷解决程序即将开始；（2）当事人已经约定将争议提交私营替代性纠纷解决服务者解决。但是，法院作出中止诉讼程序的决定后，可以随时撤销该决定并恢复诉讼程序。法院作出的中止诉讼程序决定或撤销决定均不可上诉。

4. 替代性纠纷解决与仲裁

虽然仲裁也属于民间替代性纠纷解决方式之一，但由于仲裁主要受日本《仲裁法》的特别规范，通过仲裁方式解决民事纠纷的结果，即仲裁裁决具有与法院判决相同的执行力。仲裁裁决以外的民间替代性纠纷解决结果，如调解协议、和解协议等没有强制执行力，在性质上与合同相同，有赖于当事人的自觉履行。如果一方当事人未履行调解协议或和解协议的，另一方当事人可以就违反调解或和解协议的违约行为寻求其他救济。

第二节 韩国贸易争端解决制度

一、韩国诉讼制度

（一）概述

韩国的民事诉讼制度移植西方并受日本的影响形成，在整体上体现了大陆法系的特点。但也受美国法律实践影响，呈现多元化特征。1959年《民事诉讼法》是韩国民事诉讼的基本法，最新的《民事诉讼法》于2008年修订。

韩国法院体系分为大法院、高等法院、地方法院，韩国在首尔、大田、大邱、釜山、光州和水原设有6个高等法院。此外，韩国还设有专利法院、家事法院、行政法院和破产重组法院等专门法院。有关宪法争端如总统弹劾案，由独立于法院系统的宪法裁判所处理。

韩国实行三审终审制。如果当事人对一审法院如地方法院或支院的判决不服，可向二审法院如高等法院提出上诉。如果就二审法院的判决有较大法律争议时，还可向三审法院即大法院提出上诉，大法院的判决为最终判决。

涉及贸易等商事纠纷适用民事审判程序，通常以地方法院合议部一审，之后高等法院二审，最后大法院三审的程序进行。小额案件通常以地方法院或支院的独任部一审，之后地方法院合议抗诉部二审，最后大法院三审进行。三审后最终判决生效可能需要两到三年或者更长的时间。如果希望快速、高效地处理法律纠纷，可考虑采用一裁终局的仲裁或其他有效的纠纷解决途径。

专利法院在专利纠纷审理时采用二审终审制。一审在专利法院审理，如果对专利法院的判决不服，可向高等法院上诉并作出终审判决。

（二）国际民事诉讼管辖权

2001年韩国《国际私法》规定了国际民事诉讼管辖权。当事人或纠纷案件与韩国有实质性关联的，韩国法院具有管辖权。法院在判断是否存在实质性关联时，应当遵循符合国际审判管辖分配理念的合理原则。一般认为，涉外案件与韩国具有实质性关联的情形包括当事人的生活或经济活动所在地在韩国；案件的主要证据在韩国；韩国与判决的实效性有紧密关系如判决需在韩国执行等。

韩国《国际私法》还专门设置了消费者、劳动者涉外审判管辖权。消费者为原告提起涉外诉讼时，除依据一般原则确定管辖法院外，还可以在自己的经常居所地提起诉讼。原告为劳动者的，允许在劳动者日常工作地或最后的日常工作地向雇主提起诉讼；对于雇主以劳动者为被告提起诉讼的，只能在劳动者的经常住所地或日常工作地提起。

（三）审理方式

地方法院审理一审案件原则上是独任审判，争议标的超过 2 亿韩元（约120 万元人民币）或无法确定金额的案件实行三人合议制审理，地方法院总院合议部审理的二审案件实行合议制。但无论标的额多大，有关支票、票据相关的案件及金融机构的贷款偿还请求案件均采用独任法官审理。在高等法院，所有案件均实行三人合议制。

大法院实行法律审，仅就法律问题进行审理，只有满足《民事诉讼法》规定的上诉理由，才可提出上诉。大法院审理案件一般是书面审理，其他法院则要经过开庭辩论的程序。上诉到大法院的案件多是对适用法律有异议，但如果当事人对事实问题一起上诉，法院也会一并审理。大法院审理案件实行小部合议制和全员合议部的方式，上告到大法院的案件首先由小部以合议制的方式审理。如果小部法官对案件的意见不一致，须提交由全部 14 名大法官参加的全员合议部审理。

（四）诉讼程序

韩国民事诉讼程序原则是对抗性的，但也有纠问过程。主审法官可以直接向当事人询问事实或法律事项并敦促当事人提出进一步证据，要求当事人澄清未决诉讼等。

诉讼启动时，原告提交的起诉状应当内容简洁，用 A4 纸作成。韩国《民事诉讼法》规定，诉状的记载事项分为必要的记载事项和任意的记载事项。必要的记载事项有三项，包括当事人、法定代理人；请求趣旨；请求原因。如果其中有一项不具备且当事人不予补正，审判长应驳回诉讼。被告收到诉状副本后，应当承担提出答辩状的义务。未按规定提出答辩状的，法院应当视被告对原告的请求原因所指事实予以自认，可以不经辩论宣告判决。被告在答辩状中对请求原因所指事实全部自认且不另行提出抗辩的，法院也可以不经辩论程序直接作出判决。

韩国《民事诉讼法》规定，无论诉讼进行到何种程度，法院、受命法官或受托判事均可以在当事人没有提出申请的情形下，在不侵害当事人利益、不违背请求趣旨的范围内，建议当事人在公平解决纠纷的前提下进行和解。法官建议当事人和解时，必须作出建议和解裁定书。当事人自受送达之日起两周内未申请异议的，视为和解成立。当事人如果对和解内容不服，可以提出异议申请书。如果异议申请成立，则诉讼恢复到建议裁定解除前的状态。建议和解裁定在异议申请被驳回或撤销之前，与诉讼和解具有同等效力。

当事人不服第一审判决而提出的上诉称作控诉，不服第二审判决而向大法院提起的上诉称作上告。在控诉审中，法院既可以对事实问题进行审理，也可以同时对法律问题进行审理，其口头辩论被视为第一审的延续。在特别情形下，当事人不服一审法院判决时，可以直接向上告法院提起上诉，即越级上告。越级上告的条件是当事人必须有提起越级上告的书面合意。上告法院不审理事实问题，只审理法律问题，即上告审为法律审，以控诉审判决认定的事实为基础，就判决适用法律是否正确进行审查。大法院属于法律审，法院只审涉及法律适用问题的上告案件。

韩国的司法案例不具有英美法系的判例意义，但是大法院的判决对其他法院具有约束力，不过当事人对其他法院依照大法院判例作出的判决依然可以上诉。案件上诉到大法院后，如大法院认为有必要改变原来的判例，应由大法院全员合议部作出裁判。

二、韩国仲裁制度

（一）概述

韩国仲裁制度的主要依据是 1966 年颁布实施的《仲裁法》，后经多次修订，旨在将韩国打造成世界知名商事仲裁地，最新修订于 2016 年。2017 年，韩国颁布《仲裁业促进法》。该法包括扩大争端解决设施、培养仲裁领域专家和专业人士以及支持相关研究和发展的规定。

韩国《仲裁法》在赋予仲裁庭较大权力的同时，注重当事人的意思自治，增强法院对仲裁的支持。在仲裁庭人数、成员组成、仲裁员回避程序、仲裁的法律选择等方面优先考虑当事人双方的约定，允许当事人自主决定是否交由法院保管。法院原则上不得干预仲裁活动，法院在仲裁庭提出申请时应协助仲裁庭调查证据、在仲裁协议未指定仲裁员或未约定仲裁员选任方式的情况下，帮助当事人选任仲裁员。此外，韩国《仲裁法》不分商事和民事，允许机构仲裁和临时仲裁，将国际仲裁和国内仲裁统一规定，将国际公约直接引用为国内法律条文。

不过，韩国《仲裁法》也有不足，比如没有规定保密原则和证据规则，没有规定仲裁中加入第三方和合并仲裁；要求仲裁机构在制定或者修改仲裁规则时需得到韩国最高法院院长的承认，允许政府为仲裁制度的发展提供资金支持，这在一定程度上影响了仲裁的吸引力和独立性。

韩国不限制外国仲裁机构在境内办理仲裁案件。2013 年 5 月，首尔国际争端解决中心成立。该中心配备有开展国际商事仲裁业务的先进设备，主要功能是提供国际仲裁开庭、谈判和会议场所，现已吸引包括伦敦仲裁院、国际商会仲裁院、美国仲裁协会、新加坡仲裁院在内的世界主要商事仲裁机构入驻。2018 年首尔国际争端解决中心并入韩国商事仲裁院（KCAB）。

（二）仲裁的适用范围

韩国《仲裁法》适用于仲裁地为韩国的仲裁以及在韩国境外发生的国际商事争议中双方一致书面同意适用韩国仲裁法的情况。

仲裁可解决的纠纷为财产权上的纠纷以及有和解可能性的非财产权上的纠纷。因此不公平交易、专利权等能够和解解决的非财产上的纠纷，也可以用仲裁解决。

（三）仲裁协议

韩国《仲裁法》规定仲裁协议应是书面的，但接受了 2006 年《国际商事仲裁示范法》对仲裁协议书面形式的扩展解释，将仲裁协议内容通过口头、行为或者其他任何方式记录下来使协议得以订立的，视为书面形式。比如，协议记载于当事各方签字的文件中，或记载于往来的书信、电传、电报或提供协议记录的其他电讯手段中，或在申请书和答辩书的交换中当事一方声称有协议而当事他方没有否认或提出异议，即为书面协议。一般认为，另一方当事人提出异议应不迟于仲裁庭就争议实体问题举行的第一次开庭时，逾期则视为放弃。在合同中援引载有仲裁条款的一项文件即构成仲裁协议，但仅限于该合同是书面的而且该仲裁条款构成该合同的一部分的情况。

韩国《仲裁法》未对仲裁协议必须包括哪些内容作出明确的规定，只是要求当事人在仲裁协议中能够有提交仲裁的意思表示即可。韩国《仲裁法》允许当事人约定仲裁员的选任和回避；仲裁员的资格条件、人数、国籍、仲裁员的选任和回避等；仲裁地、纠纷所适用的实体法；仲裁程序、鉴定人的回避、仲裁使用的语言、仲裁审理方式；裁决作出的方法、仲裁裁决的补正期限、仲裁庭权限审查、仲裁裁决书的保管、仲裁裁决的撤销及仲裁裁决的承认和执行的管辖法院等。

（四）仲裁庭自裁管辖权

韩国《仲裁法》规定，仲裁庭可以决定其自身的管辖权，包括对仲裁协议是否存在或有效性的异议。仲裁庭可以将关于仲裁庭无管辖权的抗辩作为先决问题作出决定，也可以在其裁决书中作出决定和说明。

值得注意的是，仲裁庭就仲裁协议效力、存在与否等管辖权异议作出的决定，不具有终局性。如果当事人对仲裁庭的决定有异议，可在规定期限内向当地有管辖权的法院提出申诉，要求法院作出最后决定。

（五）仲裁庭和仲裁员的指定

仲裁庭的仲裁员的人数由当事人自由约定，如果没有约定，仲裁员的人数应为3人。除非当事人另有约定，国籍不能成为排除任何人担任仲裁员的理由。

当事人可以自由地约定指定仲裁员的程序，如果不能达成约定，仲裁员由法院指定。对于法院依法作出仲裁员的指定裁定，不能上诉。

（六）仲裁程序

只要不违背《仲裁法》的强制性规定，当事人可以自由约定仲裁程序事项，如果没有达成约定，仲裁庭可以采用其认为合适的方式进行仲裁程序。

韩国《仲裁法》规定，当事人可以在仲裁程序开始前或进行中向法院申请财产保全。仲裁庭也有权采取临时措施，经当事人一方请求，仲裁庭在认为确有必要保全争议标的物时，可以争议标的物为限，采取费用保全或其他保全措施。仲裁庭也可以要求被保全人提供一定的保证金替代临时措施。仲裁庭的临时措施只能以决定而非裁决的形式作出，缺乏执行性。

仲裁庭应当根据当事人约定的实体争议应适用的法律规则对争议作出裁决，除非另有说明，选择适用某一国的法律或法律制度即指该国实体法，而非其国际冲突规范。若双方没有约定，仲裁庭应当适用与争议标的有最密切联系的国家的法律。在当事人明确授权的前提下，仲裁庭可以适用公平合理的原则作出裁决。

（七）仲裁裁决的撤销

韩国《仲裁法》对国内仲裁和涉外仲裁裁决的撤销实行统一的标准。当事人举证证明有以下情形之一的，可在收到生效仲裁裁决之日起 3 个月内向法院申请撤销裁决：（1）当事人根据准据法在缔结仲裁协议时为无行为能力人，或者仲裁协议根据当事人约定的法律或韩国法律为无效协议；（2）当事人未得到指定仲裁员或关于仲裁程序的适当通知，或因其他原因无法陈述其主张；（3）仲裁裁决争议不属于提交仲裁的范围，或裁决中包含未提交仲裁的事项；（4）仲裁庭的组成或仲裁程序与当事人约定不符。

除当事人提起撤销仲裁裁决申请外，法院也可以在自行认定存在以下情形时撤销仲裁裁决：（1）根据韩国法律，争议事项不能通过仲裁解决；（2）裁决的承认和执行违背韩国的善良风俗和社会秩序。

如不申请撤销仲裁裁决，则仲裁裁决具有与法院终审判决相同的法律效力。根据韩国《民法典》规定，依判决享有的主张的消灭时效为 10 年。因此，申请承认和执行仲裁裁决的期限为自裁决作出之日起 10 年。

（八）外国仲裁裁决的承认和执行

韩国于 1973 年加入《纽约公约》，并作出了互惠和商事两项保留。因此，在韩国作出的商事仲裁裁决，可以在其他公约成员国得到承认和执行；同时，在其他公约成员国作出的仲裁裁决，只要符合韩国法对"商事"的规定，也可以在韩国得到承认和执行。

基于商事保留和互惠保留原则，韩国对适用《纽约公约》的外国仲裁裁决和不适用《纽约公约》的外国仲裁裁决分别作出规定，对适用《纽约公约》的外国仲裁裁决作出承认、执行"决定"制度的规定，对非《纽约公约》缔约国的仲裁裁决依旧保持旧《仲裁法》中的承认、执行"判决"制度。

其中对于违反公序良俗问题，韩国大法院在相关判例中指出，基于维护国际贸易秩序的稳定，违反公共秩序的判断不应过于宽泛，外国仲裁裁决如果违反韩国公序良俗时可以拒绝承认和执行。譬如，判例中举出的，对于国际贸易的一方当事人未履行债务所产生的高利率利息，其适用利率在符合国际商事惯例的情况下便不认为违反公共秩序。

三、韩国调解制度

（一）概述

儒家文化传入韩国已久，韩国的调解制度较为发达，以调解主导主体类型进行区分，有司法型调解、行政型调解和民间型调解。

1990 年的韩国《民事调解法》是韩国调解的重要法律依据，经历十余次修改，最新修订于 2020 年。《民事调解法》规定了调解范围、管辖法院、调解主体、调解程序、调解效力及替代调解决定等内容。该法与韩国《民事调解规则》《调解委员规则》《民事及家事调解事务处理例规》等，构建起一套完整的民事调解法律体系。该体系具有类似于诉讼程序的较强程序性，增强了民事纠纷处理过程的程序正义，增加了纠纷当事人对调解程序的信赖。

（二）司法型调解制度

1．司法型调解的调解主体

《民事调解法》规定，调解案件由调解法官处理。调解法官可自行调解，也可交由常任调解委员或调解委员会调解。审判法官认为案件适合调解的，可以依职权将案件转入调解程序。可见，韩国司法型调解的主体包括调解法官、调解委员、调解委员会和审判法官。

其一，调解法官。根据《民事及家事调停事务处理例规》第 3 条规定，法院院长可以从热心调解的法官中选任 2 人以上担任调解法官专司调解工作。调解法官专司调解工作，2 年内不得变更业务范围。调解法官具有法律专业优势，主要负责调解的案件有起诉前申请调解的案件；案件事实争议不大，当事人对法律适用存在分歧的案件；当事人与大部分调解委员有特殊关系，导致调解委员难以发表意见的案件。调解实践中，调解法官除了自行调解案件以外，还可以委托常任调解委员调解。

其二，调解委员。调解委员具有较强的民间性、亲和性和专业的广泛性，主要负责调解的案件有多数当事人之间利害关系严重对立的案件；亲属、合伙人等关系密切的人之间发生的情绪对立严重的案件；建筑工程、医疗纠纷等专业领域案件；当事人希望由调解委员会调停的案件。调解委员分为一般调解委员和常任调解委员。一般调解委员由高等法院、地方法院的院长委任，具有一定的知识水平且品行优良即可，不能担任调解长。常任调解委员由法院行政处长从具有律师资格、曾担任一般调解委员 3 年以上的人中委任。常任调解委员属于法院常设职务，一届任期 2 年，从法院领取报酬，调解时享有与调解法官相同的权限。履职期间，原则上不得兼任他职。

其三，调解委员会。调解委员会是专门处理复杂疑难案件而临时组成的调解组织。根据《民事调解法》规定，调解委员会由一名调解长和两名以上的调解委员组成。调解长由调解法官、常任调解委员或合议庭的审判长担任。

其四，审判法官。审判法官对案件事实、争议焦点以及当事人的态度最为了解，主要负责调解的案件有交通事故、工伤事故损害赔偿案件；事实证据调查充分的案件；当事人希望尽快解决纠纷，易于达成合意的案件。在二审判决宣告前，审判法官可将案件裁定转入调解程序，交由调解法官、常任调解委员或调解委员会进行调解，也可以自行对案件进行调解。基于"调解分离"的基本原则，审判法官如要开展调解，必须单独启动独立的调解程序。

2．司法型调解的程序

韩国民事调解有两种启动方式，即当事人申请调解和审理诉讼案件的法官依职权启动调解程序。当事人申请调解又被称为诉前调解，即民事纠纷当事人在提起民事诉讼之前，直接向法院申请调解的程序。对于已经起诉的案件，审理该案的法官认为适合调解的，无需征得当事人的同意可直接将案件转入调解程序，实务中绝大多数案件由此转入调解程序，这在一定程度上体现出调解优先于诉讼以及强制调解的制度特征。

在诉前调解中，调解法官须将申请书与调解期日及时送交另一方当事人。无法通知调解期日的，法院将依职权作出驳回当事人调解申请的裁定。如果诉前调解系属双方当事人共同申请的，一般情况下申请日即调解期日，法院应立即对案件进行调解。在启动调解后，受诉法院须作出中止审理诉讼案件的裁定。一旦调解成功，诉讼案件将按当事人撤诉处理。

在调解过程中，双方当事人因争议过大而无法达成协议或协议内容不适当的情况下，调解法官可以参酌当事人之间的利益，以公平正义为准则，作出解决纠纷的替代调解裁定。替代调解裁定并非立即生效，当事人可在两周内提出异议申请，否则替代调解裁定即发生法律效力。一旦当事人在法定期间提出异议申请，调解程序自动回转到诉讼程序。因此，替代调解裁定可以被视为附条件的裁判，本质上属于法院提供的一种调解方案。如当事人在法定期限内不提出异议，即表明双方认可该方案，法院的替代调解裁定可转化为双方当事人达成的合意。

韩国民事调解程序采取不公开主义，规定了较严格的保密义务。特殊情况下，法官可以准许其认为适合的人参与调解程序。为了防止参与调解程序的工作人员泄露调解信息，《民事调解法》规定，调解委员和曾经担任调解委员的人，无正当理由不得泄露调解过程信息及调解委员的人数和调解意见。

（三）行政型调解制度

韩国是行政型调解较为发达的国家，通过立法设立的行政型调解机构属于特殊法人，具有公益属性，负责处理环境、医疗、消费者权益保护等纠纷。行政型调解以其成本低廉、效率较高而受到韩国民众的欢迎。以下简要介绍金融纠纷调解委员会的调解工作。

金融纠纷调解委员会由韩国金融监督院设立，30名成员组成。《金融纠纷调解细则》规定，金融有关机构、存款人等金融用户及其他利害关系人在发生金融纠纷后，可向金融监督院院长提出纠纷调解申请。金融监督院及金融纠纷调解委员会接到调解申请后，应提出合理的纠纷解决方案或者提出调解意见，引导当事人通过和解而不是通过诉讼解决纠纷。

在调解程序进行中，调解委员会应向申请人和关联方提出可接受的调解方案，该调解方案与法院和解有同样的效力。若当事人接受调解方案，调解委员会委员长应发布调解方案。由于调解方案与法院和解、法院最终判决具有同等效力，如果当事人接受后却未执行调解方案中规定的义务，另一方可以向法院申请强制执行，并且当事人不能对调整方案产生的义务提出变更的诉讼。如有一方当事者不接受调解方案，该方案即失去效力。

（四）民间型调解制度

以金融投资协会纠纷调解委员会为例，该委员会的设立依据是韩国《资本市场整合法》。

金融投资协会纠纷调解委员会的调解程序自申请者将纠纷调解申请提交给该协会时开始。纠纷调解委员会应自收到申请案件之日起 30 日内进行事实调查，并将建议达成协议方案提交给委员会会议。委员会会议应当在建议达成协议方案提交之日起 30 日内进行审议并作出调解方案，并将调解方案通知给各方当事者。

如果当事人自收到调解方案通知之日起 20 日内向金融投资协会提交接受调解方案的意思，则表示调解成立。如果调解不成立，金融投资协会将通知当事人调解未成立的事实或事由。如果当事人接受纠纷调解委员会的调解方案，该调解方案将具有法院和解同等法律效力。

第二章　澳大利亚、新西兰贸易争议解决制度

第一节　澳大利亚贸易争议解决制度

一、澳大利亚诉讼制度

（一）概况

澳大利亚是典型的普通法国家，法律主要由成文法和判例法构成，国际条约也是澳大利亚的重要法律渊源之一，但在条约被转化为国内法之前，各州有权拒绝适用该条约。法院在审理具体案件时，必须遵循上级法院或先前案例总结的法律原则或规则。

（二）法院体系

澳大利亚法院体系主要分为联邦法院体系和州法院体系。联邦法院体系包含高等法院、联邦法院、联邦家庭法院以及联邦巡回法院。澳大利亚高等法院是其最高终审法院，处理全国法院民事及刑事案件的最终上诉，以及涉及宪法的案件。联邦法院主要审理公司、竞争、宪法和行政法相关案件以及联邦立法产生的税收、移民案件，并且处理联邦巡回法院的上诉案件。联邦巡回法院主要审理相对简单的家事、破产、知识产权、消费者保护、移民等

案件，管辖权在一定程度上和联邦法院有所重合。公司和证券纠纷由联邦和州法院共同管辖。各州有各自独有的法院体系，以维多利亚州为例，有州最高法院、地区法院和初级法院。除上述三级州地方法院外，在各州的主要城市还设有民事行政裁判庭和儿童法院特殊法院等。

澳大利亚法院遵循公开公正的原则，除特殊案件外，民众均可以预约旁听庭审，并在工作日进入法院进行参观。

澳大利亚的律师制度继承了英国传统，分为事务律师和出庭律师。澳大利亚的律师从业资格是以州为单位的，各州对律师的考核及管理不同，律师需持有相应州的执业资格，才可以在该州跨州执业。

（三）民事诉讼特点

澳大利亚各州均有各自的民事诉讼程序体系，但基本都在 2005 年《澳大利亚民事诉讼法》框架下制定。澳大利亚联邦法院和州法院审理民事案件程序采取三审终审制。主要有以下特点：

1. 抗辩式审判

各方当事人承担举证、质证，提问证人，法庭辩论等责任。通常情况下，法官不主动向各方进行独立调查，也不过多干预当事人对证人的提问行为及当事双方的辩论环节。

2. 证据

证据开示是澳大利亚诉讼的重要环节，不同法院的证据开示规则有所差异。一方当事人被要求向另一方当事人出示证据材料，以阐明诉讼中涉及的问题。

在庭审中当事人需提供证据材料，经各方交叉质证及审查。在证据形式方面，民事案件当事人可以征询专家意见、书面承认、申请法院当庭质询、提交宣誓书及证人阐述、申请法院签发传票索取相关证据等。当事人可以向法院申请要求将重要证据暂呈交法院保存，以便庭审中对该证据进行审查。在庭审过程中，所有的证人证言均会受到各方当事人的质证及交叉询问。除极特殊的情况外，法官不会对证人进行询问。

通常情况下，法庭不会采纳通过非法手段获得的证据，除非能够证明该证据具有极高的证明价值，才有可能被法庭豁免。

3. 陪审团制度

除涉及公共利益，一般的民商事案件庭审不需陪审团，而由法官裁判。如需陪审团，其成员一般为六名，如果陪审团经过审核讨论后仍无法作出裁决，则法院可以采纳绝大多数陪审员达成的一致意见。如果陪审团无法达成一致意见，经各方当事人共同同意，可由法官进行裁定。

二、澳大利亚仲裁制度

（一）概述

澳大利亚是联邦国家，立法权分属联邦和六个州以及两个地区。仲裁法作为普通法的一部分，联邦及其州和地区均有立法权。虽然如此，但经过多次修正，各地区和联邦关于仲裁的法律内容已基本趋于一致。

澳大利亚的机构仲裁和临时仲裁受欢迎的程度相当，澳大利亚国际商事仲裁中心（ACICA）和争议解决协会（RI）是澳大利亚的仲裁机构，外国仲裁机构同样可以在澳大利亚仲裁。国际商会仲裁院在澳大利亚受理的案件数量非常可观。外国仲裁机构在澳大利亚进行仲裁，将同时适用澳大利亚《国际仲裁法》以及当事人选择的仲裁机构仲裁规则。近年来，澳大利亚正在逐步将其打造成为亚太地区的一个国际仲裁中心，无论是法律规则的制定，从业人员的专业素质，还是仲裁机构的职能，判决的承认与执行等方面，都尽可能吸纳最佳的仲裁实践，以期成为一个更具吸引力的国际仲裁中心。

（二）仲裁立法

澳大利亚采用国际仲裁与国内仲裁分别立法的方式，现行并存着两套仲裁法律制度即1974年的联邦《国际仲裁法》和各州及地区的商事仲裁法。两套法律的适用具有排他性，如果一项仲裁具有国际性，则会适用《国际仲裁法》；反之，如果案件没有国际因素，纯粹是国内纠纷，则仅受其有管辖权的州或地区的商事仲裁法的规制。

值得注意的是，澳大利亚全面采纳了《国际商事仲裁示范法》，国内仲裁和国际仲裁两套法律制度均与1985年《国际商事仲裁示范法》（2006年修订）保持一致。为了全面吸纳《国际商事仲裁示范法》的内容，自2010年以来各州和地区陆续对其商事仲裁法进行修订,联邦《国际仲裁法》于 2018 年完成最新修正。

(三)仲裁立法内容特点

澳大利亚国内仲裁和国际仲裁均以《国际商事仲裁示范法》为蓝本,内容和法律体系基本一致,主要特点包括:

1．自动适用的地域性原则

在当事人没有对法律适用作出明确选择时,将根据地域性原则直接适用仲裁地法律。此处的法律适用包括认定仲裁协议效力的准据法、仲裁程序应适用的准据法、发布和实施临时措施应适用的准据法、当事人实体权利义务关系应适用的准据法、承认执行仲裁裁决应适用的准据法。

2．仲裁协议

在仲裁协议的形式上,无论是国际还是国内仲裁,仲裁协议都需要书面形式。《国际仲裁法》仲裁协议中的"书面"含义与《纽约公约》的规定相一致。各州商事仲裁法赋予"书面"形式更宽泛的含义,只要能以任何形式记录下来的,即为书面形式。两套仲裁法律均没有对仲裁协议的内容作特别要求。

在仲裁协议的当事人上,澳大利亚没有限制任何自然人或法人提起仲裁,不禁止联邦或州政府,或外国政府作为仲裁的一方当事人。值得注意的是,澳大利亚联邦《公司法(2001)》的规定,在自愿清算决议通过后,根据破产公司、债权人或分担人的申请,法院可以同意中止仲裁程序。在国际仲裁案件适用联邦《跨境破产法(2008)》,如承认了外国破产程序,须停止开启或继续进行涉及债务人资产、权利、债务或责任的个人诉讼或仲裁程序。

在仲裁协议的执行上,澳大利亚法院尊重仲裁协议的效力。《国际商事仲裁法》规定,只有在仲裁协议无效、失效、不能实行或不能履行的情况下,法院才能拒绝中止诉讼程序。各州商事仲裁法也赋予仲裁协议的首要地位,没有留给法院任何自由裁量的空间。

3．多层次纠纷解决机制

仲裁条款如果采用多层次纠纷解决的设计模式,只要多层次结构中含有仲裁方式，而且仲裁前的程序清楚无疑，澳大利亚法院倾向于执行多层次条款。如果当事人没有按照多层次条款进行仲裁前程序，法院在判断其后果时将考虑该程序是真的构成开始仲裁前的条件，还是仅仅是合同性的要求，以决定对其违反时的赔偿问题。

4．可仲裁性和管辖权

澳大利亚仲裁法认为，当事人之间任何可以和解的事项都可以进行仲裁。虽然大部分商事纠纷都具有可仲裁性，但竞争法领域、专利、商标、版权、税、保险纠纷和欺诈等，仍由法院裁定。如澳大利亚《海上物品运输法》规定了从澳大利亚出发或到达澳大利亚的国际海上货物运输的提单纠纷，除非仲裁在澳大利亚进行，否则提单中的仲裁约定无效。《保险合同法》规定在保险合同中，争议发生后当事人同意通过仲裁解决纠纷的仲裁条款无效。值得注意的是，澳大利亚仲裁法律制度对这些事项的仲裁进行限制的依据并不是一个内在的不可仲裁性，而是在对具体个案中的仲裁条款进行个性化解释后得出的结论。

如果当事人在法院就争议标的可仲裁性提出实体或程序上的异议时，《国际商事仲裁法》以及商事仲裁法均规定了法院要予以审查，在确定存在有效仲裁协议的情形下，法院有中止程序并要求当事人诉诸仲裁的义务。《国际商事仲裁法》和商事仲裁法均赋予仲裁庭对其管辖权作出裁定的权力。

5．仲裁员的选任

当事人能够自由选择仲裁员、仲裁员的人数和对其任命的程序等。如果当事人没有对仲裁员的人数达成合意，在国际仲裁中默认为三位仲裁员，而澳大利亚国内仲裁中则默认为一位仲裁员。在当事人选择的仲裁规则对仲裁员人数有规定的情况下，仲裁规则优先适用。无论是国际仲裁还是国内仲裁，在当事人无法指定仲裁员时，任何一方当事人都可以请求仲裁地所在州或地区的最高法院、澳大利亚联邦法院或者澳大利亚国际仲裁中心（ACICA）进行指定。2011年《ACICA仲裁员指定规则》和《ACICA仲裁规则》增加紧急仲裁员条款以来，法院选任仲裁员的职能逐渐削弱。

在仲裁员的独立性和公正性方面，自被指定之时起至整个仲裁程序进行期间，仲裁员应当毫不迟延地向当事人披露可能引起对其公正性或独立性产生正当怀疑的任何情况。《国际商事仲裁法》规定了合理怀疑的依据是"存在使仲裁员怀有偏见的切实危险"。

6．临时措施

除非当事人另有约定，仲裁庭可以决定对任何一方采取其认为有必要的临时措施。临时措施可以被用来维持或恢复原状、防止对仲裁程序的危害或损害、保全资产或证据。《国际商事仲裁法》和商事仲裁法均规定了对临时措施的承认和执行。无论是在国际仲裁还是国内仲裁中，法院都拥有同样的权力决定仲裁程序中的临时措施或初步命令。向法院申请临时措施不影响法院命令当事人诉诸仲裁的义务。

7．披露

当事人可以自由决定文件证据材料的披露。在当事人没有约定的情况下，仲裁庭有权决定任何证据的可采性、相关性、实质性和重要性。在普通法体系下，仲裁庭类比法院，直接决定当事人披露相关文件材料。

8．仲裁裁决

国际仲裁裁决的作出必须是书面的。当仲裁员为多名时，仲裁庭多数成员必须在裁决上签名；如果不签名，则需列明不签名的原因。除非当事人另有约定，裁决必须写明所依据的理由。仲裁的日期、地点必须在裁决中列明。除了裁决中不要求必须签名外，国内仲裁裁决的形式要件与国际仲裁裁决一致。

当事人对国际仲裁裁决不服，可以向仲裁地有管辖权的法院申请撤销该裁决。当事人对国内仲裁不服，除了申请撤销裁决外，当事人还可以请求法院同意其以裁决中存在法律错误为由上诉。

9．仲裁费用

澳大利亚《国际商事仲裁法》规定当事人有权协议允许仲裁庭对费用作出裁决，包括仲裁庭本身的费用和开支。仲裁庭对仲裁费用的确定拥有自由裁量权。

实践中，无论是国际仲裁还是国内仲裁，通常是裁决中的败诉方承担费用，除非有相反情况表明不应该如此。

10．中国与澳大利亚仲裁裁决执行实践

澳大利亚于 1975 年 3 月 26 日加入《纽约公约》，1975 年 6 月 24 日公约对澳大利亚正式生效，并且经澳大利亚国内立法程序，公约被并入《1974 年法案》之中。

在以国内立法方式实施《纽约公约》时，澳大利亚对外国裁决的认定仅纳入了领土标准，即公约在澳大利亚的适用仅限于在澳大利亚以外的另一缔约国领土内作出的裁决。此外，根据《1974 年法案》的规定，如果裁决不是在另一缔约国领土内作出的，但申请执行人在澳大利亚或另一缔约国境内拥有惯常居所，仍然可以依据公约申请承认和执行。基于此，"领土"标准或"当事人惯常居所"标准二者符合其一，澳大利亚法院即可适用《纽约公约》的规定承认与执行外国裁决。

中国与澳大利亚同为《纽约公约》的当事国，以下三个案例反映了澳大利亚法院承认与执行中国仲裁裁决或涉及中国当事人的仲裁裁决的态度和情况。

案例一：Castel 公司诉 TCL 空调器公司案（2013 年）中，中国 TCL 公司与澳大利亚 Castel 公司因独家销售协议纠纷，依据协议中的仲裁条款，向位于澳大利亚墨尔本的仲裁庭提起仲裁。仲裁庭依据维多利亚州法律作出有利于 Castel 公司的裁决。在仲裁裁决执行程序中，TCL 公司向澳大利亚联邦法院提出不予执行申请，理由是本案仲裁地位于墨尔本，不属于涉外裁决；仲裁庭审理中漠视自然正义，违反公共政策。澳大利亚联邦法院与高等法院均未支持 TCL 公司的请求，认定仲裁裁决可以予以执行。

案例二：Elders 诉北京格林进出口公司案（2014 年）中，澳大利亚 Elders 公司与北京格林公司因国际货物销售合同纠纷，依合同中的仲裁条款向中国国际经济贸易仲裁委员会提起仲裁。仲裁庭适用中国法，作出有利于北京公司的裁决。在仲裁裁决执行程序中，Elders 公司向澳大利亚法院提出中止执行的抗辩，主张在中国国际经济贸易仲裁委员会就后一起仲裁案件作出裁决之前，澳大利亚法院应中止执行第一份裁决。澳大利亚法官将拒绝承认与执行外国仲裁裁决的法定事由严格限于《1974 年法案》所确定的情形，彰显了慎用公共政策的态度。

案例三：叶某诉曾某申请承认与执行仲裁裁决案（2015 年）中，中国公民叶某与曾某因借款担保纠纷，根据借款合同中的仲裁条款，向厦门仲裁委员会提起仲裁。仲裁庭作出有利于叶某的裁决。叶某向澳大利亚联邦法院申请承认与执行裁决的同时，曾某以仲裁程序违法等理由向厦门市中级人民法院申请撤销该裁决，并在澳大利亚法院执行程序中，主张应暂时中止执行。澳大利亚联邦法院暂时中止执行程序，在等待中国法院对裁决撤销之诉作出结果期间，澳大利亚法院命令当事人提供了与裁决等额的担保。最终，中国法院驳回了曾某提出的撤销裁决的申请，澳大利亚法院恢复执行程序，判令裁决应予执行，要求被申请人执行赔偿费用。

总体而言，澳大利亚的仲裁制度特色鲜明。除纳入《国际商事仲裁示范法》和《纽约公约》之外，联邦仲裁立法与各州仲裁立法既有差异又有共性；明确将调解纳入为仲裁的前置程序；临时仲裁与机构仲裁在澳大利亚的实践各占一半。

三、澳大利亚调解制度

（一）澳大利亚调解制度发展

澳大利亚民事程序效仿英国民事程序中的当事人对抗主义，诉讼程序冗长、低效、昂贵。20 世纪 80 年代，澳大利亚法院尝试引进替代性纠纷解决方式（ADR）后，调解程序在澳大利亚发展迅速，现已成为澳大利亚最常见的诉讼外纠纷解决方式，得到了澳大利亚立法、司法以及民间组织的大力支持。

调解在澳大利亚极为普遍。在调解的立法与实践层面，澳大利亚是仅次于美国的调解大国。2011 年通过的《民事纠纷解决法》规定了当事人在将纠纷诉诸联邦法院之前，应尝试通过调解或类似的替代性纠纷解决程序解决纠纷。

（二）澳大利亚调解制度模式

1．民间调解

澳大利亚的调解员是一种民间职业。大部分的调解是由民间调解员而不是法官完成的。征得双方当事人的同意是民间调解程序启动的前提条件。当事人选择调解的协议应包括调解员的姓名或调解组织的名称，以及当事人选择调解解决纠纷的条款。当事人选择调解的协议将对最终达成的纠纷解决协议产生约束力。

2．法院附设调解

2011年《民事纠纷解决法》施行以来，起诉到联邦法院的当事人需首先尝试通过调解或其他替代性纠纷解决方式解决纠纷，否则将无法启动诉讼程序。在诉讼程序中，法院在征得当事人同意之后，可通过调解解决双方的全部或部分争议。即使法官确信通过调解解决纠纷是有效的，也不可违背当事人一方或双方的意愿强制调解。调解员既可以是训练有素的注册调解员，也可以是法官，还可以是职业调解员。

3．司法调解

司法调解可以由法院的相关人员组织，也可由注册调解员或法官主持。与民间调解相比，主持司法调解的相关人员更易受到法官行为方式的影响，经常主导调解程序的进程，更关注纠纷的解决而不是当事人的利益保护，并倾向于干预当事人自主达成争议解决方案，留给当事人的空间较小。

（三）澳大利亚调解程序

1．当事人的义务

澳大利亚《民事纠纷解决法》规定，在将纠纷诉诸联邦法院之前，任何一方当事人都应当尝试通过诉前程序，以合理的方式解决纠纷。

在诉讼程序启动之前，各方当事人均需向法院提交一份有关诉前程序的声明。在声明中，申请人应指出已采取哪种纠纷解决方式或是未采取的理由；被申请人应陈述是否同意申请人的声明，或者是不同意的理由。当事人不履行上述义务，将会负担额外的诉讼程序与费用。

诉前程序是指任何"试图真诚地解决纠纷"的方式，不仅包括调解，还包括其他纠纷解决方式如协商。在联邦法院，诉前调解（或其他替代性纠纷解决方式）是强制性的。当事人对诉前程序的妨碍，并不意味着该方当事人将在随后诉讼程序中承担败诉的风险。当事人并无通过协商、调解或其他替代性纠纷解决程序解决纠纷的义务，当事人不向法院提交有关诉前程序的声明也不会排除法院对纠纷案件的管辖权。

2．同意调解的协议

当事人既可以在纠纷发生之前，也可以在纠纷发生之后约定通过调解解决纠纷。在当事人约定通过调解解决双方的纠纷后，当产生争议时，调解程序往往始于一方当事人的要求。除非事先明确约定，否则当事人需要协商选择调解员，并约定调解员的任务和报酬。如果当事人选定了具体的调解机构，往往由调解机构来任命调解员。

当事人和调解员之间的协议通常明确约定调解员扮演的角色、调解程序、各方的权利义务、调解的保密性及其例外、调解的终止及协议的履行。

3．调解的开展

澳大利亚未规定统一的调解程序，当事人可自主设定调解程序的过程，包括采取线上会议形式。调解员在某些情形下，也可向当事人提出建议。在启动调解程序以及任命调解员之后，调解员将组织调解准备会议，并通知双方当事人调解的具体程序、调解员的角色以及经各方当事人同意的调解日程表。

调解程序的核心是调解会议，各方当事人以及调解员均需参加由调解员主持的调解会议。调解员需要通过调解会议明确当事人争议的焦点以及各方当事人的利益和地位。调解员通常会单独听取每一方当事人的陈述，目的在于确定每一方当事人所能接受的可能性。当事人在全体会议上将达成最终的纠纷解决协议。

4．调解保密性

1976 年《澳大利亚联邦法院法》《最高法院法》都强调当事人保密义务的重要性，尤其是调解程序中的保密义务。1995 年《证据法》规定了调解保密性的一般规定，当事人在协商解决纠纷过程中所作的陈述，在其他程序中是禁用的。除非一方当事人明确表示同意使用其陈述，或者相关陈述可防止欺诈和权利滥用。2011 年《民事纠纷解决法》明确继续适用《证据法》的调解保密规定。

调解保密义务适用于所有类型的调解程序。原则上当事人在调解程序中交换或披露的任何信息都应当受到调解保密原则的保护。调解中当事人所作的任何陈述以及承认，都不允许在法院或其他机构进行的程序中提出。任何出于调解目的而准备的，或在调解过程中提出的，或是作为调解结果的文件及其复制品都不允许在上述程序中提出。

5．调解的结果

如果调解成功，调解程序往往以书面调解协议的达成而终结。在当事人未达成纠纷解决协议而导致调解失败的情形下，调解员需确定当事人的争议焦点，以实现诉前程序的价值。

当事人在达成调解协议之后，可向法院申请赋予该协议法律效力，当事人也可申请法官将该协议制作成判决书。澳大利亚法律规定，如果达成调解协议的当事人故意不履行协议、导致法院启动强制执行程序的，法院将给予其严厉的经济处罚。

（四）调解员和调解机构

澳大利亚的法律没有专门规定调解员的法律。民间机构的规定有《澳大利亚国家调解员标准》（以下简称《标准》）。该《标准》规定了适用范围、调解程序、认证标准、教育培训、准入培训和续展认证。对全国范围内符合国家标准的调解员作统一登记，登记信息对外开放。调解员资格须每隔两年进行续展认证，认证时需审查调解员是否遵守《调解员执业准则》和符合《标准》。调解认证机构有权中止或撤销调解员资格。

澳大利亚的调解机构有私立机构，法院，政府机构、裁判庭和法律援助委员会，行业组织等，形成了法院附设调解与高度发达的市场化调解组织并存的现状。调解机构有澳大利亚商业争议中心、悉尼争议中心、今日调解、冲突管理中心、仲裁员协会等，提供多种类型的收费调解服务，广泛适用于商业纠纷处理。

（五）调解费用和成效

不同调解程序的费用不同，但均少于法院诉讼的费用。初步估计，调解程序的平均费用仅大致相当于诉讼程序费用的 5%。公共调解在某些领域是免费的，比如社区调解以及某些情形下的法院调解。

在当事人选定调解员时，可与调解员自由约定报酬。当事人之间承担的调解费用不一致是惯例。

根据联邦法院的数据，调解的持续时间通常为 10 天左右。调解成功率维持在 55% 上下，联邦法院调解成功率最高的案件类型是民间借贷纠纷，调解成功率可达 85%—86%。调解成功率最低的案件类型是公民权利纠纷、贸易纠纷以及消费者权益保护纠纷，调解成功率均在 46%—48%。因此，选择适合调解的纠纷类型对调解制度的发展是非常必要的。

总体而言，澳大利亚的现行调解体制融合了调解程序的强制适用、当事人的自愿适用以及调解程序的质量保证。在调解失败的情形下，诉讼程序仍可作为当事人的一个选择。在澳大利亚对抗制司法制度下，当事人参加调解的主要动机在于降低其参与诉讼程序的费用。法院鼓励并在某种程度上参与调解，以减轻诉讼当事人诉讼费用负担，减少法院的承办案件数，以避免诉讼迟延，同时节约诉讼资源。

第二节　新西兰贸易争议解决制度

一、新西兰诉讼制度

（一）概况

新西兰曾是英国的殖民地。新西兰采用普通法法系，适用的法律包括成文法、判例法、毛利习惯法在内的习惯法。

新西兰的法院体系由低到高有地区法院、高等法院、上诉法院和最高法院。此外，还有一些处理专门事务和纠纷的法院，如家庭法院、青少年法院、劳动雇佣法院、毛利土地法院，它们与地区法院并行，案件上诉可以到高等法院或上诉法院。以及一般的民事裁判庭，如纠纷裁判庭（也称小额钱债裁判所）、房屋租赁裁判庭，附属于地区法院，具有准司法性质的机构，当事人可自己选择去裁判庭或直接去地区法院。

（二）审级

新西兰地区法院审理涉案价值在 35 万新西兰元以下的商业纠纷，不服判决可向高等法院上诉，地区法院必须遵循上级法院的司法判例。在地区法院，自然人和公司均可自行代理出庭。

高等法院可审理的商业案件无涉案价值限制。负责审理一审案件和来自地区法院的上诉案件，高等法院受上诉法院和最高法院的判例约束。在高等法院，除特殊情况除外，公司必须由律师代理出庭。

上诉法院审理来自高等法院的上诉案件，上诉案件由三或五名法官组成的小组负责审理，上诉法院受最高法院的判例约束。

最高法院是新西兰的最高法院。向最高法院提起的上诉案件须经最高法院批准上诉的前提下方可进行审理，仅限确信为了保障司法公正有必要审理的案件。最高法院由五名法官审理上诉案件。

新西兰法院实行等级制，法院按其管辖权大小由低到高逐级上诉，上一级的法院对下一级的法院审理的案件有审核权。但也有例外，如行政诉讼裁判庭可直接上诉到上诉法院。毛利土地法院对毛利人土地案件拥有管辖权。

（三）高等法院诉讼程序

新西兰高等法院的简易普通商业诉讼程序流程，主要包括：原告提交诉状、被告提交答辩状、证据开示、交换书面证据摘要和书面法律意见书、庭审、作出判决。

1. 启动诉讼程序

原告提交诉状和被告送达答辩状，都需要支付案件建档费。如被告未能提交答辩状，原告权利主张为清偿款项情况下，原告可以请求缺席判决，法院可据此判决主张的金额，无需原告提交证据或出庭；原告的权利主张并非清偿款项，则原告可通过正式证据获得判决，原告须出庭并提交宣誓证据支持其权利主张。

在案件审理前，法院有权作出即决判决和剔除的审前处置。即决判决程序属于快速通道程序，适用于原告认为其权利主张无抗辩的情况。原告在提交诉状时可申请即决判决，但须原告提交宣誓证据支持其诉状中提出的权利主张。若被告反对申请即决判决，必须提交异议申请书及其宣誓证据。若法院听证后认为无针对权利主张的可诉性抗辩，则可下令作出判决，无需进行证据开示或完整庭审。若诉状或答辩状表明未构成可合理可诉案件或滥用法院程序，则被告可申请在审判前将其"剔除"。若剔除申请成功，诉讼程序结束。尽管在诉讼的任何阶段均可提出剔除申请，但最常见的是被告在提交答辩状之前提出。

法院在审理案件前有权采取审前紧急和临时救济，包括临时禁令、冻结命令、搜查命令和财产保全。若被告担心原告败诉后无法分担被告的法律费用，则可申请"费用担保"命令，要求原告在得出诉讼结果前向法院支付一定的款项或提供同等的担保。若证实原告属于新西兰境外居民或者有理由相信若原告败诉将无法支付被告的费用，法院通常会下令提供费用担保。

当事人也可以在庭审前或在诉讼的任何阶段进行和解谈判，但最常见的是在庭审之前。当事人可以直接进行和解条款谈判，当事人也可在有资质的调解员面前进行正式调解，尝试解决纠纷。

2. 证据开示

在高等法院的普通诉讼案件中，诉讼当事双方均需开示其控制的或曾经控制的，且符合如下条件的文件：（1）该方所依据的；（2）对该方自身情形有不利影响的；（3）对另一方情形有不利影响的；（4）支持另一方情形的。

当事双方均有义务在经宣誓的文件清单中开示所有文件，包括商业机密文件。在复杂或大型案件中，法院可将开示范围限制为"有针对性的"开示，只参考某些类别的文件。涉及高等法院的诉讼案件中，当事方必须采取一切合理措施保存其控制的可开示文件，不删除可开示的电子文件。

当事一方不一定有权查阅诉讼中其他当事人所开示的所有文件。当事一方无需提供受法律特权保护的文件的查阅权限。如：（1）适用于法律顾问和客户之间为了获取或提供专业法律服务或在其过程中进行的保密通信；（2）为准备法律程序或拟议法律程序的主要目的而进行的通信或信息；（3）纠纷当事人之间为解决纠纷而进行的保密通信。

尽管有的文件可能包含机密或商业敏感信息，但是如果该文件属于相关的非特权性文件，仍需进行证据开示，但法院可以发出命令保护该等信息的敏感性。例如，法院可规定仅限外部法律顾问和专家证人查阅文件。

3. 书面证据和陈词

由事实证人或专家证人作出证人证言，必须符合《高等法院规则》和

《2006 证据法》。专家证人必须遵守《高等法院规则》项下的《行为守则》。证人可以参考在证据开示环节开示非特权文件，支持其书面证人证言中的主张。若文件未经开示，则未经法院许可，证人不得将其作为证据。在交换证人证言之后，双方将于开庭前交换陈词，列出其各自所依据的法律论点。

4.庭审

高等法院普通商业庭审通常允许公众和新闻界人士参加庭审，由一名法官主持庭审，民事陪审团审判极为少见。

通常庭审顺序如下：原告律师进行开庭陈述，之后原告传唤其证人，证人宣誓或确认其证人证言的真实性并向法庭宣读。被告律师就证人所提供的证据进行交叉质询。之后被告律师进行开庭陈述，传唤其证人，证人接受原告律师的交叉质询。双方律师提交并向法院陈述各自的结案陈词，通过交叉询问程序，进一步阐述其法律论点。

5.判决和执行

在结案陈词后，高等法院法官通常在庭审结束后三个月内作出判决。如不服判决，必须在判决之日起 20 个工作日内向上诉法院提出上诉。

若原告胜诉后被告拒绝履行法院判决，原告可提起破产程序，或申请扣押令或出售令实现判决。

外国法院判决无法在新西兰自动强制执行。如是受《跨塔斯曼诉讼法》（Trans-Tasman Proceedings Act 2010，TTPA）管辖的澳大利亚判决可以通过简单的登记程序在新西兰强制执行。不受 TTPA 约束的其他判决可向高等法院申请强制执行。该程序根据判决来源国不同而各异。

（四）诉讼效率和成本

当事双方应遵守《高等法院规则》和法官针对诉讼各步骤作出的时间表指示。一般民事诉讼的等待审判时间为 400 天左右。

通常败诉方需承担胜诉方的费用，各方当事人参照《高等法院规则》项下分配比例条款中的规定确定应付额。在极少数情况下，法院将判决增加或豁免（全部）费用分配金额。此类情况包括：一方未能遵守《高等法院规则》或法院的指示，采取了不必要的步骤，或进行无意义争论或无理取闹。

新西兰不允许律师采用风险代理的收费模式，允许采用有条件收费安排，但须确保该等安排符合规定的标准。

二、新西兰仲裁制度

（一）仲裁法和仲裁机构

1．仲裁法发展

新西兰《仲裁法》制定于 1996 年，次年生效。该法在联合国国际贸易法委员会《国际商事仲裁示范法》的总体框架下制定，吸收了《国际商事仲裁示范法》的主要内容，重点体现了当事人的意思自治、对司法的制约和国际仲裁。

新西兰《仲裁法》最新修订于 2019 年，并未采取《提案》中关于信托合同仲裁条款和仲裁程序保密性的修法建议，而是较为谨慎地在原有基础上进行了必要的立法技术上的修补，包括增加限制撤销仲裁裁决的条件和《国际商事仲裁示范法》关于仲裁庭组成需符合当事人约定的规定。

新西兰《仲裁法》的立法目的包括：第一，鼓励使用仲裁作为解决商业和其他争端的方法；第二，促进以联合国国际贸易法委员会 1985 年《国际商事仲裁示范法》为基础的仲裁制度的国际一致性；第三，促进新西兰国内仲裁制度与国际仲裁制度的一致性；第四，重新定义和明确对仲裁程序和仲裁裁决进行司法审查的限制；第五，促进对仲裁协议和仲裁裁决的承认和执行；第六，履行新西兰政府在《仲裁条款议定书》（1923 年）、《执行外国仲裁裁决公约》（1927 年）、《纽约公约》（1958 年）中的义务。

2．主要仲裁机构

新西兰的专业性仲裁机构主要有新西兰仲裁员和调解员协会、新西兰国际仲裁中心。

新西兰仲裁员和调解员协会于 1989 年成为独立组织。协会成员包括在新西兰执业的私营和公共部门的仲裁员、调解员，涉及商业、农村、家庭、海事、体育、就业、环境等广泛领域，承担仲裁与调解工作，以及部分管理、研究工作，举办认证仲裁员考试，定期举行会议和培训课程。

新西兰国际仲裁中心是为解决跨太平洋地区的国际贸易、商业、投资和跨境争端而设立的仲裁机构。中心拥有受到认可的仲裁员和调解员，能够提供全面的争议解决程序，包括仲裁程序、调解程序、仲裁和调解相结合的机制。

（二）仲裁法的适用与管辖权

1. 仲裁法的适用

新西兰《仲裁法》规定的仲裁规则适用于在新西兰进行的仲裁，但在具体适用案件、适用条款上存在差异。

第一，对于仲裁地位于新西兰的仲裁，新西兰法律符合规定的条款均适用。第二，国际仲裁案件，在仲裁双方当事人均同意的情况下，可以适用新西兰立法中的部分条款；新西兰立法中规定的其他每项仲裁都可适用相关法律中的部分特定条款，除非仲裁双方当事人另有约定。第三，对于仲裁地点不位于新西兰的仲裁案件，新西兰相关法律中的部分条文经必要修改后，可适用于该仲裁案件。第四，对于尚未决定仲裁地点是否位于新西兰的仲裁案件，新西兰相关法律中的部分条文经必要修改后，可适用于该仲裁案件。

新西兰《仲裁法》还对消费者仲裁作了专门规定，包括消费者身份的认定条件、消费者仲裁协议的效力、消费者仲裁协议的强制适用。消费者仲裁协议的规定不适用于租赁和保险合同。

2. 争端的可仲裁性

新西兰《仲裁法》规定，当事人根据仲裁协议同意提交仲裁的任何争端都可以通过仲裁来解决，除非仲裁协议违反公共政策或者其他法律规定此类争端不能通过仲裁解决。

3. 国际性仲裁

新西兰《仲裁法》规定，国际性仲裁应当符合以下条件之一：第一，在缔结仲裁协议时，仲裁协议当事人的营业地位于不同国家；第二，仲裁地、商业和其他主要义务的履行地、与争端有最密切联系地之一位于当事人营业地所在国之外；第三，当事人明确同意仲裁协议的标的涉及一个以上的国家。如果一方当事人有一个以上的营业地，则上述所称的营业地应当是与仲裁协议关系最密切的地方。如果一方当事人没有营业地，则上述所称的营业地应参照该当事人的惯常住所确定。

（三）仲裁协议

1. 仲裁协议形式

可以采用口头形式或书面形式，在不违反相关法律规定的情况下，仲裁协议可以采用合同中仲裁条款或单独协议的形式。在合同中提及的具有仲裁条款的文件构成仲裁协议，前提条件是这种提及使该条款成为合同的一部分。

2. 仲裁协议与起诉的关系

对仲裁协议约定事项提起诉讼的，如果一方当事人在不晚于其提交关于争议实质内容的第一份声明时提出请求，则法院应中止诉讼程序，并令各方当事人提交仲裁，除非法院认定协议无效、无法实施、无法履行，或者各方当事人之间就商定提交的争议事项实际上不存在任何争议；如果已经起诉，在该争议等待法院审理期间，仍可启动或继续进行仲裁程序，并可作出仲裁裁决。

3. 仲裁协议与法院临时措施的关系

一方当事人在仲裁程序之前或仲裁程序期间向法院请求采取临时措施并由法院批准这种措施，不构成与仲裁协议的抵触和冲突。高等法院或地区法院拥有与仲裁庭相同的采取临时措施的权力。如果一方当事人向法院申请临时禁令或其他临时命令，而仲裁庭已经就与申请有关的事项作出裁决，法院应将该裁决或仲裁过程中作出的事实认定视为对该申请的结论性意见。

（四）仲裁庭的组成与仲裁员的任免

新西兰《仲裁法》对仲裁员的人数作出了原则性规定，仲裁员人数可由当事人自由决定。若当事人未决定仲裁员人数，国际仲裁的仲裁员人数应为3人，其他情况下仲裁员人数应为1人。

原则上任何人不因其国籍而不能担任仲裁员。当事人可以约定指定仲裁员的程序，如无约定，按照《仲裁法》规定的具体方式确定仲裁员，司法部长根据新西兰《仲裁法》指定的机构在协助当事人确定仲裁员上发挥重要作用。

《仲裁法》规定了存在对仲裁员的公正性或独立性产生合理怀疑的情况下，或在该仲裁员不具备各方当事人约定的资格等情况下，对仲裁员任命的异议事由和程序。

此外，《仲裁法》对仲裁员无法履职和指定替代仲裁员作出了规定。当事人可以任命一名替代仲裁员，以防其任命的仲裁员死亡、不履行职责或被撤销任命。这些规定可以节省重新任命的时间，能够使案件尽快进入审理阶段。

新西兰《仲裁法》规定了仲裁庭对其管辖权作出裁决的权限。仲裁庭可以对其管辖权作出裁决，包括对仲裁协议的存在或有效性提出的任何异议。如果仲裁庭将此作为初步问题进行裁决，当事人可请求高等法院对该事项进行裁决，对该裁决不得上诉；在此类请求尚未准许时，仲裁庭可继续进行仲裁程序并作出裁决。

（五）临时措施与初步命令

新西兰《仲裁法》规定，除各方仲裁当事人另有约定外，仲裁庭可根据一方当事人的请求准予采取维持或恢复原状，防止或避免损害、保存资产；保留重要证据；为费用提供担保等临时措施。

除各方当事人另有约定外，一方当事人在提出采取临时措施的请求时，可以不通知其他当事人而申请初步命令。条件是仲裁庭认为事先向被申请人披露临时措施的请求有可能使该措施的目的落空，申请人满足准予采取临时措施的条件。

仲裁庭可要求临时措施的申请人提供适当担保。除仲裁庭认为提供担保不适当或无必要外，仲裁庭必须要求初步命令的申请人提供适当担保。

（六）仲裁程序的进行

仲裁程序原则上从被申请人收到申请方将该争端提交仲裁的请求之日开始。各方当事人可自由约定仲裁庭进行仲裁的程序。如没有约定，仲裁庭可以以其认为适当的方式进行仲裁。仲裁庭有权确定证据的可接受性、相关性、实质性、重要性。证人、律师、专家或在仲裁庭出庭的其他人享有与法院诉讼程序中的证人和律师相同的特权和豁免权。

当事人有权自由约定仲裁地点。如无约定，仲裁庭根据案情、各方当事人便利程度确定仲裁地。原则上仲裁庭可在其认为适当的任何地点进行仲裁，以便其成员进行协商，听取证人、专家或当事人的意见，检查货物、其他财产或文件。当事人可自由约定仲裁程序中使用的语言。如无约定，由仲裁庭确定。

除各方当事人有相反约定外，仲裁庭应决定是否举行口头听证以出示证据或进行口头辩论，或者是否应在文件和其他材料的基础上进行仲裁程序。除各方当事人约定不举行听证会，否则如一方当事人要求听证，仲裁庭应在程序的适当阶段举行听证。并且对仲裁当事人单方缺席情况规定了处理方式。此外还规定了仲裁庭指定专家的制度和法院协助取证制度，以保障专家能够适当参与仲裁，保障仲裁庭克服取证困难。

新西兰《仲裁法》较有特色之处是，规定了双决定主体的合并仲裁程序。若多个仲裁程序的仲裁庭人员组成完全相同，只要各仲裁程序中有一方当事人提出申请，仲裁庭可依其认为合理的方式合并仲裁程序。当事人申请合并仲裁的，仲裁庭有权拒绝作出合并程序决定。当事人可以继续向高等法院申请合并仲裁，高等法院可以作出合并仲裁的命令。

（七）仲裁保密制度

新西兰《仲裁法》规定，仲裁程序不公开是原则，公开是例外。公开必须至少由一方当事人提出申请，否则不得公开。如果仲裁庭或者上诉法院认为，某些程序或诉讼必须公开审理，并且仲裁庭或者上诉法院认为公开的公共利益将大于不公开的私人利益，可发布命令公开相关程序内容。仲裁庭或者上诉法院可以根据社会公共利益决定相关资料的公开。

（八）仲裁裁决的作出

新西兰《仲裁法》规定了适用于争端解决的法律规则。仲裁庭在得到各方当事人的明确授权后可以公正、善意、友好的方式作出决定。仲裁庭应根据合同条款进行裁决，并应考虑到适用于该交易的贸易惯例。

在仲裁程序中，如果当事人对争端达成和解，仲裁庭应终止仲裁程序，并在当事人要求且仲裁庭不反对的情况下，按照约定的条件以仲裁裁决的形式记录和解情况。该裁决与其他裁决具有同等地位和效力。

仲裁裁决应以书面形式作出，由仲裁员签名。原则上应说明所依据的理由，说明日期和仲裁地点。除仲裁各方当事人另有约定外，一方当事人的死亡并不终止仲裁程序或仲裁庭的权力。

（九）仲裁裁决的执行

无论仲裁裁决在哪一国家作出，均被承认为具有约束力的仲裁裁决。在不违反《仲裁法》相关规定的情况下，经向法院提出书面申请，该裁决应被作为一项判决执行，或通过诉讼执行。

如果当事方向承认或执行该仲裁决议的法院提供证据证明存在法定情形，或法院认为根据新西兰法律该争议不能通过仲裁解决，或承认、执行该裁决将违反新西兰的公共政策，则该仲裁裁决的承认或执行可以被拒绝。

违反新西兰公共政策，一般包括裁决的作出受到欺诈或腐败影响，仲裁程序中发生了与作出仲裁裁决相关联的违反自然正义规则的行为。法定情形主要包括以下方面：第一，仲裁协议当事人无行为能力。第二，当事人没有得到关于指定仲裁员或仲裁程序的适当通知，或无法提出该方的观点。第三，裁决所处理的争议不属于提交仲裁的条款所规定的，或裁决所包含的决定超出了提交仲裁的范围。第四，仲裁庭的组成或仲裁程序不符合当事人的协议或者不符合仲裁发生地国的法律。第五，裁决尚未对当事人产生约束力，或已被撤销或中止。

三、新西兰调解制度

新西兰目前的调解法有 2019 年《农场债务调解法》和 2020 年《农场债务调解条例》。这两个法律规定基本不涉及国际经贸交易。

新西兰国际经贸调解主要利用新西兰国际仲裁中心平台，根据新西兰国际仲裁中心制定的《调解规则》开展。新西兰国际仲裁中心还制定了《调解议定书》，为根据调解规则参与调解过程的所有参与者的权利和责任确定提供指导。《调解规则》和《调解议定书》既提供了一个框架，又作出了详细规定，以确保通过调解以一种私密、高效、灵活、具有成本效益和确定性的方式解决国际争议。

第三章　新加坡、印度尼西亚、马来西亚贸易争议解决制度

第一节　新加坡贸易争议解决制度

一、新加坡诉讼制度

（一）概述

新加坡法律体系属于普通法法系，其受英国法律体系影响较大。新加坡的法律渊源包括宪法、法律、附属法例和判例法。实践中，新加坡法院会酌情援引英国法院判决，也会参考英联邦国家判决。

新加坡的法院系统分为最高法院和国家法院。最高法院由高等法院和上诉法院组成，价值超过 250000 新加坡元的民事索赔由高等法院审理，上诉法院受理对高等法院刑事和民事案件判决的上诉。国家法院包括地区法院、治安法院、死因裁判法院、小额索赔法庭、社区纠纷解决法庭、就业索赔法庭等，价值不超过 60000 新加坡元的索赔纠纷由治安法院审理，地区法院负责审理价值不超过 250000 新加坡元的索赔纠纷。

新加坡的法律职业采取混合形式，律师不分为出庭律师和非出庭律师。

（二）国际商事法庭

新加坡国际商事法庭成立于 2015 年，设立的主要目的是将新加坡建设成亚洲的国际争议纠纷解决中心，主要负责处理国际商事争议。新加坡国际商事法庭在新加坡的法院体系中等级较高，隶属于新加坡最高法院内设的高等法庭，其作出的判决与新加坡最高法院作出的判决效力等同。新加坡国际商事法庭采用一级两审制，上诉审由新加坡最高法院上诉法庭负责审理。

新加坡国际商事法庭的法官由最高法院的法官以及国际法官组成。国际法官从普通法系和大陆法系的法律专家中任命。目前经任命的国际法官有来自英国、法国、澳大利亚、美国、奥地利、日本、中国香港等国家和地区的19 名法律专家。主审案件的法官由首席法官任命，而非由争端各方指定。新加坡国际法庭没有法官是同时正在执业的律师，有助于避免在判案中的利益冲突。

新加坡国际商事法庭允许外国律师在该法庭注册以代理在该法庭审理的案件，尤其是与新加坡没有联系的海外案件。外国律师在国际商事法庭注册，该注册名单每两周在国际商事法庭官方网站更新一次，透明度较高。

新加坡国际商事法庭管辖的案件主要有两类：一是高等法院转呈的案件。这类案件不要求有选择该国际商事法庭的管辖权协议，如果高等法院认为由国际商事法庭审理更为合适（比如某位国际法官是该领域的专家），会将其转呈国际商事法庭。从已经审理的案件来看，高等法院的转呈是国际商事法庭最重要的案件来源渠道。二是新加坡国际商事法庭直接受理的案件。该类案件必须同时具有以下三个要素，即国际和商事性质的争议、书面管辖协议，以及当事人不寻求其他的特别救济令。

国际争议包括以下情形：当事方在不同国家拥有其营业场所，或者当事方在新加坡均无营业场所；当事方之间商业关系所涉义务需在任一方拥有营业场所的国家之外实际履行；争议标的事项最接近的地区位于任何当事方营业场所所在国家的境外；当事方均明确同意，争议标的事项牵涉不止一个国家等。商事争议可以按照通常判断，包括特许权合同、合资合同、咨询合同、工程合同、许可合同、建设合同、投资合同、融资合同、银行和保险等。

值得注意的是，新加坡国际商事法庭对其管辖权有较大裁量权，如法庭认为不合适受理某一争议，即便符合国际商事要求，国际商事法庭亦可拒绝受理案件。但是，新加坡国际商事法庭不能仅以争议双方与新加坡没有联系为由拒绝受理案件。

在案件审理过程中，国际商事法庭的诉讼程序不完全适用新加坡诉讼程序规则，而是在参考伦敦商事法院法庭指引的基础上制定了自身的规则和实践指引。新加坡国际商事法庭程序规则的设计受到仲裁程序的强烈影响，尤其重视当事人的意思自治。比如可以进行不公开审理；无需适用新加坡通行的证据规则，而允许当事人自由约定适用的证据规则；虽然案件原则上有权上诉至上诉法院，但当事人可以通过合同约定来取消或限制上诉权；可以适用更加简化而非传统的证据开示规则；如法庭对于外国法有疑问，可以通过提交证言、证词而非普通法上的外国法查明方式加以确认，大大简化了流程。

新加坡国际商事法庭有三种审理模式，分别是答辩模式、陈述模式、完整模式。陈述模式适用于双方对事实没有争议的案件，审理起来较容易，费用偏低。答辩模式较为复杂，费用略高。完整模式是最为完整的审理过程，要求各方当事人完整地提出各自的主张或抗辩，并列出所有事实和法律证据或论据，查验双方提供的各种证据、证人陈述、专家报告和法律依据等，因此费用最高。

新加坡国际商事法庭的诉讼费用主要包括受理费和法庭费。目前，在新加坡国际商事法庭由 1 名法官独任审理和由 3 名法官组成合议庭审理的案件，每日费用分别是 3500 和 10500 新加坡元。《新加坡法院规则》中规定的关于收费和合理费用的明确规则，为商事主体在新加坡国际商事法庭进行诉讼提供了可预测性。最新的统计数据显示，自 2015 年成立至 2023 年 7 月底，新加坡国际商事法庭裁决案件数量达到 146 件。

（三）与中国的司法合作

1997 年，中国与新加坡签订《关于民事和商事司法协助的条约》，双方在送达司法文书、调查取证、承认和执行仲裁裁决、互相提供缔约双方有关民事和商事的法律及司法实践的资料方面互相合作。中国与新加坡未签署互相承认和执行判决的条约，但是在司法实践中，新加坡高等法庭曾对中国法院的民事判决予以执行，中国法院依据互惠原则也承认和执行过新加坡法院的商事判决。因此，两国的判决可以基于互惠得到承认和执行。以下是两国相互承认执行首个对方判决的实践：

2014年1月，新加坡高等法院判决新加坡雅柯斯公司应向中国昆山捷安特公司支付江苏省苏州市中级人民法院判定的19万美元赔偿金及其他各项款项。该起争议源于新加坡公司与中国公司间买卖合同纠纷，经苏州市中级人民法院认定新加坡公司构成根本违约，作出解除合同、相互间返还设备和货款的判决。因新加坡公司不履行中国判决，中国公司向新加坡高等法院申请执行。这是新加坡法院首个按照普通程序承认和执行中国法院判决的案例，新加坡高等法官明确了对外国判决承认和执行的立场，确立了新加坡法院关于承认和执行中国法院判决的基本法律原则，为中国判决在新加坡申请承认与执行提供了现实指导。

2016年12月，江苏省南京市中级人民法院裁定承认和执行新加坡高等法院作出的013号民事判决。起因是新加坡高尔集团向南京市中级人民法院起诉称，其与江苏省纺织工业集团进出口有限公司因买卖合同产生纠纷，双方达成和解协议。后纺织工业集团未依约履行和解协议之义务，高尔集团依据约定管辖条款向新加坡高等法院提起诉讼，该院判令纺织工业集团偿付高尔集团35万美元及利息、费用。因纺织工业集团及其财产在中国境内，故请求南京市中级人民法院对新加坡判决予以承认和执行。南京市中级人民法院认为，由于新加坡高等法院曾对中国法院的民事判决予以执行，根据互惠原则，中国法院可以对符合条件的新加坡法院的民事判决予以承认和执行。这是中国首次承认和执行新加坡商事判决，也成为认定中、新两国之间存在互惠关系的标志性事件，奠定了日后依据互惠原则承认和执行新加坡法院商事判决的基础。

2015年新加坡签署《海牙选择法院协议公约》，2016年该公约对新加坡生效。中国已签署但尚未批准《海牙选择法院协议公约》，待中国批准且公约对中国生效后，新加坡与中国之间因协议管辖所产生的判决将依约得到承认与执行。

二、新加坡仲裁制度

（一）概述

新加坡鼓励采取仲裁方式解决争议，除与新加坡公共政策冲突，或不适宜以仲裁方式解决的争议如公民身份、专利注册、公司解散等事项外，其他争议均可仲裁。

新加坡实行双轨制仲裁法律制度，原则上国内仲裁案件适用新加坡《仲裁法》，国际仲裁案件适用新加坡《国际仲裁法》。具体而言，仲裁地是新加坡且不适用《国际仲裁法》的仲裁案件，适用《仲裁法》。国际仲裁案件、当事人约定适用《国际仲裁法》的国内仲裁案件，以及适用《国际商事仲裁示范法》的仲裁案件，适用《国际仲裁法》。

（二）国际仲裁

新加坡国际仲裁案件包括：

（1）签署协议时，当事方至少一方的营业地不在新加坡。

（2）协议约定的仲裁地不在任一当事方的营业地。

（3）实际履行地或争议标的所在地与任一当事方的营业地没有密切联系。

（4）当事方明确约定，仲裁协议的争议标的与一个以上的国家相关联的情形。

（三）《国际仲裁法》

新加坡《国际仲裁法》是在联合国贸易法委员会《国际商事仲裁示范法》基础上制定的，《国际商事仲裁示范法》在新加坡具有法律效力。适用《国际仲裁法》的主要优势在于，法院对仲裁的干预及拒绝承认和执行仲裁裁决的理由均受到严格限制，仅限于法律列明的若干情形。国际仲裁遵循"一裁终局原则"，而国内仲裁的当事人可以在满足法定条件的情形下就实体问题向法院提出上诉，因此国内仲裁受法院限制较大。不过，新加坡尊重国内仲裁当事人的自由选择权，在当事人同意的情形下，国内仲裁也可以适用《国际仲裁法》。

（四）仲裁协议

新加坡《仲裁法》和《国际仲裁法》要求仲裁协议必须是书面的，选择仲裁的意思表示应当明确清晰。比如一方在宣誓书、案件陈述或其他需要对方反馈的文件中声明存在仲裁条款，对方未予否认的；提单指向含有仲裁条款的合同且意图将该仲裁条款作为提单的一部分的都是新加坡法律认可的仲裁协议。

对于是否存在有效的仲裁协议、仲裁庭是否有管辖权等问题，仲裁员拥有决定权。如果当事人对该决定不服，可以向高等法院提出复核申请。

（五）仲裁机构

新加坡的主要仲裁机构有针对商事、投资纠纷的新加坡国际仲裁中心和针对海事纠纷的新加坡海事仲裁院。新加坡国际仲裁中心于 1991 年开始启用。新加坡海事仲裁院是在 2009 年从新加坡国际仲裁中心独立出来的机构。新加坡海事仲裁院的特点之一是采用伦敦海事仲裁员协会模式，即仲裁机构不直接管理仲裁程序，也不再对案件收取管理费用，仲裁员的费用也由当事方与仲裁员自由商定。

（六）仲裁裁决

新加坡的仲裁裁决除最终裁决外，还有临时裁决、部分裁决和中间裁决。临时裁决用于法律适用、诉讼时效抗辩、当事人增加和仲裁管辖等问题。部分裁决针对当事人部分请求的支持或驳回。中间裁决用于责任等问题。

法院对《国际仲裁法》仲裁裁决的撤销仅限于仲裁协议当事方没有权利能力、在仲裁程序中未得到适当通知、仲裁争议不在仲裁条款约定范围内、仲裁庭组成不当、争议不可仲裁、仲裁裁决违反国家公共政策、被欺诈或受贪腐影响作出仲裁裁决、裁决内容违反自然公正法则损害一方利益等有限的程序性事项。新加坡仲裁机构的仲裁裁决，应当在裁决作出之日起 6 年内向新加坡高等法院提起执行申请。被执行人可以在收到指令之后 14 天内提出撤销申请。

（七）与中国的仲裁合作

新加坡和中国均是《承认和执行外国仲裁裁决公约》的成员方，新加坡在加入时作了互惠保留，中国在加入时作了互惠保留和商事保留。

新加坡的仲裁裁决可以在包括中国在内的 168 个国家得到承认和执行。我国仅对在缔约国领土内作出的商事仲裁裁决适用《纽约公约》，新加坡的商事仲裁裁决可以在我国得到承认与执行。

目前，新加坡和中国已有互相承认和执行对方仲裁裁决的案例。如 2021 年 11 月，上海金融法院裁定承认和执行新加坡国际仲裁中心仲裁庭作出的编号为 2020 年第 135 号仲裁裁决，要求中国公司支付本金等相关费用。上海金融法院认为，该案不存在仲裁裁决主体有误、不存在仲裁庭未及时通知给予对等答辩机会、仲裁庭仲裁员不存在问题等不予承认和执行的情形，承认和执行新加坡国际仲裁中心的仲裁裁决。

又如，2023 年 4 月，新加坡高等法院作出判决，驳回了当事人提出的撤销执行北京仲裁委员会仲裁裁决的申请。高等法院认为仲裁庭没有超出其管辖权，仲裁裁决的执行不会违反公共政策，仲裁裁决没有得到有效执行，即便得到有效执行也不属于法定拒绝执行的理由，因此，新加坡高等法院驳回了当事人提出的撤销执行令的申请，承认与执行北京仲裁委员会作出的仲裁裁决。

三、新加坡调解制度

（一）新加坡调解法律制度概况

20 世纪末，新加坡将替代性纠纷解决机制作为一种快捷高效和经济的纠纷解决方法在多个领域和行业予以推行。2017 年出台《新加坡调解法》，为商事调解提供了制度框架。2019 年，新加坡作为《新加坡调解公约》的开放签署地，对国际商事调解机制的构建产生重大影响。

1.《新加坡调解法》

《新加坡调解法》的立法主要目的在于促进、鼓励并协助通过调解方式解决争议，为商事调解提供法律依据。该法规定了调解的含义、适用范围、法院程序终止、披露的限制、证据的可采纳性以及将和解协议认定为法院命令、规则、过渡性条款等。

《新加坡调解法》赋予调解协议强制执行力的规定对调解发展至关重要。该法规定，如果当事人就未向法院提起诉讼的纠纷事项达成调解协议，任一方在其他各方同意的情况下，可以向法院申请将调解协议认定为法院命令，与法院作出的判决或命令以相同方式执行。可以被赋予强制执行力的调解协议，须具备以下条件：（1）调解是由指定的调解服务提供者实施或者经认证的调解员进行；（2）协议采取书面形式，并由各方或其代表签署；（3）协议包含法院所指示的信息。

不予赋予强制执行力的调解协议包括：（1）调解协议因无行为能力等使得合同无效的原因而无效或可撤销的；（2）协议的主要内容不能通过协议形式解决；（3）协议的任何条款不能通过法院命令执行；（4）协议内容涉及儿童的福利或监护权，且相关条款不符合儿童的最大利益；（5）赋予协议强制执行力违背公共政策。

根据《新加坡调解法》，调解服务提供者一般由总理指定，总理可以根据其认为合适的条件指定任何调解服务提供者是《新加坡调解法》下被指定的调解服务提供者，或者将一个调解组织管理的任何认可或证明方案指定为《新加坡调解法》下获准认证的方案。

对于调解与法院诉讼的竞合问题，《新加坡调解法》明确，调解协议的任一方当事人就属于已签订调解协议内容的事项在法院提起诉讼的，任一方均可向法院申请中止诉讼程序。法院有权根据情况中止诉讼程序，尽可能维护调解协议对双方当事人的约束力，避免调解协议效力存在不确定性。

2.《新加坡调解公约法》

2020 年，新加坡通过《新加坡调解公约法》，并正式批准《新加坡调解公约》，明确了《新加坡调解公约》在新加坡的法律适用、与国际和解协议有关的申请、准予将国际和解协议记录为高等法院命令、根据《新加坡调解公约》第四条提出的申请的相关规定、拒绝申请的理由、法院命令的撤销、平行申请或者请求、法院规则、规章制度等内容。

（二）新加坡调解机制运行实践

1. 新加坡法院调解及发展

新加坡调解机制最初设立的目的在于提高司法系统的效率，新加坡法院的调解最早由最高法院前首席大法官杨邦孝引入，将西方调解方式与亚洲/新加坡文化融为一体。其后通过修改民事诉讼规则，鼓励当事人庭外和解。

1995 年新加坡初级法院成立法院调解中心，1998 年法院调解中心更名为初级纠纷解决中心，更名的原因是纠纷解决形式已不仅限于调解，还包括早期中立评估以及各种特殊形式的调解，如法院解决纠纷、专家合作调解、小型审判、调解—仲裁混合模式等。

初级纠纷解决中心的案件来源包括法庭转交、当事人申请、根据法庭指示直接转交。最初调解仅适用于民事案件，但目前已经拓展到地方法院所有的案件，包括对损害的评估、对民事诉讼费用的争执、赡养申请、配偶申请个人保护令，以及治安法官所受理的邻里纠纷、亲属纠纷和小额赔偿请求等案件。

初级纠纷调解中心受理标的额在 25 万新加坡元以下的民事争议，调解工作由 6 位调解法官和 1 位专家调解法官负责。调解法官必须具备处理民事案件丰富的实践经验和娴熟的调解技能。在初级纠纷调解中心，案件由中心直接安排调解法官，当事人不能协商选择调解法官。

除初级纠纷解决中心外，新加坡还有三家调解中心，分别是社区调解中心、新加坡调解中心、新加坡国际调解中心。社区调解中心主要处理邻里、家庭成员和亲友之间的日常纠纷，不涉及商业性质的事项；新加坡调解中心旨在提供私人商事纠纷调解服务；新加坡国际调解中心旨在提供国际商事纠纷调解服务。可见新加坡的商事调解主要通过新加坡调解中心和新加坡国际调解中心进行。

2．新加坡调解中心及国际调解中心

新加坡调解中心成立于 1997 年，拥有高素质的调解员和中立专家，提供包括调解、评估、仲裁前调解和域名争议解决等服务，且可接受新加坡建设局委托，对建筑工程欠款纠纷提供争议解决服务。新加坡调解中心是 2017 年《新加坡调解法》指定的四个调解服务提供商之一。由新加坡调解中心管理的调解解决方案可以转化为法院命令，并立即强制执行。在新加坡，大部分的民事案件都在新加坡调解中心进行调解。已经调解了 5200 多起案件，总价值超过 100 亿美元。约 70% 的案件得到解决，其中 90% 的案件在一天内得到解决。

新加坡国际调解中心成立于 2014 年，主要负责国际争议的调解，旨在将新加坡发展成为国际商业调解中心。新加坡国际调解中心的案件申报总数于 2023 年 4 月已超过 300 件，最大的案件标的超过几十亿美元。

新加坡国际调解中心与新加坡国际仲裁中心签订有"仲裁—调解—仲裁"协议。根据该协议，对于当事方同意采取"仲裁—调解—仲裁"模式的正在进行中的仲裁案件，新加坡国际仲裁中心的主簿将向新加坡国际调解中心递送案件材料，新加坡国际调解中心在收到材料后向新加坡国际仲裁中心主簿发出调解启动通知，仲裁程序即暂停。新加坡国际调解中心需自调解开始之日起 8 周内完成调解，除非新加坡国际仲裁中心主簿和新加坡国际调解中心共同协商后同意延长。如果无法成功调解或调解期限届满，新加坡国际调解中心应立即通知新加坡国际仲裁中心，仲裁程序即恢复。如果调解成功，当事人可以申请新加坡国际仲裁中心仲裁庭在和解协议的基础上出具仲裁裁决。该仲裁裁决可以根据《承认和执行仲裁裁决纽约公约》在 160 多个公约缔约国法院得到执行。可见，仲裁—调解—仲裁是一种灵活高效的替代性争端解决方式，将保密性和中立性的优势与可执行性和终局性相结合，受到国际商界的青睐。

（三）与中国的调解合作

新加坡和中国均为《新加坡调解公约》的签约国。2020 年《新加坡调解公约》正式生效，国际商事纠纷中执行和解协议的一方当事人可通过《新加坡调解公约》缔约国法院执行和解协议，将进一步有助于国际商事调解方式的利用。

2022 年新加坡国际调解中心与深圳国际仲裁院合作建立了调解—仲裁模式，允许将新加坡国际调解中心调解达成的和解协议，在经调解一方申请后作为深圳国际仲裁院的仲裁裁决备案，由此可获得仲裁裁决的执行效力。这对在中国有商事争议或争议标的物位于中国的当事各方非常有利。

总体而言，新加坡注重通过"自上而下"的方式构建高级争端解决一条龙服务，将新加坡国际商事法庭与新加坡国际仲裁中心及新加坡国际调解中心的资源聚集整合（即新加坡国际商事法庭—新加坡国际仲裁中心—新加坡国际调解中心，SICC—SIAC—SIMC）。2010 年，新加坡建立麦克斯韦尔大厦，吸引了新加坡国际仲裁中心和新加坡国际调解中心入驻。这一集中性办公场所的安排为国际用户提供了"一站式"的争端解决服务，并通过跨机构的合作最大限度降低成本。

第二节　印度尼西亚贸易争议解决制度

一、印度尼西亚诉讼制度

（一）概述

印度尼西亚总体属于大陆法系国家，受习惯法、伊斯兰法和荷兰法多重影响，商法体系以荷兰法为基础。

印度尼西亚最高法院下设普通法院、宗教法院、军事法院和行政法院等。普通法院包括高等法院和地区法院，下设特殊法庭如商事法庭、反腐败法庭、劳动法庭和税务法庭。

印度尼西亚的律师称为辩护律师，可在法庭内外提供专业法律服务。非印度尼西亚公民无法获得执业律师执照，但可以获得法律和人权部颁发的"非印尼法律顾问"工作许可证。

（二）法院管辖

印度尼西亚实行三审终审制。涉外案件的一审由普通法院受理，对一审判决结果不服的，可以上诉到高等法院。如果对高等法院的裁判结果仍不服，可以继续上诉到最高法院。但是如破产、知识产权、对消费者保护机构的决定的上诉、对商业竞争委员会的决定的上诉和劳资关系纠纷等案件可以直接向最高法院提出上诉，无需先上诉至高等法院。

印度尼西亚允许合同争议的双方当事人协议选择受诉法院。外国当事人与印度尼西亚当事人发生合同纠纷时，既可以选择印度尼西亚当地的法院提起诉讼，也可以选择外国的法院提起诉讼。

（三）费用及效率

印度尼西亚法律没有确定的法律费用，诉讼费用由原告在登记诉讼时支付，其金额由相关地区法院院长确定。因此，费用可能因法院而异。

根据印度尼西亚最高法院规定，所有提交到法院的争议必须经过调解前置程序，只有调解失败才能提交到法院。普通民事纠纷一审案件的法院审限不超过 5 个月，二审案件的审限不超过 3 个月。

（四）判决的承认与执行

印度尼西亚尚未与任何国家签署相互承认和执行判决的条约和公约。外国法院的判决不能在印度尼西亚直接执行。当事人只能在印度尼西亚向当地的法院重新起诉。

二、印度尼西亚仲裁制度

（一）概述

在印度尼西亚，仲裁主要用来解决贸易方面的争议以及其他依法可以提交仲裁裁决的争议。有关仲裁的法律制度集中在 1999 年《仲裁与替代性争端解决法》，该法包括国际仲裁和国内仲裁，规定了仲裁适用范围、仲裁条件、仲裁员指定和回避、仲裁程序、仲裁裁决的执行与撤销、仲裁职权的终止以及仲裁费用等内容。

（二）可仲裁性

根据印度尼西亚《仲裁与替代性争端解决法》和《民法典》的规定，只有具有商事性质的、当事人可完全自主决定的事项引发的争议，可以仲裁解决。如商业、银行、金融、投资、工业、知识产权等争议是较为典型的可仲裁争议。不可仲裁的争议主要为三类：第一类是当事人不能自行处理或不能通过和解解决的事项；第二类是有关民事身份的事项，如父母与子女之间关系、离婚等；第三类是涉及公共和社会利益的事项。

可见，仲裁协议中约定提交仲裁的事项，必须是有关国家法律所允许采用仲裁方式处理的事项，否则法院将判定该仲裁协议是无效仲裁协议，并将命令中止该仲裁协议的实施，或拒绝承认和执行已经依照该无效仲裁协议所作出的仲裁裁决。涉及破产、专利、商标权属的纠纷，印度尼西亚立法明确要求由国家公权力介入解决而且排他地规定由新设立的商事法庭审理，因此也不能约定仲裁解决。此外，印度尼西亚《反垄断法》及《反不正当竞争法》规定专门机构处理有关争议，竞争类案件也属于不可仲裁事项的范围。

（三）仲裁协议

印度尼西亚的仲裁法律规定了当事人在争议发生后签订的仲裁协议的具体内容。

《仲裁与替代性争端解决法》第 9 条第 3 款规定：争议发生后选择仲裁解决争议的协议必须包括以下内容：（1）争议事项；（2）当事人的全名和住址；（3）仲裁员的全名和地址；（4）仲裁员和仲裁庭作出裁决的地点；（5）仲裁秘书的全名；（6）解决争议的期限；（7）仲裁员愿意担任仲裁员的声明；（8）当事人愿意承担仲裁解决争议所必需的全部费用的声明。缺少以上内容的书面协议无效。

（四）仲裁机构

印度尼西亚主要的仲裁机构是成立于 1977 年的印度尼西亚国家仲裁委员会（以下简称 BANI）。BANI 由印度尼西亚国家商会资助设立，处理国内及国际商事仲裁，有专门的仲裁程序规则和仲裁员名单。

BANI 的收费主要包括注册费、管理费、审查费、仲裁员费等。注册费为 300 万印尼盾，由申请人在提交仲裁请求书登记案件时支付。申请人和被申请人需交的管理费、审查费、仲裁员费按照争议金额比例，分段累计交纳，最低为 2000 万印尼盾。不过，大部分印度尼西亚公司与外国公司之间的国际合同争议提交外国仲裁，适用国际商会或伦敦国际仲裁院等知名仲裁机构的规则。

（五）仲裁员选任

仲裁员应具备的条件包括：（1）有仲裁行为能力；（2）年龄在 35 岁以上；（3）与争议双方没有三代以内血缘或姻亲关系；（4）与仲裁裁决没有利害关系；（5）具有 15 年以上的相关工作经历。

当事人可自由指定仲裁员仲裁，如当事人对仲裁员指定存在分歧，可以请求地区法院院长指定仲裁员。检察员、审判员、书记员和法院的其他工作人员不得被指定为仲裁员。当事人有充分的理由和证据证明仲裁员不能独立履行其职责或者仲裁员可能作出偏袒裁决时，有权拒绝仲裁员继续进行仲裁。当事人行使拒绝仲裁权应当通过地区法院院长向地区法院提出。

（六）仲裁程序

印度尼西亚仲裁程序不公开进行。仲裁庭使用印度尼西亚语进行仲裁，但经仲裁庭同意，当事人也可以使用其他语言。当事人有权请求仲裁机构对特定法律问题做出有约束力的仲裁意见，有约束力的仲裁意见不得通过任何法律手段进行申诉。

仲裁庭应当依法或按照公正合理的原则作出仲裁裁决。在仲裁裁决书宣读之日起 30 日内，仲裁员或其代理人应当将仲裁裁决原件或复印件向地区法院立案处进行登记。值得注意的是，未进行登记的仲裁裁决不具有执行力。当事人未自愿履行仲裁裁决时，根据一方当事人的申请，在对仲裁裁决作程序性审查后，地区法院院长可以决定强制执行。

仲裁裁决原则上不得上诉。但有以下三种情形之一的，可以申请撤销仲裁裁决：（1）仲裁裁决作出后，发现审查程序中提交的证据材料是虚假的；（2）仲裁裁决作出后，发现一方当事人故意隐瞒关键性的证据材料；（3）仲裁过程中一方当事人存在欺诈行为。

印度尼西亚于 1982 年加入《纽约公约》，但就可仲裁性与程序正当性提出了保留。我国在加入《纽约公约》时作出了商事保留和互惠保留，我国仅对在缔约国领土内作出的商事仲裁裁决适用《纽约公约》，印度尼西亚的商事仲裁裁决可以在我国得到承认与执行。

三、印度尼西亚调解制度

（一）调解机构

2003 年成立的印度尼西亚调解中心（PMN）是印度尼西亚解决商事纠纷的非营利机构。印度尼西亚调解中心的调解工作在雅加达倡议工作组（JITF）建立的标准和指导下进行。印度尼西亚调解中心的工作人员大多曾参与协助政府解决 1998 年亚洲金融危机债务重组的 JITF 项目，具有多年丰富的调解经验。

（二）调解程序

申请人将书面调解申请提交印度尼西亚调解中心后，印度尼西亚调解中心应在三个工作日内对调解申请进行初步评估，以确定该案件是否适合调解。

确定可调解之后，由双方自行或在印度尼西亚调解中心协助下完成调解员任命。调解员协助各方达成友好协议，直至当事人签订和解协议。如调解员认为继续调解不能达成协议或一方书面通知调解员和其他各方退出调解程序时，调解程序结束。

（三）和解协议的执行

印度尼西亚不是《新加坡调解公约》的签约国，中国与印度尼西亚并未签订相关国际条约。为避免印度尼西亚法院拒绝承认和执行的麻烦，争议相关方可以考虑以下两种可替代的选择：如商事和解协议需在印度尼西亚执行，建议在印度尼西亚申请印度尼西亚商事调解机构进行调解；或选择仲裁机构，采用调解与仲裁相结合的机制，以仲裁调解书的形式执行和解协议。

第三节　马来西亚贸易争议解决制度

一、马来西亚诉讼制度

（一）法律概况

马来西亚是英联邦的成员国，马来西亚法律深受英国殖民历史的影响，承继了英国判例法传统，属于英美法系。受到英国普通法法系传统的影响，成文法和判例法并存，同时具有伊斯兰法和习惯法的特征。在仲裁立法中既重视成文法的制定，也注重法院判例的作用。

（二）法院体系

马来西亚有普通法院体系和特别法院体系。与国际商事争议解决相关的普通法院体系主要由上位法院和下位法院组成，上位法院包括联邦法院、上诉法院和高等法院，下位法院包括推事庭和地方法院。联邦法院是马来西亚的最高法院和最终的上诉法院。特别法院体系如伊斯兰法院和未成年人法院，分别审理涉及伊斯兰法的案件和未满 18 岁的未成年人犯罪的案件。

马来西亚所有律师既可代表当事人进行法庭诉讼，也可以为客户提供法律咨询、办理商业合约、撰写遗嘱、银行贷款等法律服务。

（三）管辖划分

商事争议根据诉讼标的不同，在下位法院和上位法院解决。地方法院负责审理诉讼请求金额不超过 10 万林吉特的民事案件。推事庭负责审理诉讼请求金额不超过 100 万林吉特的民事案件。

高等法院审理下位法院无法裁定的民商事案件和索赔超过 100 万林吉特的民商事案件，以及辖区内下位法院的上诉案件。同时，高等法院具有对所有下位法院的统一监督管辖权，有权调档任何下位法院的任何民事案件并要求重审。上诉法院负责审理所有高等法院的上诉民事与刑事案件。凡是既可以向上诉法院起诉又可以向高等法院起诉的案件，应当首先向高等法院起诉。

（四）诉讼程序

1．法律依据

马来西亚民事诉讼程序法律规定主要有 1980 年《下位法院规则》、1980年《高等法院规则》、1994 年《上诉法院规则》、1980 年《联邦法院规则》、2012 年《法院规则》等。

2．起诉

民事诉讼的原告应向高等法院或下位法院递交起诉状或说明，法院应在收到起诉状或说明后的 1—2 天内向被告发出传票。传票送达到被告，被告应在 14 天内签署出庭备忘录、答辩状或反请求。

3．审前会议

在审理程序开始之前，法院可随时召集当事人参加庭前准备会议。在庭前准备会议中，法院可以引导当事人进行调解，决定提交文件和交换证据的期限以及确定审判日期等事宜。

如有必要，诉讼各方可以在起诉前采取诉前申请来保护自己的权利，例如申请禁止令、临时财产保全、修改起诉状、简易判决等。

4．庭审流程

法院庭审开始后，通常有开庭陈述、法庭辩论、证人质询和总结陈词等环节。其中，证人质询是庭审中常见的流程，也是体现英美法系对抗式庭审特点的重要部分，包括对己方证人进行直接质询和对对方证人进行交叉质询盘问。

5．上诉

马来西亚实行四级法院三审终审制度。对二审法院的判决进行上诉并非当事人当然的权利。上诉方首先应获得再上一级法院（即三审法院）准许后方能继续其上诉。

当事人一方如对法院裁决不服，若从下位法院向高等法院提起上诉，必须在裁决作出之日起 14 天内提起。若从高等法院向上诉法院上诉，必须在裁决作出之日起的一个月之内提起。若从上诉法院向联邦法院上诉，则必须在上诉法院裁决作出之日起的一个月内提起。

6．诉讼时效

因合同或侵权产生的争议的诉讼时效是事项产生后的 6 年内，不动产争议的诉讼时效是权利产生的 12 年内。

二、马来西亚仲裁制度

（一）法律依据

马来西亚以 1950 年《英国仲裁法》为蓝本，于 1952 年制定了首部适用于马来西亚全境的《马来西亚仲裁法》。该法结构相对完整，条文简明清晰，是马来西亚仲裁立法发展过程中的重要里程碑，填补了马来西亚仲裁专门立法的空白。

2005 年《马来西亚仲裁法》是马来西亚仲裁的主要法律依据，最新修订于 2011 年。马来西亚仲裁制度体现尊重当事人意思的特征，针对国内仲裁和国际仲裁采取"双轨制"立法进行区别规制，减少法院对仲裁的司法干预，尤其是减少国内法院对国际仲裁案件的干预，同时保证一定条件下国内法院对国内仲裁案件的控制。

（二）仲裁类型

在马来西亚，仲裁当事人既可以选择依法仲裁，即根据特定的法律规范作出裁决，也可以选择友好仲裁，即不依据严格的法律规则，而是依据其所认为的公平标准作出对当事人双方有约束力的裁决。

除常见的机构仲裁外，马来西亚还认可并支持临时仲裁的发展。亚洲仲裁中心（AIAC）是马来西亚颇负声誉的仲裁机构，其前身是吉隆坡区域仲裁中心（KLRCA），是亚非法律咨询委员会于 1978 年设立的国际组织。马来西亚部分专业团体及商会有权依自身规则进行国内仲裁。比如马来西亚消费者仲裁庭专门处理消费者因购买有关服务或商品引发的特定标的额以内的损害赔偿纠纷案件。马来西亚建筑协会、工程测量协会、棕榈油炼油协会及橡胶交易许可委员会等专门行业委员会也设立了相关仲裁庭，处理行业领域内的纠纷。

（三）可仲裁性和仲裁协议

一般的商事争议都能够根据仲裁协议提交仲裁，但是若与商事争议有关的因素被认定为违反马来西亚公共政策，或者根据马来西亚的其他法律该争议标的不具有可仲裁性，则当事人不能进行仲裁。《马来西亚仲裁法》未对可仲裁性与非可仲裁性的界限作具体划分，既没有对可仲裁的纠纷类型作具体的列举，也没有专门为法院保留某些类型争议的管辖权，而是采用否定性概括的立法方式，即将当事人达成的仲裁协议不得违反本国公共政策作为一项消极限制。

《马来西亚仲裁法》规定仲裁协议应当是书面形式。除合同书外，还包括载于各方签署的文件、数据电文（电传、传真等能够有形地表现所载内容的形式）中的仲裁协议。在申诉书和答辩书交换中，如一方当事人声称具有仲裁协议，且他方当事人对此不予否认，此种情形也会被认定为具有书面协议。这一情形下，应当认为当事人实质上达成了就合同争议事项进行仲裁的一致意思表示，因此构成对当事人具有约束力的有效书面仲裁协议。另外，当事人的书面合同中对某一文件里仲裁条款的援引构成有效的仲裁协议形式，只要这种援引足以令该仲裁条款构成合同的一部分。

（四）仲裁员与仲裁庭

马来西亚规定国际仲裁由三名仲裁员进行。国际仲裁包括：（1）仲裁协议一方营业地在马来西亚之外的其他国家，且仲裁地或主要义务履行地为该其他国家的。（2）仲裁协议中明确约定管辖的事项涉及多个国家的。

在选任仲裁员的过程中，如果当事人对此没有约定或无法达成一致的，可请求亚洲仲裁中心主任选任，如果其不能选任或者没有在规定时间完成选任，当事人可申请马来西亚高等法院选任。主任或法院在选任仲裁员时需要考虑仲裁员的资质、独立性和国籍等因素。

当事人对仲裁员可以提出回避的事由包括两种，一是当事人对仲裁员的独立性有合理性怀疑，二是仲裁员不具备当事人约定的资质。原则上，当事人可自由约定处理仲裁员回避程序。如果双方未能达成一致意见，则首先由被申请回避的仲裁员决定。如果仲裁员不愿意退出或者另一方当事人不同意回避，则提出回避的一方当事人可在 30 日内向高等法院申请最终决定。高等法院作出决定后，不得上诉。

仲裁庭有权自行处理管辖权异议问题，包括对关于仲裁协议的存在或效力的任何异议作出裁定。当事人对仲裁庭无管辖权的抗辩应当在提出答辩状之前提出；仲裁程序中，当事人对仲裁庭超越权力范围的抗辩应当在超越权限范围的事由出现后立即提出。对前述抗辩，仲裁庭或者将其作为初步问题进行裁定，或者在对案情的裁决中进行裁定。若仲裁庭将抗辩作为初步问题裁定其有管辖权，任何一方当事人均可自收到裁定通知后 30 日内向高等法院上诉，请求高等法院就该事项作出决定，高等法院的决定不可上诉。在高等法院作出决定之前，仲裁庭可以自由决定是否继续进行仲裁程序或作出裁决。

（五）仲裁程序

各方当事人在不违反《马来西亚仲裁法》的情况下，可以自由约定仲裁程序。若当事人未达成此种协议，则由仲裁庭依据《马来西亚仲裁法》，按照其认为适当的方式进行仲裁。除非当事人另有约定，由仲裁庭决定审理以口头方式或以书面方式进行。

值得一提的马来西亚仲裁程序是专家证人制度。仲裁庭有权指定专家就仲裁庭需要确定的具体问题向仲裁庭提交报告，或者要求当事人向专家提供任何有关的资料供其检验。

此外，当事人可以向高等法院申请获取证据方面的协助，但需经过仲裁庭同意。法院可以命令证人出席作证，或要求证人出示宣誓或确认文件。

除仲裁庭作出最终裁决以外，在以下情形仲裁程序终止：（1）申请人无充分理由未能按规定送交申诉书。（2）申请人撤回申请，但被申请人反对撤回申请并且仲裁庭认为彻底解决争议对被申请人有正当利益的除外。（3）各方当事人同意终止仲裁程序。（4）仲裁庭认定仲裁程序因其他理由无必要或不可能继续进行。值得注意的是，除非任何成文法另有规定，一方当事人的死亡不终止仲裁程序。一旦仲裁庭作出仲裁裁决，该裁决是终局且有效的。但是，如果仲裁裁决中出现计算错误、抄写或排印等类似性质的错误或者遗漏等问题，一方当事人经通知另一方当事人，可以申请仲裁庭对仲裁裁决进行改正和解释或者追加裁决。

（六）司法审查

马来西亚法院对仲裁总体持支持态度，在干预仲裁方面比较慎重。2011年修订的《马来西亚仲裁法》明确，除仲裁法规定情况外，法院不得干预仲裁。法定情况如前文提到的当事人对仲裁庭管辖权异议、仲裁庭组成、仲裁员回避、临时措施、协助调查取证。

当仲裁裁决作出后，法院可以在法律问题说明、仲裁裁决撤销、仲裁裁决承认执行方面依法进行监督。

第一，法律问题说明制度。在裁决作出后，若当事人认为仲裁裁决中的关键法律问题存在说理遗漏或不充分的情形，可以向高等法院申请，要求仲裁庭就该法律问题进行说明。若高等法院发现裁决中没有说明理由或说理不充分，可以命令仲裁庭进行说明。依据仲裁庭对相关法律问题的说明情况，高等法院可以作出以下决定：（1）确认仲裁裁决；（2）改变仲裁裁决；（3）将高等法院的法律意见与全部或部分裁决一同提交给仲裁庭并要求后者重新考量；（4）撤销全部或部分的裁决。在这一过程中，高等法院可以命令申请人提供担保。高等法院在此种情况下作出决定可以视为判决。

第二，仲裁裁决的撤销。《马来西亚仲裁法》明确了可以撤销仲裁裁决的两类 8 种情形。第一类是由当事人证明的 6 种情形：（1）仲裁协议的一方当事人缺乏民事能力；（2）依照当事人选择的适用法仲裁协议无效，或在当事人没有选择的时候，依照马来西亚法律仲裁协议无效；（3）申请方没有被给予选任仲裁员或仲裁程序的适当通知或因其他情形未能参加案件审理；（4）裁决处理的争议不在提交仲裁的事项范围之内；（5）超裁（仅部分撤销）；（6）仲裁庭的组成或仲裁程序的进行没有依照当事人的协议进行，除非当事人的协议与本法强制性规定相抵触；或在当事人没有约定的情况下与本法相抵触。第二类是由高等法院查明的 2 种情形：（1）案件争议依照马来西亚法律不具有可仲裁性；（2）仲裁裁决与马来西亚的公共秩序相抵触。违反公共秩序的情形包括：裁决经欺诈或腐败获得，仲裁程序或裁决作出的方式违反自然正义原则等。

第三，仲裁裁决的承认与执行。当事人取得马来西亚国内仲裁裁决或《纽约公约》缔约国的国际仲裁裁决后，经向高等法院书面申请，可被予以承认并以判决的形式得到执行。当事人应当提供：（1）经认证的裁决书原件或经证明的裁决书复印件；（2）仲裁协议书原件或者经证明的裁决书复印件；（3）若裁决书不是以马来西亚官方语言或英文作成，申请人还应当提供经证明的裁决书或协议英文件。

只有在以下两类共 9 种情形下，马来西亚高等法院有权不予承认与执行仲裁裁决。第一类是由当事人负举证责任的情况：（1）仲裁协议的一方当事人欠缺民事行为能力；（2）依据当事人选择适用的法律仲裁协议无效或在没有选择时，依照裁决作出地法律仲裁协议无效；（3）没有给予申请方选任仲裁员或仲裁程序的适当通知或因其他情形未能参加案件审理；（4）裁决处理的争议不在提交仲裁的事项范围之内；（5）超裁；（6）仲裁庭的组成或仲裁程序的进行没有依照当事人的协议进行，除非当事人的协议与本法强制性规定相抵触；或在当事人没有约定的情况下与本法相抵触；（7）裁决尚未对当事人产生效力或裁决已经被裁决作出地法院或依照裁决作出地国法律撤销。第二类是由高等法院负查明责任的 2 种情形，即高等法院依职权查明仲裁裁决是否存在不可承认与执行的情形。这 2 种情形分别是：（1）案件争议依照马来西亚法律不具有可仲裁性；（2）仲裁裁决与马来西亚的公共秩序相抵触。

《马来西亚仲裁法》有关裁决的承认与执行的内容融合了《纽约公约》的条约义务。

（七）外国仲裁裁决承认与执行

马来西亚关于外国仲裁裁决的规定主要集中在 1958 年《纽约公约》、2005 年《马来西亚仲裁法》、1958 年《判决互惠执行法》（2006 年修订）中。

1. 依《判决互惠执行法》承认与执行的仲裁裁决

根据马来西亚《判决互惠执行法》，可以与马来西亚依照互惠原则相互承认执行法院判决或仲裁裁决的主要是英联邦国家和地区，包括英国、新加坡、新西兰、斯里兰卡、印度、文莱等。

判决或裁决应当满足以下条件：（1）判决或裁决对各方当事人是终局的；（2）判决或裁决规定了金钱给付义务，且该款项不属于税款、罚款或类似性质的款项；（3）判决或裁决是在该法所列的国家和地区或在加入列表后作出。

当事人应在判决或裁决作出后的 6 年之内，或在针对该判决的上诉程序结束后最后一个判决作出之日起 6 年内，向马来西亚高等法院申请登记。但是在申请登记之日，该判决或裁决已经被全部履行或该判决或裁决依作出地法律不再具有执行力的则不得承认与执行。当法院认为争议事项已经在先前有管辖权的法院作出的终局判决或裁决得到处理的，高等法院可以拒绝登记该判决或裁决。

在以下 6 种情形下，高等法院应当拒绝登记外国判决或裁决：（1）该判决或裁决不属于本法规定的范围；（2）判决或裁决的原审法院或仲裁庭对于案件没有管辖权；（3）案件被告为败诉方，且在程序进行过程中被告没有得到关于程序事项的即时通知以保证其有充分的时间参与到程序中，被告缺席审理；（4）判决或裁决以欺诈的方式获得；（5）执行该判决或裁决与马来西亚的公共政策相违背；（6）申请并非由判决或裁决指明的权利人进行。

2. 依《纽约公约》承认与执行的仲裁裁决

马来西亚在加入《纽约公约》时作了两项保留：一是互惠保留，二是商事保留。马来西亚只对来自另一《纽约公约》成员国的商事仲裁裁决进行承认与执行。

外国仲裁裁决的申请人向马来西亚高等法院提出承认执行的申请时，具体程序依照《纽约公约》申请承认执行外国仲裁裁决的程序进行，按照相关规定缴纳费用，与申请执行马来西亚国内仲裁裁决的费用相同。

若当事人对马来西亚高等法院作出的不予承认与执行的决定不服，可以向马来西亚上诉法院上诉。针对上诉法院的裁判提出的上诉请求则由马来西亚联邦法院管辖。

三、马来西亚调解制度

（一）法律依据

2012 年通过的《马来西亚调解法》对相关调解行为予以指导和规制，为当事人选择调解方式解决商事争端提供了重要参考和指引。

（二）调解协议

《马来西亚调解法》明确调解协议需书面订立并载明调解事项、调解员选定、调解费用负担等具体内容，并且要求双方当事人签字。

（三）调解定位

《马来西亚调解法》明确了调解与诉讼、仲裁之间的关系，确立了"调解不妨碍诉讼、仲裁等其他争端解决程序"的原则，允许相关案件当事人自由选择将案件诉诸法院或仲裁庭之前提起调解，若纠纷无法通过调解得到解决，那么当事人仍可就该项争议选择诉讼或者仲裁的方式解决。如果诉讼或仲裁已经启动，那么调解程序的开展对于已经启动的诉讼或仲裁的程序性事项则不能构成中止、延期等效果，即当事人可以选择在诉讼或仲裁进行过程中开展调解，但不得以此为由主张诉讼或仲裁程序的中止或延期。

（四）保密原则

《马来西亚调解法》专门对保密性进行了规定，调解应当秘密进行，除在几种法定情形下的披露外，任何人不得向外透露有关调解的信息，这一要求符合商事争议解决的保密性要求，免去了当事人对信息保密问题的担忧。

（五）调解员

当事人可以自行选择调解员，也可以借助机构完成调解员的选定，但任何人选均需要双方当事人的书面同意才有效。

（六）调解后达成的协议

双方当事人经调解达成的调解协议对双方当事人均有约束力。若争议被提交到法院审理，那么调解协议将可能被登记为合意裁决或法院判决。

（七）调解费用

当事人需要支付调解员一定的费用。除当事人在《调解协议》中另有约定外，调解的费用由当事人共同分担。

（八）调解机构

除马来西亚的亚洲仲裁中心可以提供调解服务外，专门的调解机构有设立于 1999 年的马来西亚调解中心（The Malaysian Mediation Center，以下简称 MMC）。MMC 主要为民事、商事和家庭争议提供调解服务，是马来西亚律师协会下设机构，总部设在吉隆坡。MMC 的职能广泛，包括：（1）为当事人提供专业调解服务；（2）为当事人提供咨询服务，帮助其合理利用包括调解在内的替代争端解决方式解决相关争议；（3）调解员任命与管理，MMC 规定调解员必须是 7 年以上有效注册的马来西亚律师协会成员，必须完成 MMC 组织的至少 40 个小时的调解员培训并通过相关实践考核方能履行调解员职责；（4）负责处理相关行政事务等。MMC 目前只受理商业案件，多处理涉及建筑和商业合同的纠纷。

此外，马来西亚还有少数专业领域内的调解机构，如保险业调解局和银行业调解局。在其他领域如消费者权益保护、房屋市场等也有专门调解机构为当事人提供多元的纠纷解决途径。

第四章 越南、老挝贸易争议解决制度

第一节 越南贸易争议解决制度

一、越南诉讼制度

（一）概况

越南的法律体系具有大陆法传统特征，成文法是其法律的唯一渊源。法院应根据法律作出判决，法庭对某个案件的判决不能成为以后类似案件的判决依据。越南的法院由最高人民法院、高级人民法院、省人民法院、区人民法院组成，采用二审终审制。

根据越南的法院内部分工，贸易、商事、劳工、民事、婚姻家庭争议案件均由民事庭管辖处理。就商贸纠纷而言，除涉及运输中货物的损失外，当事人一般可以约定诉讼时效。如果当事人没有约定，诉讼时效从3个月到2年不等。

（二）诉讼程序

越南审理贸易商事争议时，民事庭应在当事人起诉后5个工作日内确定对案件的管辖权。在法院通知接受管辖的15个工作日内，原告必须支付诉讼费用。受理案件的法官应在法院接受管辖的2到4个月内决定如何推进案件的审理。法官签发审理案件决定后1个月内，必须审理案件，该期限可以延长到 2 个月。

如诉讼当事人或者利害关系人不服一审法院判决，可在 15 日内向上级法院提起上诉。在接受一审法院送来的所有文件 2 个月内，上诉法院应在一审法院递送案件所有文件后的 2 个月内决定如何推进案件的审理，并在 1 个月内作出判决。对于复杂案件，可以延长 1 个月。

尽管 2015 年《越南民事诉讼法》规定了快速诉讼程序以提高诉讼的效率，通常法院诉讼判决结案需要 6 到 8 个月，实践中一审诉讼可能需要 1 到 2 年。立案和结案效率也会受到现实因素影响，尤其是判决生效之后还可能有复查或再审程序，使得诉讼解决争议尘埃落定存在较多不确定性。

在已生效判决作出后 3 个月内，如有证据证明存在严重违反诉讼程序或者判决结论与客观事实不符或者适用法律严重错误的情况，最高人民法院和国民大会可以启动对特定案件之外的各级法院判决的案件进行复查；省级人民法院可以启动对地区法院判决案件复查。

在已生效判决作出后 1 年内，最高人民法院和国民大会可以命令对除特定案件外的各级法院判决案件进行再审；省级人民法院可以启动对地区法院判决案件再审。生效判决再审条件包括：（1）出现原审没有注意到的重要事实和情形；（2）辩论结论或翻译文书不准确或者被伪造；（3）原审所依赖的其他法院的判决或国家当局的决定被撤销。

二、越南仲裁制度

越南仲裁制度的主要法律依据是 2010 年《越南商事仲裁法》。该法注重扩大当事人意思自治的范围与程度，赋予仲裁庭较大的权力。在法院与仲裁庭关系上，强调更多支持与更少干预，维护仲裁机制中权利与权力的平衡，保障仲裁程序的快捷进行。《越南商事仲裁法》对越南经济融入全球一体化进程意义重大。

（一）仲裁范围

《越南商事仲裁法》规定，仲裁解决争议的范围包括：（1）从事商事活动的当事人发生的争议；（2）至少有一方从事商事活动的当事人之间发生的争议；（3）其他法律、法规中规定或将来可能规定的通过仲裁解决的当事人之间的争议。

可见，越南仲裁管辖的争议并不限定在商事领域，也并不要求当事人必须是商人。同时，该法为其他法律、法规的规定预留了空间，避免了法律规定之间的矛盾和冲突。例如，《越南投资法》中规定投资者可以就投资的相关争议寻求仲裁途径解决。

（二）仲裁员国籍

《越南商事仲裁法》接受非越南国籍的外国人参与国际商事仲裁，允许外国仲裁机构经批准在越南开设分支机构和办事处。该法进一步明确，仲裁庭中有非越南籍的仲裁员不得成为外国仲裁的认定标准。无论争议当事人是在越南境内或境外，只有他们选择仲裁适用的法律为外国法，并且仲裁程序适用的是外国仲裁机构的仲裁规则时才被认定为外国仲裁。

（三）仲裁协议

仲裁协议应当是书面的，可以认定为具有书面形式的情形有：

（1）仲裁协议包含在当事人之间交换的电报、传真、电传、电子邮件中或法律规定的其他形式中。

（2）足以证明仲裁协议的书面形式的往来信息中。

（3）应当事人请求，事先由律师、公证员或有权机构提供的书面协议。

（4）其他书面文件中的仲裁协议，如合同书、原始文件、公司章程或其他类似文件，经当事人援引而有效。实践中，在申诉书和答辩书的交换中，如果当事人一方声称有仲裁协议，而当事人另一方不否认，即为书面协议。

根据《越南商事仲裁法》，仲裁协议被视为独立于争议合同的协议。只要仲裁协议中约定的仲裁机构可行，应承认仲裁协议的效力。仲裁协议中关于仲裁机构约定不明确的瑕疵，不应导致仲裁协议的绝对无效。

越南有 13 个仲裁中心，当事人约定选择最多的是隶属于越南工商部的越南国际仲裁中心。

（四）仲裁程序

在仲裁语言的选择上，争议一方或双方如涉及外国因素或者外国投资公司，双方有权协商仲裁程序使用的语言。如果双方当事人之间没有就仲裁程序使用的语言达成协议，则仲裁庭有权决定使用何种语言。

在仲裁地点的选择上，除非合同双方另有约定，仲裁地点可以在越南境内或境外的任何地点，只要仲裁地点方便仲裁庭进行当事人询问、证人出庭、登记或检查封存财产等。

仲裁过程中，仲裁庭有权采取临时措施，包括：（1）维持现状，要求双方当事人按原合同规定或最初约定继续履行合同或约定，直到仲裁庭作出裁决；（2）证据保全措施，防止至关重要的证据被销毁；（3）查封、扣押或冻结当事人资产等措施，防止当事人隐匿、转移、变卖财产，保障将来仲裁裁决得到切实有效执行。

越南国际仲裁中心顺应越南经济发展对高效解决纠纷的要求，提供快速仲裁、多重合同仲裁和合并仲裁等程序，仲裁服务水平和国际影响力不断提升。

越南国际仲裁中心的快速仲裁程序一般由独任仲裁员进行仲裁，仲裁庭通常可以依据现有的文件、证据和其他材料，在没有当事人在场的情况下对案件进行书面审理，或者是通过电话会议、视频会议或任何其他仲裁庭认为适当的手段对案件进行审理。更重要的是，快速仲裁程序的启动以双方当事人的同意为前提，不以仲裁标的作为适用该程序的条件，仲裁中心或仲裁庭无权自动适用快速仲裁程序。

（五）司法监督

越南在尊重和保证仲裁独立性的前提下进行司法支持和监督。具体体现在：如当事人已达成有效的可执行的仲裁协议，一方仍向法院起诉的，法院不予受理；法院有权宣告仲裁协议无效或不存在；法院有权决定仲裁庭有无管辖权；法院有权指定或更换仲裁员；法院有权帮助搜集、保存证据；法院有权保证证人到庭；法院有权帮助采取临时措施；法院有权审理撤销仲裁裁决的请求；法院有权执行仲裁裁决等。

当事人可以在法定情形下向法院申请撤销仲裁裁决。法定情形包括：（1）没有仲裁协议或者仲裁协议无效；（2）仲裁庭的组成或仲裁的程序与当事人的仲裁协议不一致或者违反法律规定；（3）仲裁庭对某项争议无权管辖；（4）当事人提交的且被仲裁庭作为依据作出仲裁裁决的证据是伪造的；

仲裁员收受当事人的金钱、财物或其他物质利益，并影响仲裁裁决的客观性和公正性；（5）仲裁裁决违反《越南商事仲裁法》规定的基本原则和公共政策。

中国和越南均是《纽约公约》的成员国，中国的仲裁裁决可以在越南得到承认与执行。2022 年 12 月，越南最高人民法院作出裁定，撤销胡志明市高级人民法院所作裁定，维持胡志明市人民法院关于承认和执行上海国际仲裁中心仲裁裁决的决定。该案经历越南三级法院司法审查程序，是首宗经过越南最高人民法院复审后承认和执行的中国仲裁机构裁决。该起纠纷源于当事人间的买卖合同争议，上海国际仲裁中心依仲裁协议进行审理作出要求一方公司退还货款并赔偿损失的仲裁裁决。在越南法院申请承认执行的过程一波三折，越南最高人民法院在复审中认为，申请材料符合《纽约公约》和《越南民事诉讼法》的规定，而异议公司未能按照规定提交可以证明存在不予承认和执行上海国际仲裁中心仲裁裁决的证据，异议理由没有事实根据。

三、越南调解制度

（一）调解法律和机构

越南 2017 年制定的《商事调解法令》是越南采取调解方式解决商事争议的主要法律依据，主要参考了《联合国国际贸易法委员会国际商事调解示范法》。《商事调解法令》详细规定了调解和提交的原则、调解程序、调解员标准、商事调解组织的建立和运作。此外，法院对庭外调解也给予司法支持，《越南民事诉讼法》专门规定了庭外调解成功结果的确认程序。

《商事调解法令》规定可通过调解解决争议的范围包括商业活动引起的争议、至少一方当事人从事商业活动的争议以及法律规定通过商业调解解决的其他争议。越南的调解是保密的，与调解案件有关的信息应当保密，除非有关各方另有书面约定或法律另有规定。在选择调解方式时，如果双方不能达成协议，可以不受任何限制地选择将争议提交法院或仲裁。

越南调解中心是首个根据《商事调解法令》提供专业商事调解服务的机构，下属越南国际仲裁中心。越南国际仲裁中心于 2018 年在河内启动并发布了调解规则和调解员名单，入选名单的调解员均是在商业活动多个领域经验丰富、信誉良好的专家。调解中心拥有专业调解员以及秘书处，有望成为领先的调解组织。

（二）调解程序

在双方当事人有调解协议的情况下，任一方希望调解时，可向调解中心提交调解请求书并附调解协议书。调解中心自收到调解请求书及请求方的调解费之日起 5 个工作日内，寄送通知书及调解请求书给被请求调解方。被请求调解方自收到通知书之日起 10 天内将其回复书寄达中心。

在双方当事人没有事先调解协议的情况下，一方如要开始调解可向调解中心寄送调解请求书，内容是建议对方依调解中心规则在调解中心解决双方的纠纷。调解中心自收到调解请求书之日起 5 个工作日内，将调解请求书转寄给被请求方。被请求方自收到调解请求书之日起 10 日内将关于同意或拒绝进行调解的回复书寄给调解中心。若被请求调解方同意调解，则依照有调解协议的情形办理。若被请求调解方拒绝调解或不寄达回复书，不得进行调解。

第二节　老挝贸易争议解决制度

一、老挝诉讼制度

（一）概述

老挝是成文法国家，但也将习惯法作为法律渊源。当法律规定不清或者没有法律规定时，老挝法院会依据法律原则或者最高法院的判决案例作出裁判。

老挝的法院系统由最高人民法院、上诉人民法院、省市人民法院、区县人民法院和军事法院组成。老挝实行三审终审制度，商业纠纷由省、市人民法院管辖。商事争议一审由省级人民法院的经济审判庭（又称商务法庭）处理。《民事诉讼法》是老挝处理商事争议司法程序的主要依据。

（二）经济审判庭

1. 案件受理

老挝法院的经济审判庭主要处理两类案件。

一类是诉讼类案件，包括股份合同；商贸合同或债券等商务票据案件；商业借贷合同案件；企业破产清算案件；商品进出口、保险案件；知识产权纠纷。

另一类是请求类案件，包括请求对经济纠纷处理委员会的决定、裁决予以确认或强制执行；请求对法院、外国仲裁委员会的决定、裁决，或请求对其他经济纠纷处理机构的裁决予以确认或强制执行；请求责令相关机构出具财产扣押、冻结令等措施；请求对已解散、破产的法人采取措施；请求保护知识产权，以及其他有关商业案件的请求。

不同案件的诉讼时效要求不同。以合同纠纷案件为例，建筑合同的诉讼时效为 10 年，其他合同的诉讼时效为 3 年。诉讼时效自合同终止之日起或自损失产生之日起开始计算。外国人若向老挝法院提起诉讼，必须将诉讼请求提交给所属国驻老挝大使馆，并向老挝外交部进行备案。

当事人在老挝提请诉讼需缴纳国家税款和法院诉讼费用等。国家税款按诉讼请求金额的 2% 缴纳，如诉讼请求金额不能评估，则交纳 5 万基普。

2. 案件审理

法院收到起诉状后，商事案件将在 15 日内开庭。一审的庭审程序主要包括法庭调查、法庭辩论、合议庭合议和宣判。经济审判庭受理案件后，可委派某一审判员进行调查、核实、取证等工作后才进入一审程序。《民事诉讼法》规定，各级人民法院都应提供调解程序，尽可能寻求机会促成当事人达成调解。

二审上诉法院的审理程序按照一审审理程序进行。上诉法院仅根据上诉状中一审法院已经审理过的案件事实和法律依据进行审理。上诉法院作出的判决对案件涉及的证据的认定具有终局性，撤销法院不会再对相关内容进行审查。如上诉人对上诉法院作出的裁判不服的，有权提起撤销之诉申请，即三审程序。撤销法院不对案件进行全面审理，重点审查程序法的适用和与事实相关的法律适用事项。

通常情况下，初审法院的审理期限是 9 个月，上诉法院的审理期限是 4 个月，撤销法院的审理期限是 3 个月。

3．判决执行

法院判决一旦生效，判决执行由司法部下属专设的判决执行行政机构而非法院负责。老挝的判决执行机构包括判决执行办公室和判决执行单位。

4．与中国的司法协助

1991 年，中国与老挝签订了《关于民事和刑事司法协助的条约》，规定了司法保护、司法协助的范围等总则规定，以及民事案件送达文书与调查取证、法院民事裁决和仲裁裁决的承认与执行、刑事司法协助、争议解决等。双方互相承认和执行缔约方作出的民事案件的判决、裁定和调解书以及仲裁机构作出的裁决。

二、老挝仲裁和调解制度

（一）概述

老挝仲裁的主要法律依据是《经济纠纷解决法》，该法于 2005 年制定，经过 2010 年和 2018 年修订，涉及调解员或者仲裁员解决经济纠纷的原则、规则和可采取的措施，为以仲裁方式解决经济纠纷奠定了基础，对老挝调解和仲裁制度的正式确立具有重大意义。

老挝的《经济纠纷解决法》没有以联合国国际贸易法委员会的《国际商事仲裁示范法》为基础，而是采用单一制仲裁，即无论是国内仲裁还是国际仲裁，均要适用《经济纠纷解决法》的有关规定。

老挝允许临时仲裁。经过老挝政府的批准，争议当事人可以在老挝境内进行临时仲裁。

（二）经济商事纠纷解决机构

老挝尚未设立一个具有民间性、自治性与国际性的非营利性仲裁机构专门处理经济商事纠纷。

老挝的经济纠纷解决中心和经济纠纷解决办公室是老挝经济商事纠纷的调解或者仲裁中心。这两个机构在中央和省级开展经济商事纠纷解决业务，隶属于司法部或省级司法行政部门。老挝大多数争议都是通过调解而不是仲裁解决。

（三）调解员和仲裁员

调解员和仲裁员可以是来自老挝的任何组织和国有及私营企业单位或者来自国外的自愿作为调解员或仲裁员的个人。调解员和仲裁员由老挝司法部长根据经济纠纷解决办公室的选择和建议来任命。

调解员和仲裁员必须符合的条件包括：（1）有良好的品格、道德修养和个人信用；（2）具备相关资格证书支持的专业技术知识；（3）在各自领域内至少有 5 年的实践经验；（4）从未被判处监禁；（5）身体健康。老挝《经济纠纷解决法》没有要求调解员或仲裁员必须具备法律背景。

当至少一个争议方是外国个人、法人实体或组织时，老挝允许争议当事人选任外国人作为仲裁员或调解员。

（四）争议范围

经济纠纷解决中心解决的经济争议必须是：（1）与经济或者贸易有关；（2）双方当事人在合同中约定调解或者仲裁；（3）争议双方自愿同意通过调解或仲裁解决争议；（4）争议未提交人民法院审议或者未作出终审裁决的；（5）与违反国家稳定、社会保障、社会治安环境等法律、法规无关。

凡是与国家安全、社会稳定或环境保护有关的事项，无论其是否涉及对有关法律的违反，均不得进行仲裁。

（五）费用

《经济纠纷解决法》规定一般费用不再以案件标的额为标准进行收取。服务费由申请人支付，被申请人不必承担服务费用。调解员或仲裁员的报酬、专家费用等，由争议当事人和调解员或仲裁员或专家自行协商确定，经济纠纷解决中心不再参与此项费用的数额确定，该费用的数额只需报告给受理案件的经济纠纷解决机构。

（六）仲裁程序

1．仲裁程序的启动

申请人向争议双方同意的纠纷解决机构提交仲裁申请。如果对地点没有合意，争议应提交到争议发生地的仲裁机构。

2．仲裁案件的审理

在仲裁员的选任方面，仲裁庭由奇数的仲裁员组成，可3名或3名以上。在选择经济纠纷解决办公室或经济纠纷解决中心仲裁时，争议当事方必须从老挝官方公布的仲裁员名单中选任仲裁员，外国当事方无法选择其所信任的第三国仲裁员。由于老挝和外国公民有资格担任仲裁员或调解员的条件之一是掌握老挝语，语言要求对外国仲裁员进入老挝仲裁服务业而言是个较高的门槛和障碍。如仲裁员在经济商事纠纷解决中存在或者可能存在利益冲突时，争议当事人可以直接申请撤销该仲裁员。

如果争议各方当事人同意在老挝境内进行仲裁，则被申请人未收到传票或者因自身原因而未能参与仲裁，仲裁应当继续进行。除当事人双方收集举证之外，仲裁庭在经申请或双方当事人同意时也可以收集证据。一旦仲裁庭收集足够的资料和证据，必须召集各方当事人并给予其机会提供解释或理由。

通常情况下，在仲裁庭组建后3个月内应当作出仲裁裁决。仲裁裁决在仲裁申请范围内基于多数仲裁员意见作出。

3．仲裁裁决的执行

如当事人不执行国内仲裁裁决，另一方当事人有权请求人民法院裁定强制执行仲裁裁决。人民法院首先应当审查确认争议解决是依照法律、法规以及老挝缔结的国际条约的规定进行，并确认争议的解决未危及国家的稳定和人民利益、社会和平和环境。如人民法院认为争议处理正确，应当作出强制执行裁定，该裁定具有终局效力，当事人没有上诉权。如人民法院发现经济纠纷解决的结果违反法律、法规，则不予承认执行。争议双方有权向经济纠纷解决中心或经济纠纷解决办公室提出重新仲裁请求，或向人民法院提起诉讼。

老挝于1998年9月15日加入《纽约公约》且未作保留。但是，老挝对涉外或国际仲裁裁决的承认与执行并未依照《纽约公约》的规定进行审查。《经济纠纷解决法》所规定的条件限制更多。具体为：（1）争议各方当事人必须是1958年《纽约公约》缔约国的国民；（2）该仲裁裁决不得与老挝宪法和有关稳定、和平与环境的法律法规相冲突；（3）有义务支付仲裁裁决所确认债务的争议当事人必须在老挝境内拥有财产、业务运营、股权、银行存款或其他资产。

第五章　中国贸易争议解决制度

第一节　中国诉讼制度

一、诉讼制度概述

（一）法律体系

中国已形成以宪法为统帅，以法律为主干，以行政法规、地方性法规为重要组成部分，由宪法相关法、民法商法、行政法、经济法、社会法、刑法、诉讼与非诉讼程序法等多个法律部门组成的有机统一整体的中国特色社会主义法律体系。

1991 年通过的中国《民事诉讼法》是中国民商事诉讼程序最主要的法律依据，2023 年的最新修订扩大了中国法院对涉外民事案件的管辖权。《民事诉讼法》确立了当事人有平等的诉讼权利、根据自愿和合法的原则进行调解、公开审判、两审终审等基本原则和制度，明确了诉讼当事人的诉讼权利和诉讼义务，规范了证据制度，规定了第一审普通程序、第二审程序、简易程序、特别程序、审判监督程序等民事审判程序，并对执行程序、强制执行措施作了明确规定。

中国商事诉讼遵循民事诉讼程序法律规定，涉外商事诉讼的主要法律依据包括：《民事诉讼法》《涉外民事关系法律适用法》《最高人民法院关于适用

〈中华人民共和国民事诉讼法〉的解释》《最高人民法院关于适用〈中华人民共和国涉外民事关系法律适用法〉若干问题的解释》《最高人民法院关于涉外民商事案件诉讼管辖若干问题的规定》等。

（二）法院体系

中国的人民法院由最高人民法院、地方各级人民法院和专门人民法院组成。其中，最高人民法院是国家最高审判机关。地方各级人民法院分为基层人民法院、中级人民法院和高级人民法院三级。专门人民法院包括军事法院等。除最高人民法院设有国际商事法庭受理特定涉外商事案件外，其他涉外商事案件在地方各级人民法院审理，部分地方中级人民法院设有国际商事法庭。海商事案件由海事法院审理。《民事诉讼法》规定，外国人、无国籍人、外国企业和组织在人民法院起诉、应诉，需要委托律师代理诉讼的，必须委托中国律师。因此，涉外案件如需委托律师则只能委托中国律师代理诉讼。

二、普通商事诉讼程序

中国法院商事诉讼审理程序，通常包括立案登记、举证、开庭审理、判决、上诉、执行阶段。

（一）立案登记

原告向有管辖权的人民法院立案，提交起诉状以及当事人的身份材料，并交纳案件受理费。

诉状和案件陈述应以事实为依据。原告可以在起诉时向人民法院申请财产保全措施，以免被告恶意转移财产逃避债务。法院将通知被告，安排承办法官。被告可以在指定的期限内向法院递交书面答辩状和相关证据。如果被告提出管辖权异议，法院将会先处理管辖权争议。

（二）举证

按照我国民事诉讼举证责任的一般规则，谁主张谁举证。证据应当在法庭上出示并由当事人互相质证。

举证期限内，双方均可向法院提交证据、申请鉴定、申请法院调查取证等。庭前证据交换和质证在复杂的商事诉讼案件中很常见。当事人能相互获取有关案件信息，帮助法庭固定争议点。

（三）庭审

庭审程序是诉讼的核心程序。法院的庭审通常依照法庭调查、法庭辩论、当事人最后陈述和法庭调解四个环节进行。法庭调查，是法庭了解当事人的诉求与抗辩、查清案件事实的过程。如果没有组织庭前证据交换，举证质证将在法庭调查环节中进行。法庭辩论，是当事人围绕争议焦点阐述观点的过程直到作出最后陈述。法庭调解不仅在庭审的最后进行，它贯穿整个诉讼过程。

（四）判决

中国法院审判案件，实行两审终审制。当事人不服一审判决，有权提起上诉。上诉由一审法院的上级法院审理。二审的庭审主要围绕双方对一审判决的争议展开，二审法院可能作出维持原判、改变一审判决或发回一审法院重新审理的处理。二审法院作出的判决是终审判决。

（五）判决的强制执行

如败诉当事人不履行生效判决，胜诉当事人可以申请人民法院强制执行。如果被执行人在中国没有财产，当事人可以直接申请有管辖权的外国法院申请承认和执行，也可以依据中国缔结或参加的国际条约，或按照互惠原则，申请外国法院承认和执行。

三、涉外商事诉讼制度

（一）涉外案件的范围

人民法院可以认定有以下情形之一的纠纷为涉外案件：（1）当事人一方或双方是外国公民、外国法人或者其他组织、无国籍人；（2）当事人一方或双方的经常居所地在中华人民共和国领域外；（3）标的物在中华人民共和国领域外；（4）产生、变更或者消灭民事关系的法律事实发生在中华人民共和国领域外；（5）可以认定为涉外民事关系的其他情形。

人民法院审理涉及中国香港、澳门特别行政区和台湾地区的民事诉讼案件，可以参照适用涉外民事诉讼程序的特别规定。

（二）涉外案件的管辖

1．重大涉外案件由中级人民法院管辖

中级人民法院管辖的一审民事案件有：（1）重大涉外案件；（2）在本辖区有重大影响的案件；（3）最高人民法院确定由中级人民法院管辖的案件。普通的涉外案件仍由基层人民法院管辖。

重大涉外案件，包括争议标的额大的案件、案情复杂的案件，或者一方当事人人数众多等具有重大影响的案件。争议标的额的划分采取分区域和梯度进行划分的方式，需要特别注意。

2．部分案件集中管辖

（1）涉外合同和侵权纠纷案件；（2）信用证纠纷案件；（3）申请撤销、承认与强制执行国际仲裁裁决的案件；（4）审查有关涉外民商事仲裁条款效力的案件；（5）申请承认和强制执行外国法院民商事判决、裁定的案件的第一审涉外民商事案件由各高级人民法院确定的中级人民法院审理。

3．原告就被告原则管辖

涉外民事合同纠纷，通常在被告住所地或经常居住地法院起诉。如果被告在中国境内没有住所，可以由合同签订地、合同履行地、诉讼标的物所在地、可供扣押财产所在地、侵权行为地或者代表机构住所地法院管辖。

对于特别的合同，如在中国履行中外合资或合作经营企业合同、中外合作勘探开发自然资源合同发生纠纷提起的诉讼，由中国法院管辖。

4．管辖的例外处理

法院受理一方的起诉后，被告可依据不方便管辖原则提出管辖异议。如理由成立，原告的起诉将被驳回。

法院在以下情形下可以裁定驳回原告的起诉，告知其向更方便的外国法院提起诉讼：（1）被告提出案件应由更方便的外国法院管辖的请求，或者提出管辖异议；（2）当事人之间不存在选择中国法院管辖的协议；（3）案件不属于中国法院专属管辖；（4）案件不涉及中国国家、公民、法人或者其他组织的利益；（5）案件争议的主要事实不是发生在中国境内，且案件不适用中国法律，人民法院审理案件在认定事实和适用法律方面存在重大困难；（6）外国法院对案件享有管辖权，且审理该案件更加方便。

（三）涉外案件的证据

在民商事诉讼中由当事人提供的、在中国领域外形成的证据被认定为域外证据。域外证据的取证有特殊的规定要求。对于证据在形成中涉及域外，但因接收、取得、到达、完成等因素，最终形成于中国领域内，有些法院不认定该证据为域外证据。

域外证据应当经所在国公证机关予以证明，并经中国驻该国使领馆予以认证，或者履行中国与该所在国订立的有关条约中规定的证明手续。但是，如果域外公文书证可以通过互联网方式核查公文书证的真实性或者双方当事人对公文书证的真实性均无异议的，可免于相关公证或证明程序。当事人向人民法院提供的证据是在中国香港、澳门、台湾地区形成的，应当履行相关的证明手续。

实践中，对于域外网站上公开发布的电子数据信息和数据权利人许可提取的域外电子数据信息，大部分法院接受在境内通过适当方式在线取证。对于电子邮件、微信聊天等聊天证据，大部分法院接受当庭展示的方式，少部分法院接受录屏或在线连线验证的方式核验真实性。

当事人向人民法院提供外文书证或者外文说明资料，应当附有中文译本。有些法院如上海海事法院允许当事人自己翻译，大部分法院要求必须由有资质的翻译公司进行翻译。

四、最高人民法院国际商事法庭

为顺应新时代国际经济发展的趋势和国际商事交往的需要，为建设公正、合理、高效的商事争端解决机制提供保障，2018 年最高人民法院设立国际商事法庭。目前，最高人民法院分别在广东省深圳市和陕西省西安市设立了第一和第二国际商事法庭，已开展审判工作。

（一）国际商事法庭的管辖权

国际商事法庭对以下五类案件行使管辖权：（1）当事人协议选择最高人

民法院管辖且标的额为人民币 3 亿元以上的第一审国际商事案件；（2）高级人民法院对其所管辖的第一审国际商事案件，认为需要由最高人民法院审理并获准许的；（3）在全国有重大影响的第一审国际商事案件；（4）依规定申请仲裁保全、申请撤销或者执行国际商事仲裁裁决的；（5）最高人民法院认为应当由国际商事法庭审理的其他国际商事案件。

（二）对国际商事案件的认定

对国际商事案件中的"国际"认定明确具体，没有"可以认定为涉外民事关系的其他情形"，使得管辖事项具有确定性。此外，国际商事法庭排除了国家与国家之间的贸易与投资争端，同时也排除了投资者与东道国之间的投资争端。

（三）国际商事法庭的创新

首先，提高审判效率。国际商事法庭作为最高人民法院的常设机构，其管辖层级与最高人民法院相同。国际商事法庭采取一审终审制，当事人对法庭作出的判决、裁定不可上诉，只能通过再审程序获得救济。

法庭通过电子诉讼服务平台、审判流程信息公开平台等为诉讼参与人提供诉讼便利，支持网络立案、缴费、阅卷、证据交换、送达、开庭等。在庭审过程中，当事人提交的证据材料系英文且经对方当事人同意，可以不提交中文翻译件；法庭调查收集证据以及组织质证，可以采用网络方式。

其次，裁审人员国际化。国际商事法庭法官由最高人民法院在具有丰富审判工作经验，熟悉国际条约、国际惯例以及国际贸易投资实务，能够同时熟练运用中文和英文作为工作语言的资深法官中选任。目前，国际商事法庭由 12 名中国籍法官组成。

法庭创新地设置了国际商事专家委员会。在法庭受理案件并于当事人同意的情况下，法庭可以将案件委托给国际商事专家委员会或其他符合条件的国际商事调解机构进行调解。专家可以参与外国法查明和对国际商事交往的法律法规、争端解决等提供专家解释和意见咨询。专家委员会目前由 32 位专家组成，包括来自中国、美国、英国、澳大利亚、瑞士、荷兰、雅典、日内瓦、俄罗斯、韩国、马来西亚等国家的法学专家、知名学者、资深法官、资深律师等，在地域上和职业上具有广泛代表性。

最后，提供"一站式"国际商事纠纷解决机制。国际商事法庭选择可信赖的国际商事调解机构和国际商事仲裁机构，共同构建集调解、仲裁和诉讼三种功能互补和相互衔接的国际商事纠纷解决平台，支持当事人自主选择合适的商事纠纷解决方式，充分发挥各自的优势和作用，节约司法资源并提高纠纷解决的效率。

第二节　中国商事仲裁制度

一、中国仲裁法概况

（一）仲裁法发展

1994 年颁布、1995 年实施的《仲裁法》标志着中国现代商事仲裁制度的正式确立。其后《仲裁法》于 2009 年、2017 年进行两次修订，但修订较小，已难以匹配中国经济的发展和现代仲裁实践的要求。2021 年，司法部公布《仲裁法（修订）（征求意见稿）》（以下简称《仲裁法修订草案》）。《仲裁法修订草案》广泛借鉴和吸收了《国际商事仲裁示范法》等国际立法经验及实践。

（二）仲裁实践发展

近年来我国仲裁实践发展迅速，自由贸易试验区的建设进一步加快仲裁国际化进程。当前，北京、上海、海南、川渝地区、大湾区等地均允许境外仲裁机构设立业务机构。国内仲裁机构纷纷主动接轨国际商事仲裁实践，如北京仲裁委员会（北京国际仲裁中心）于 2021 年修订仲裁规则，明确电子送达效力等问题，发布仲裁员小时计费的操作指引。法院在仲裁司法审查和司法保障上总体对仲裁持支持立场。地方法院如湖北省高级人民法院、广东省珠海市中级人民法院等，定期发布商事仲裁司法审查白皮书，对审理的商事仲裁司法审查案件进行梳理分析。

2021 年中国仲裁高峰论坛数据显示，中国共设立 270 多家仲裁机构，累计办理仲裁案件 400 余万件，涉案标的额 5 万多亿元。案件当事人涉及 100 多个国家和地区，解决的纠纷涵盖经济社会发展众多领域，中国已成为运用仲裁方式解决民商事纠纷最多的国家之一。中国国际贸易促进委员会附设的中国国际经济贸易仲裁委员会，是中国最早设立和最具代表性的常设仲裁机构。与北京仲裁委员会（北京国际仲裁中心）、上海国际经济贸易仲裁委员会（上海国际仲裁中心）、深圳国际仲裁院、香港国际仲裁中心等仲裁机构，不断提高仲裁业务国际化，成为具有一定国际影响力的争议解决机构。数量众多的仲裁机构在客观上也加剧了中国涉外仲裁市场的多元竞争格局。

近年来，中国积极探索专业仲裁。2021年，证监会及司法部联合发布《关于依法开展证券期货行业仲裁试点的意见》，要求证监会、证券登记结算机构、证券期货交易场所等机构积极支持引导证券期货争议当事人主动选择仲裁作为争议解决方式，在仲裁协议或仲裁条款中选择试点仲裁委员会作为仲裁机构。如无仲裁协议的，仍由法院依法审理。目前已设立上海证券期货金融国际仲裁中心和中国（深圳）证券仲裁中心，专门解决证券期货市场主体之间的证券期货类合同纠纷和其他财产权益纠纷，如虚假陈述、操纵市场、内幕交易、损害客户利益等民事赔偿。

二、《仲裁法》的主要内容

2017年《仲裁法》共80条，包括总则、仲裁委员会和仲裁协会、仲裁协议、仲裁程序、申请撤销裁决、执行等内容。该法对涉外仲裁作了专章设置，进行特别规定。

（一）仲裁范围

《仲裁法》解决的是平等主体的公民、法人和其他组织之间发生的合同纠纷和其他财产权益纠纷。但是婚姻、收养、监护、扶养、继承纠纷，以及依法应当由行政机关处理的行政争议不得仲裁。

（二）仲裁与诉讼的关系

《仲裁法》明确了仲裁的独立性，仲裁不受行政机关、社会团体和个人的干涉。当事人采用仲裁方式解决纠纷，应当双方自愿，达成仲裁协议。没有仲裁协议，一方申请仲裁的，仲裁委员会不予受理。当事人达成仲裁协议，一方向人民法院起诉的，人民法院不予受理，但仲裁协议无效的除外。

仲裁实行一裁终局的制度。裁决作出后，当事人就同一纠纷再申请仲裁或者向人民法院起诉的，仲裁委员会或者人民法院不予受理。

（三）当事人意思自治

仲裁采取自愿原则，在仲裁启动和过程中充分尊重当事人意思。除当事人可以自愿选择是否仲裁外，仲裁委员会也应当由当事人协议选定。

（四）仲裁委员会和仲裁协会

《仲裁法》规定仲裁委员会不按行政区划层层设立，可以在直辖市、省会城市设立，也可在其他设区的市设立。仲裁委员会具有独立性，既独立于行政机关，仲裁委员会之间也没有隶属关系。《仲裁法》还规定了设立仲裁委员会应当具备的条件，以及仲裁委员会聘请的仲裁员的条件，包括法律职业资格要求、工作年限、专业水平等。

早期，我国受理涉外仲裁案件的仲裁机构只有中国国际经济贸易仲裁委员会和中国海事仲裁委员会。随着《仲裁法》的实施，各省市相继设立仲裁机构，一方面增加了争议各方的选择，另一方面仲裁机构数量过多，引发的竞争和管辖冲突也随之增多。

（五）仲裁协议

仲裁协议既包括合同中订立的仲裁条款，也包括以其他书面方式在纠纷发生前或者纠纷发生后达成的请求仲裁的协议。《仲裁法》明确了仲裁协议的独立性，如果仲裁协议所基于的合同出现变更、解除、终止或无效的情形，不影响仲裁协议的效力。

仲裁协议应当具有下列内容：请求仲裁的意思表示；仲裁事项；选定的仲裁委员会。

如果约定的仲裁事项超出法律规定的仲裁范围，或者仲裁协议订立的当事人是无民事行为能力人或者限制民事行为能力人，或者一方采取胁迫手段迫使对方订立仲裁协议，都导致仲裁协议无效。此外，由于在仲裁协议中必须选定仲裁委员会，如果对仲裁委员会或仲裁事项没有约定或者约定不明确的，而且事后当事人未能达成补充协议，则仲裁协议也同样无效。由此，《仲裁法》只认可仲裁委员会即常设仲裁机构的机构仲裁，而将国际商事仲裁使用较多的专设的临时仲裁排除在外。

在仲裁协议有效性的认定上，《仲裁法》规定仲裁庭有权确认合同的效力。当事人对仲裁协议的效力有异议的，可以请求仲裁委员会作出决定或者请求人民法院作出裁定。一方请求仲裁委员会作出决定，另一方请求人民法院作出裁定的，由人民法院裁定。

（六）仲裁程序

在申请和受理方面，《仲裁法》明确了申请条件、提交的材料和内容、仲裁委员会受理与不受理的处理、答辩书提交、财产保全。

《仲裁法》允许申请人放弃或者变更仲裁请求。被申请人也可以承认或者反驳仲裁请求，有权提出反请求。《仲裁法》只规定了财产保全，当一方当事人因另一方当事人的行为或者其他原因，可能使裁决不能执行或者难以执行的情况下，可以申请财产保全。然而，仲裁委员会无权采取保全措施，应由仲裁委员会将当事人的申请依照《民事诉讼法》的有关规定提交人民法院。

在仲裁庭的组成方面，《仲裁法》规定了仲裁庭的组成人数和当事人选定仲裁员的方式。在当事人未选定仲裁员时，由仲裁委员会主任指定。《仲裁法》列举了仲裁员自行回避和当事人提出回避申请的具体情形，如与当事人或代理人有近亲属关系或与案件有利害等。仲裁员是否回避，由仲裁委员会主任决定。此外，《仲裁法》还规定了仲裁员的法律责任。

在开庭和裁决方面，《仲裁法》确立了不公开开庭审理的原则，如当事人另有协议，也可以不公开或者不开庭审理。《仲裁法》规定了开庭通知程序以及双方当事人不到庭的法律后果。为查明案情，仲裁庭有权自行收集证据或指定鉴定部门鉴定。证据必须开庭出示，当事人可以质证外，还可以申请证据保全。与财产保全相似，申请亦经仲裁委员会转交证据所在地法院。

《仲裁法》鼓励和解和调解。和解贯穿仲裁整个程序，当事人申请仲裁后，可以自行和解。达成和解协议的，可以请求仲裁庭根据和解协议作出裁决书，也可以撤回仲裁申请。仲裁庭在作出裁决前，可以先行调解。当事人自愿调解的，仲裁庭应当调解。调解不成的，则作出裁决。由仲裁庭制作的调解书与裁决书具有同等法律效力。

《仲裁法》规定的裁决包括最终裁决和先行裁决。要求仲裁裁决按照多数仲裁员的意见作出，但允许少数仲裁员的不同意见记入笔录。在形式上，裁决书不仅需要仲裁员签名，还需要加盖仲裁委员会印章。对裁决持不同意见的仲裁员，可以签名，也可以不签名。裁决书自作出之日起发生法律效力。

（七）裁决的撤销和执行

虽然仲裁是一裁终局，但《仲裁法》提供了仲裁裁决作出后的救济程序，其一是撤销裁决，其二是不予执行仲裁裁决，当然撤销和不予执行仲裁裁决的情形严格限制在法定情形。

当事人只有在《仲裁法》列出的6种情形下才可以向仲裁委员会所在地的中级人民法院申请撤销裁决：（1）没有仲裁协议的；（2）裁决的事项不属于仲裁协议的范围或者仲裁委员会无权仲裁的；（3）仲裁庭的组成或者仲裁的程序违反法定程序的；（4）裁决所根据的证据是伪造的；（5）对方当事人隐瞒了足以影响公正裁决的证据的；（6）仲裁员在仲裁该案时有索贿受贿、徇私舞弊、枉法裁决行为的。

仲裁裁决一经作出即生效，当事人应主动履行仲裁裁决。如果当事人不履行，另一方当事人可以向人民法院申请执行。但是，如果仲裁裁决存在《民事诉讼法》规定的情形时，当事人可以申请法院不予执行。

倘若同时存在申请执行裁决和申请撤销裁决时，人民法院应当裁定中止执行。若法院裁定撤销裁决的，应当裁定终结执行。撤销裁决的申请被裁定驳回的，法院应当裁定恢复执行。

（八）涉外仲裁的特别规定

《仲裁法》专章规定了涉外仲裁的特别规则，主要涉及以下内容：

其一，涉外仲裁委员会可以由中国国际商会组织设立。涉外仲裁委员会的主任、副主任和委员可以由中国国际商会聘任。涉外仲裁委员会可以从具有法律、经济贸易、科学技术等专门知识的外籍人士中聘任仲裁员。

其二，涉外仲裁中的法院司法协助级别较高。涉外仲裁的证据保全由证据所在地的中级人民法院处理。

其三，涉外仲裁裁决的撤销和不予执行的情形一致，对照的是《民事诉讼法》规定的情形。由于纠纷具有涉外性，存在外国法院执行裁决的问题。涉外章规定当事人可直接向有管辖权的外国法院申请承认和执行仲裁裁决。

三、2021 年《仲裁法》修订草案

整体上看，《仲裁法修订草案》保留了 2017 年《仲裁法》的章节设置，但借鉴了《国际商事仲裁示范法》和其他国家的立法经验，积极与国际通行惯例接轨，删去了部分不适应仲裁实践的落后规定，同时也创设了适应中国实践的规则。具体规则修订涵盖总则、仲裁协议、仲裁程序、仲裁执行、仲裁机构管理以及与其他法律衔接等多个方面。

（一）新增的内容

第一，在总则中明确《仲裁法》"促进国际经济交往"的立法宗旨和"支持仲裁"的法律原则，增设了"其他法律有特别规定的，从其规定"的规定，为未来进一步完善立法如投资仲裁、体育仲裁的纳入留出空间。

第二，规定了一系列在当事人约定不明时确定仲裁机构的规则。对可受理的仲裁机构的范围作出了具体指引规定。

第三，引入仲裁庭自裁管辖原则，将决定管辖权问题的权力明确交由仲裁庭。规定当事人可以要求法院审查仲裁庭作出的仲裁协议效力或管辖权决定。

第四，增加"临时措施"一节，明确赋予仲裁庭作出临时措施的权力，包括财产保全、证据保全、行为保全和其他形式的临时措施。还增加了指定紧急仲裁员的制度。

第五，明确外国仲裁机构可以在中国设立业务机构，允许涉外案件当事人选择专设即临时仲裁庭仲裁。

第六，完善仲裁裁决撤销和执行制度。不再区分国内仲裁裁决和涉外仲裁裁决，采用统一的撤销标准；除程序问题外，只要仲裁裁决涉及因恶意串通、伪造证据等欺诈行为取得的，法院应当裁定撤销。授权执行法院审查裁决是否符合社会公共利益，并将"违背社会公共利益"作为法院主动不予执行国内和涉外案件裁决的唯一事由。明确案外人在裁决有错误的情况下提起侵权之诉等救济途径。增加承认和执行外国仲裁裁决的条款。

（二）删除的内容

第一，删去了此前仲裁适用于"平等主体"之间纠纷的表述，为不平等主体的投资者与国家仲裁预留可能。

第二，删除了仲裁协议需约定明确仲裁机构的硬性要求，消除了我国只认可机构仲裁不认可临时仲裁的障碍。

第三节　中国商事调解制度

一、我国商事调解法律概况

受息讼无讼的传统影响，调解在争议解决中占据重要地位。我国已形成人民调解、行政调解、司法调解联动工作为核心的大调解工作格局。其中的人民调解和行政调解具有相当的规模、深度和广度。我国调解的法律依据主要是2017年修订的《民事诉讼法》和2010年颁布的《人民调解法》等。其中《民事诉讼法》主要适用于民事调解，但部分内容也适用于商事调解。

《民事诉讼法》主要涉及与法院诉讼相关的调解制度。《民事诉讼法》规定，调解程序的启动主体包括人民法院邀请调解组织开展先行调解和调解组织自行开展调解两类。司法确认调解协议的调解组织的范围为"经依法设立的调解组织"，由此为商事调解组织作出的调解协议申请司法确认提供了明确的法律依据。扩大了司法确认调解协议法院的管辖范围，放宽了司法与调解相衔接的渠道，为当事人选择通过调解解决争议提供了更多的便利和可能性。

在商事调解领域，目前尚无全国性立法，但是地方性法规和行政规章中有关多元化解纠纷规定中往往涉及商事调解内容，如2020年《海南省多元化解纠纷条例》等。商事调解的相关法律主要包括以下内容：

第一，商事调解机构的设立。明确协会、商会、社会服务机构等可以设立商事调解组织，并在投资、金融、证券期货等领域可提供商事调解服务，但对于商事调解服务的领域，各地的界定并不完全一致。

第二，商事调解的费用标准。部分地区明确商事调解可以经物价部门核准后收取一定的费用。

第三，商事调解活动应有规范。要求商事调解组织制定调解规则、明确调解员任职资格，但具体标准并没有统一要求。商事调解可以参照人民调解程序开展。

第四，商事调解协议效力有限。在未经公证、司法确认、仲裁确认时，调解协议不具有强制执行效力，仅具有合同效力。如就商事调解协议产生纠纷，一方当事人可以就协议内容，向人民法院提起诉讼或向仲裁机构申请仲裁。

中国国际贸易促进委员会商业行业委员会于 2020 年发布《商事调解服务规范》，该规范主要参考国际商事调解规则，规定了商事调解服务的基本原则、服务机构要求、服务设施、调解流程、异常情况处理和服务质量评价与提升。虽然该规范不具有强制效力，但也将在一定程度上引导我国商事调解活动。

近年来自贸区的扩容和快速发展对调解解决商事纠纷提出了更多需求，为回应现实需要，最高人民法院于 2021 年发布意见支持国际商事调解组织在自贸区开展商事调解业务。如《关于人民法院为海南自由贸易港建设提供司法服务和保障的意见》和《关于人民法院为北京市国家服务业扩大开放综合示范区、中国（北京）自由贸易试验区建设提供司法服务和保障的意见》，指出要推动国际商事纠纷一站式多元解纷中心建设，探索引入国内外知名国际商事调解组织，开展商事调解业务。

二、我国商事调解实践

（一）商事调解机构

根据《中国商事调解年度观察（2022）》数据，我国商事调解组织主要有商会下设的调解机构、商事仲裁机构下设的调解机构。

2021 年年底，中国国际贸易促进委员会、中国国际商会系统在地方省市设立的分会调解中心有 59 家，全国工商联系统商会调解组织有 3001 家。全国 270 家仲裁机构在仲裁过程中大力开展调解工作，通过仲裁机构下设的调解中心或者个案组建的仲裁庭，调解由仲裁庭在仲裁过程中进行调解和仲裁机构协助调解取得了较高成功率。由社会力量合作成立的调解组织目前正处于萌芽发展时期，但时代特征强、国际化程度高。如在北京设立有国际商事争端预防与解决组织、"一带一路"国际商事调解中心；在上海设立有上海经贸商事调解中心，建有中国商事调解发展合作机制；在深圳设立有粤港澳仲裁调解联盟等。虽然成立于 2020 年的国际商事争端预防与解决组织严格意义上是国际组织，但由于其是在中国国际贸易促进委员会倡议支持推动下，由中国国际商会联合有关国家商协会、法律服务机构、高校智库等共同发起设立的，将在提供包括调解在内的商事争端解决服务上进一步带动和提升我国商事调解的国际化水平。

（二）商事调解实践发展

根据 2023 年度《最高人民法院工作报告》，各级法院构建多元化纠纷解决机制，与全国总工会、全国工商联、退役军人事务部、中国银保监会、中小企业协会等单位协作，形成覆盖 12 个领域的"总对总"在线多元调解新格局。人民法院调解平台开通以来，9.6 万个调解组织和 37.2 万名调解员入驻，在线调解纠纷 3832 万件，2022 年平均每分钟有 75 件成功在诉前在线化解。

商事调解随着我国"一带一路"建设和自贸区建设的推进，不断接轨国际，成为国际化法治化营商环境的重要保障。商事调解实践有以下主要特点：

首先，商会系统调解保持传统优势。中国国际贸易促进委员会 / 中国国际商会系统年均受理调解案件 2000 余件。全国工商联系统商会系统调解组织年均受理调解案件 32500 件。

其次，地方商事仲裁机构的调解业务进一步向专业化方向发展。2021 年北京仲裁委员会（北京国际仲裁中心）调解中心受理涉及投资金融、工程建设等领域调解案件 10 件，争议金额高达 44.07 亿元。深圳仲裁委员会（深圳国际仲裁院）成立的深圳国际仲裁院调解中心和深圳证券期货业纠纷调解中心，2021 年受理资本市场调解 1382 件和展会调解 1365 件。2021 年全国 270 家仲裁机构受理仲裁案件共计 415889 件，以调解和解方式结案的案件数为 93162 件，占受案总数的 35%。

三、商事调解机构调解规则

我国商事调解机构众多，调解程序和规则由各调解机构自行制定。代表性的商事调解机构是上海经贸商事调解中心。2011 年成立的上海经贸商事调解中心（Shanghai Commercial Mediation Center，以下简称 SCMC）作为全国第一家专业从事商事纠纷调解的机构，是最高人民法院国际商事法庭确定的"一站式"国际商事纠纷多元化解决机制唯一一家社会服务性质的特邀调解组织，被誉为中国最具标志性、影响力的商事调解机构。

2012 年制定并于 2020 年修订的《上海经贸商事调解中心调解规则（试行）》共 33 条，主要包括以下内容：

（一）调解争议范围

在经当事人申请或各类机构委托的前提下，通过按照当事人的请求指定一名或者多名调解员，协助其设法友好解决当事人之间在金融、贸易、航运、知识产权以及其他国内外商事领域的争议。但是不处理其中一方当事人（消费者）为个人、家事进行交易所产生的争议，也不处理涉及人身权利如婚姻、继承、劳动等的争议，以及刑事案件的争议。

（二）调解依据

调解应依照法律法规，参照国际惯例、交易习惯，在各方自愿的基础上，根据自愿、公平、合理、保密的原则进行。

经当事人同意，调解中心可与其他争议解决机构进行联合调解，也可以接受司法机构、仲裁机构的委派或委托，对争议进行联合或单独调解。

（三）调解规则的选择适用

只要当事人同意将争议提交 SCMC 进行调解的，均视为同意按照 SCMC 的调解规则进行调解。但是，当事人也可以在不违反强制性法律规定的前提下，经协商部分适用或修改适用其调解规则。

（四）调解程序

1. 案件的受理

通常情况下，当事人依合同中的调解条款或其他协议形式的调解约定，向 SCMC 提出调解申请。值得注意的是，如申请时没有调解约定，但 SCMC 仍然可以在征得对方当事人同意后受理调解事项。

如果被申请人收到 SCMC 递送的调解申请但没有在规定的期限内确认同意调解的，视为拒绝调解。在规定期限届满后确认同意调解的，是否受理，由 SCMC 主任决定。

2. 调解员的选定

每个案件原则上由一名调解员进行调解。当事双方可共同委托 SCMC 帮助选定调解员，无法选定时由 SCMC 主任协助确定，但确定后应得到双方当事人确认。

调解员原则上来自 SCMC 调解员名册，但当事人可推荐名册外的人士担任临时调解员，其是否适格由 SCMC 主任决定。临时调解员须同意遵守 SCMC 的规则。调解员应披露可能影响其在案件中担任调解员的独立性、公正性的情况。如果调解员是案件当事人或代理人的近亲属，或与案件有利害关系，或其他关系可能影响调解的情况，应主动提出回避，当事人亦有权申请其回避。

3. 调解程序

调解员应当在被选定后 10 个工作日内正式开始调解工作，采用其认为有利于当事人达成和解的方式、不公开地进行，在第一次开庭调解或以其他形式开始调解工作后 30 天内结案，形成书面报告，调解程序终止。通常，如当事人之间在调解时达成和解协议并经 SCMC 确认，或调解期限届满且调解员认为调解已无成功的可能并出具书面结案报告，或任一方当事人向调解员书面声明退出调解，则调解程序终止。但是，对重大疑难案件，经调解员申请及 SCMC 主任同意，可以顺延不超过 30 天时间。

调解程序终止后，各方当事人希望继续进行调解的，可以重新恢复调解程序。

（五）调解的效力

当事人达成调解协议，由调解员及各方当事人签字并加盖 SCMC 印章。除非为执行或履行的目的，调解协议不得公开。生效的调解协议具有民事合同性质，当事人应当履行。当事人也可以申请有管辖权的人民法院确认其效力。

如果是SCMC接受司法机构或仲裁机构的委派或委托对案件进行的调解，当事人可将调解协议申请司法或仲裁机构出具法律文书，该法律文书具有相应的法律效力。

人民法院确认调解协议效力后，如果一方当事人拒绝履行，另一方当事人可以依法申请人民法院执行。对于有给付义务的调解协议，当事人也可以根据我国《公证法》申请公证机关依法赋予强制执行效力。债务人不履行或者不适当履行具有强制力的公证文书的，债权人可以依法申请法院强制执行。

双方当事人可以在调解协议中约定仲裁条款并选定具体的仲裁委员会裁决确认调解协议的效力。

（六）调解后的义务

当事人均不得在其后就同一争议进行的仲裁程序、诉讼程序或其他程序中，引用调解员和他方当事人在调解程序中提出过的或表示过愿意接受的任何以达成和解为目的的方案和建议，作为其申诉或答辩的依据。

若调解不成，除非当事人同意，否则调解员不得在其后就同一争议进行的仲裁程序或诉讼程序中担任仲裁员、代理人。

第三编

机构编：RCEP 区域内代表性国际仲裁中心

第一章　上海国际仲裁中心

第一节　上海国际仲裁中心概况

一、设立架构

上海国际经济贸易仲裁委员会（又名上海国际仲裁中心，Shanghai International Arbitration Center，以下简称 SHIAC），原名"中国国际经济贸易仲裁委员会上海分会"。1987 年，上海市政府为改善投资及经贸环境、有效解决外商争议，决定设立与上海对外开放相适应的涉外仲裁机构，下发"沪府办〔1987〕67 号文"，同意仿照国际商会仲裁院、瑞典斯德哥尔摩商会仲裁院等国际知名仲裁机构的模式，设立中国国际经济贸易仲裁委员会上海分会。上海市政府责成上海市国际贸易促进委员会筹建，同时转报国务院批准，国务院于 1988 年 6 月批复同意。1988 年 12 月，上海市政府下发"沪府办〔1988〕188 号文"，明确贸仲上海分会行政上隶属于市贸促会（不定级别）；经济上为独立核算的事业性单位，并要逐步做到自收自支、自负盈亏；对外是独立的民间仲裁机构。2013 年 3 月，上海市机构编制委员会批复同意贸仲上海分会更名为"上海国际经济贸易仲裁委员会"，并增挂"上海国际仲裁中心"牌子。

2021 年 8 月，SHIAC 完成第四届委员换届，第四届委员会共有委员 13

人，其中港澳台地区和外籍委员 3 人，委员会设有战略发展、纪律与监督、专家咨询三个专门委员会。SHIAC 下设秘书处负责处理机构的日常事务工作。秘书处现有工作人员 51 人，平均年龄 33.4 岁，平均工作年限 9.2 年，25 人具有硕士及以上学位，15 人具有海外学位。

SHIAC 秘书处现设有立案部、案件管理一部、案件管理二部、事业发展部、研究部、委员会工作部、纪律监督部、行政部 8 个部门，其中从事案件管理工作人员 26 人。

SHIAC 下设中国（上海）自由贸易试验区仲裁院、上海国际航空仲裁院、金砖国家争议解决上海中心、中非联合仲裁上海中心、产权交易仲裁中心、数据仲裁中心 6 个专业工作平台。SHIAC 作为发起人，以民办非企业形式在浦东前滩设立了上海国际争议解决中心。

二、发展特点

SHIAC 坚守开放、融合的国际商事仲裁文化理念，坚持仲裁尊重当事人意思自治的本源理念，已形成以下发展特点：

第一，仲裁主体的国际化程度较高。SHIAC 是中国最早一批参与国际仲裁的仲裁机构，受理了改革开放之后上海最早的一批国际贸易案件和外商投资案件，受理了上海第一起双方当事人都是境外主体的案件、第一起以英语为仲裁语言的案件、第一起仲裁庭三人均为外籍人士的案件、第一起适用联合国国际贸易法委员会仲裁规则进行仲裁的案件。成立至今，SHIAC 案件的当事人已经遍及全球 85 个国家和地区，包括除我国之外的 46 个"一带一路"沿线国家和 14 个 RCEP 国家。2021 年、2022 年 SHIAC 涉外案件数量在上海仲裁机构涉外案件总数中的占比均超过 66%，争议金额占比均超过 80%。

SHIAC 现有《仲裁员名册》由来自 80 个国家和地区的 1157 名仲裁员组成，其中外籍及港澳台地区仲裁员 361 名，占 31.12%。过去 5 年，平均每年有 30 人次外籍仲裁员参与 SHIAC 的案件审理，10 件案件适用域外法律和国际公约。2016 年，SHIAC 成为唯一获评"环球仲裁评论"年度最受关注仲裁机构大奖和年度创新奖提名奖的中国内地仲裁机构。2018 年，SHIAC

成为首批入选最高人民法院"一站式"国际商事争议多元解决机制的五家仲裁机构之一。2019 年，SHIAC 成为首家获评司法部公共法律服务先进集体的仲裁机构。

第二，仲裁案件的专业性较强、影响力较大。SHIAC 的案件以贸易、投资、金融、工程、服务等复杂商事交易为主，较少涉及一般民事纠纷。SHIAC 是国内较早适用《联合国国际货物销售合同公约》《国际棉花协会章程》《伦敦金属交易所规则》《国际掉期及衍生品协会主协议》等国际公约和交易规则审理案件的仲裁机构。SHIAC 处理了多起有重大影响力的债券违约案件、上海证券交易所第一批债券质押式回购案件、上海首宗涉及公募REITs 交易等案件。

第三，仲裁业务服务中心工作较有成效。SHIAC 于 2014 年出台全国首部自贸区仲裁规则并发起设立自贸区仲裁联盟。同年设立上海国际航空仲裁院，成为全球首家航空领域的专业仲裁服务平台，也是首家由中国仲裁机构与国际组织合作设立的专业争议解决平台，被国际仲裁界评价为中国仲裁国际化的标志性事件和年度创新事件。2015 年，SHIAC 发起设立中非联合仲裁机制，是中国仲裁机构首次与"一带一路"沿线国家仲裁机构合作建立联合仲裁机制。2018 年以来，SHIAC 与香港国际仲裁中心、新加坡国际仲裁中心分别建立仲裁"沪港通"、仲裁"沪新荟"的合作机制，成为沪港、沪新合作在法律服务领域的重要工作机制。2018 年，SHIAC 发起设立全国首个国际争议解决平台——上海国际争议解决中心，吸引国际商会仲裁院、新加坡国际仲裁中心、上海仲裁协会等机构入驻。

三、2022 年仲裁业务

（一）受案概况

2022 年，SHIAC 新受理仲裁案件 2576 件，同比增幅 47.03%。新受理案件争议总金额人民币 628.76 亿元，同比增幅 54.76%，连续 5 年创新高。其中，争议金额超过人民币 1 亿元的案件 75 件，个案平均争议金额超 2400万元，单一案件最高争议金额超 200 亿元。2022 年 SHIAC 全面推进"数智化转型"，762 件案件在线立案，541 次在线庭审，较大提升了仲裁效率。

在仲裁案件的业务领域方面，传统的国际贸易与货物买卖纠纷、建设工程纠纷和金融纠纷数量保持居前。此外也有涉及新能源产业、文娱产业、跨境电商产业、数据产业、体育电竞产业、航空产业等类型案件。

（二）国际化程度

2022 年，SHIAC 审理国际和涉外案件 196 件，同比增幅 31.54%。当事人为来自 34 个国家和地区的 147 个商事主体，包括 16 个"一带一路"沿线国家和除中国外的 9 个 RCEP 国家。当事人来源排名居前的外国国家为美国、英国、新加坡、德国及韩国。自成立以来，SHIAC 仲裁案件当事人遍及 85 个国家和地区，当事人约定适用的域外法律和国际公约包括中国香港法、德国法、泰国法和《联合国国际销售合同公约》等。

37 人次境外仲裁员参与了 2022 年的案件审理。其中 11 人次由当事人选定，26 人次由 SHIAC 主任指定。

（三）程序管理

《SHIAC 仲裁规则（2015）》是 2022 年审理的仲裁案件适用最多的规则，共 2331 件案件选择适用该规则。适用 SHIAC 自贸区仲裁规则的案件有 244 件，适用《联合国国际贸易法委员会仲裁规则》的案件 1 件。

2022 年约 50% 的案件适用了简易程序，10 件案件适用 SHIAC 自贸区仲裁规则下的小额争议程序。指定仲裁员 2650 人次，独任仲裁员 795 人次。指定女性仲裁员 676 人次，占指定仲裁员总人次的 25.51%。值得注意的是，2022 年有 2 件案件中对当事人选定的名册外仲裁员进行了确认，16 件案件中就当事人提出的仲裁员回避申请作出了决定。

第二节　上海国际仲裁中心仲裁规则

一、SHIAC 仲裁规则的发展

SHIAC 有《上海国际经济贸易仲裁委员会（上海国际仲裁中心）仲裁

规则（2015）》（以下简称《SHIAC 仲裁规则（2015）》）、《中国（上海）自由贸易试验区仲裁规则（2015）》（以下简称《SHIAC 自贸区仲裁规则（2015）》）、《上海国际经济贸易仲裁委员会（上海国际仲裁中心）仲裁规则（2014）》《中国（上海）自由贸易试验区仲裁规则（2014）》《上海国际经济贸易仲裁委员会（上海国际仲裁中心）仲裁规则（2013）》以及《中国国际经济贸易仲裁委员会上海分会仲裁规则（2012）》等仲裁规则。

凡当事人约定将争议提交 SHIAC 的，适用《SHIAC 仲裁规则（2015）》进行仲裁；满足特定条件的，适用《SHIAC 自贸区仲裁规则（2015）》；当事人也可以选择 SHIAC 仲裁并约定适用其他仲裁规则。

二、SHIAC 仲裁规则的主要内容

《SHIAC 仲裁规则（2015）》分总则、仲裁程序、裁决、简易程序、附则共五章 66 条。该规则在尊重当事人意思自治的原则下，进一步提升国际化水平、提高仲裁效率。主要有以下内容：

（一）仲裁范围

1. 争议类型

SHIAC 受理的争议是平等主体的当事人之间发生的合同和其他财产权益纠纷。既可以是国际的或涉外的争议，也可以是涉港澳台的争议，同时也可以是国内的争议案件。可见 SHIAC 受案范围较为广泛，包括国内国际和涉外案的经济纠纷。从 SHIAC 实践看，其处理的仲裁争议涵盖金融资管、国际贸易及货物买卖、私募股权、建设工程、融资租赁、航空产业、数字交易、文创娱乐等商事争议。

2. 仲裁协议

仲裁协议是仲裁机构管辖案件的基础。SHIAC 明确提交仲裁的前提之一是当事人之间存在书面的仲裁协议，如合同中的仲裁条款或以其他方式达成的书面协议。"书面形式"的范围广泛，合同书、信件、电报、电传、传真、电子数据交换和电子邮件等可以有形地表现所载内容的，均可视为书面形式。在仲裁申请书和仲裁答辩书的交换中一方当事人声称有仲裁协议而另一

方当事人不作否认表示的，也视为存在书面仲裁协议。

SHIAC 确立了仲裁协议异议不影响仲裁程序的原则，异议决定权归仲裁委员会，并允许仲裁委员会授权仲裁庭处理。由此兼顾了我国仲裁法的特色和国际通行做法。

通常情况下，由 SHIAC 对仲裁协议的存在、效力以及仲裁案件的管辖权作出决定。在有必要的情况下，SHIAC 授权仲裁庭作出管辖权决定。如果仲裁庭依授权作出管辖权决定，可以在仲裁程序中单独作出，也可在裁决书中作出。

为避免因仲裁协议有效性的争议拖延程序，SHIAC 规则规定 SHIAC 在依据表面证据认为存在对当事人有约束力的由 SHIAC 仲裁的协议时，可以根据表面证据作出有管辖权的决定，继续进行仲裁程序。决定作出后，如果仲裁庭在审理过程中发现与表面证据不一致的事实或证据，则 SHIAC 可以授权仲裁庭重新作出管辖权决定。

（二）规则适用

SHIAC 就仲裁规则的选择和适用上，在给予当事人充分自由选择的基础上，设定了多种适用情形，增强了确定性和有效性。

首先尊重当事人约定，按照当事人的约定适用规则。比如，当事人约定适用 SHIAC 的仲裁规则、《联合国国际贸易法委员会仲裁规则》或其他仲裁规则的，SHIAC 按照约定履行仲裁机构的职能或提供程序管理服务。当事人可以对所选仲裁规则的内容进行变更，但该变更不得造成所选规则无法实施或违背仲裁地的强行法。

当事人约定将争议提交 SHIAC 仲裁的，即便没有约定仲裁规则，适用 SHIAC 仲裁规则进行仲裁。当事人约定按照 SHIAC 仲裁规则仲裁，即便没有约定仲裁机构，也视为同意将争议提交 SHIAC，并按照 SHIAC 规则仲裁。

当事人有权对案件是否应当适用 SHIAC 规则提出异议，由 SHIAC 对异议作出决定。

（三）仲裁程序

《SHIAC 仲裁规则（2015）》对仲裁申请及反请求、仲裁庭和审理作了详细的规定，篇幅约占整个仲裁规则的一半。除了对仲裁申请的条件、财产保全和证据保全措施、仲裁庭组成和仲裁员指定、审理期限地点等的通常规定外，SHIAC 规则的以下有效安排值得关注：

1．放弃异议

为避免当事人掌握终止仲裁程序情况引而不发先作观望，中途随时打断仲裁程序，SHIAC 明确：一方当事人知道或者应当知道本规则规定或仲裁协议约定的任何条款或情形未被遵守，但仍参加仲裁程序或继续进行仲裁程序且不对此情况及时地、明确地提出书面异议的，视为放弃提出异议的权利。

2．仲裁代理人

SHIAC 不仅明确代理人的人数一般为 1—5 名，而且确定允许当事人委托外国代理人办理仲裁事项。如当事人需委托六名以上仲裁代理人的，应当书面提出申请并说明理由，由仲裁庭根据案件情况决定是否同意该申请；仲裁庭尚未组成时，则由秘书处决定。

3．仲裁员指定、回避、替补

除对仲裁员人数和指定作出常规规定外，SHIAC 为增加共同选定首席仲裁员的概率，创新地规定了双方当事人可以各自推荐一至三名候选人作为首席仲裁员人选，只要双方当事人的推荐名单中有一名人选相同的，该人选为双方当事人共同选定的首席仲裁员；有两名以上人选相同的，由 SHIAC 主任根据案件的具体情况在相同人选中确定一名首席仲裁员，该名首席仲裁员仍为双方共同选定的首席仲裁员。只有在推荐名单中没有相同人选或者双方当事人未提出人选的情况下，才由 SHIAC 主任指定首席仲裁员。

SHIAC 规则对仲裁员回避事项和回避程序作了较多数仲裁机构更为详细的规定，更重要的是要求当事人应在收到仲裁员书面披露之日起 10 日内向仲裁委员会书面提出回避申请，如果逾期没有提出，则不得再以仲裁员曾经披露的事项为由申请该仲裁员回避。

此外，规则专门设置了仲裁员替补的情形和程序，对于是否替换仲裁员，由 SHIAC 主任作出决定而且可以不说明理由。在最后一次开庭终结后，如果三人仲裁庭中的一名仲裁员因健康原因或被除名而不能参加合议及 / 或作出裁决，在征求双方当事人意见并经仲裁委员会主任同意后，该两名仲裁员也可以继续进行仲裁程序，作出决定或裁决。

4．合并程序和加入仲裁程序、简易程序

仲裁标的为同一种类或者有关联的两个或者两个以上的案件，经一方当事人申请并征得其他当事人同意，仲裁庭可以决定合并审理。在仲裁程序中，双方当事人可经案外人同意后，书面申请增加其为仲裁当事人，案外人也可经双方当事人同意后书面申请作为仲裁当事人。

争议金额不超过人民币 100 万元的，或争议金额超过人民币 100 万元经一方当事人书面申请并征得另一方当事人书面同意的，可以适用简易程序。对于没有争议金额或者争议金额不明确的案件，由 SHIAC 根据案件的复杂程度、涉及利益的大小以及其他有关因素综合考虑决定是否适用简易程序。在简易程序中，仲裁庭可以按照其认为适当的方式审理案件，可以决定开庭审理，也可以决定仅依据当事人提交的书面材料和证据进行书面审理。简易程序一般应在组庭之日起 3 个月内作出裁决。

5．证据

规则在证据部分规定了当事人举证原则，要求当事人应当对其申请、答辩和反请求所依据的事实提供证据加以证明。

如果仲裁庭认为必要时，可以自行调查事实，收集证据。仲裁庭自行调查时，认为有必要通知双方当事人到场的，应当及时通知双方当事人到场。一方或双方当事人不到场的，仲裁庭自行调查事实和收集证据不受其影响，但证据必须给予双方当事人提出意见的机会。

当事人可就案件中的专门问题提出咨询或鉴定申请，由仲裁庭决定是否同意。仲裁庭认为必要的，也可就案件中的专门问题向专家咨询或者指定鉴定人进行鉴定。专家和鉴定人可以是中国或外国的机构或自然人。

6．保密

规定明确了仲裁庭不公开审理的原则。如果双方当事人要求公开审理的，由仲裁庭决定是否公开审理。不公开审理的案件，双方当事人及其仲裁代理人、仲裁员、证人、翻译、仲裁庭咨询的专家和指定的鉴定人，以及其他有关人员，均不得对外界透露案件实体和程序的有关情况。

7．仲裁与调解结合

SHIAC 重视仲裁过程中发挥调解作用，并支持将调解成果转化为仲裁

裁决，以加强执行效力。当事人在 SHIAC 之外通过协商或调解达成和解协议的，可以凭当事人达成的由 SHIAC 仲裁的仲裁协议及和解协议，请求 SHIAC 组成仲裁庭，按照和解协议的内容作出仲裁裁决，此时具体程序和期限不受仲裁规则相应条款的限制。

（四）仲裁裁决

仲裁庭应当根据事实，符合法律规定，公平合理地作出裁决。裁决可以是最终裁决或部分裁决。裁决是终局的，对双方当事人均有约束力。任何一方当事人均不得向法院起诉，也不得向其他任何机构提出变更仲裁裁决的请求。如果一方当事人不履行裁决，另一方当事人可以依法向有管辖权的法院申请执行。

当三人仲裁庭进行裁决不能形成多数意见时，裁决依首席仲裁员的意见作出。值得一提的是，仲裁庭应在签署裁决书之前将裁决书草案提交 SHIAC 核阅。在不影响仲裁庭独立裁决的情况下，SHIAC 可就裁决书的有关问题提请仲裁庭注意。

在裁决作出期限上，仲裁庭对于国际或涉外的争议案件以及涉港澳台的争议案件，一般应在组庭之日起 6 个月内作出裁决书。国内争议案件为 4 个月。无论是 SHIAC 还是 SHIAC 的自贸区仲裁院或上海国际航空仲裁院进行的仲裁案件，裁决书均应当加盖 SHIAC 的印章。

第三节 上海国际仲裁中心自贸区仲裁规则

一、SHIAC 自贸区仲裁规则的发展

2013 年，SHIAC 设立全国首家自由贸易试验区仲裁院，并于 2014 年制定全国首部自由贸易试验区仲裁规则。自贸区仲裁规则制定过程中，充分借鉴了联合国国际贸易法委员会以及国际主流仲裁机构的最新成果，条款内容参考了《联合国国际贸易法委员会仲裁规则》(2010 年修订)、《斯德哥尔摩商会仲裁院仲裁规则》(2012 年修订) 等仲裁规则的相关规定，在 SHIAC 现

行仲裁规则基础上完成，在国内首创临时措施、调解员调解、名册外选定仲裁员、小额争议程序等仲裁新机制，充分接轨国际先进的商事仲裁制度，成为此后其他国内仲裁机构修改规则的"蓝本"，客观上缩短了国内仲裁机构与国际仲裁机构在规则方面的差距。自贸区仲裁规则当时首次提出的做法如仲裁庭临时措施、合并仲裁、第三人加入等，已被纳入中国仲裁法修订的方案中。2015 年，SHIAC 进一步修改完善了自贸区仲裁规则。

上海法院从司法审查和司法支持的角度对自贸区仲裁作出专门规定。上海市第二中级人民法院的《关于适用〈中国（上海）自由贸易试验区仲裁规则〉的仲裁案件司法审查和执行若干意见》，详细规定了法院对自贸区仲裁案件的司法审查和执行细则，包括申请仲裁保全的立案审查、保全措施的执行以及强制执行措施等内容。上海自贸区仲裁案件涉及的司法审查和执行，有专门的立案窗口、专项合议庭、专项执行实施组和裁决组。

二、SHIAC 自贸区仲裁规则的主要内容

《SHIAC 自贸区仲裁规则（2015）》全文共十章 85 条，以下是自贸区仲裁规则的主要特色规则：

（一）规则适用

在以下任一情形下，SHIAC 将适用《SHIAC 自贸区仲裁规则（2015）》进行仲裁：（1）当事人约定将争议提交 SHIAC 仲裁，且争议的当事人、标的物或民商事关系产生、变更、消灭的法律事实涉及上海自贸区；（2）当事人约定将争议提交 SHIAC 仲裁，并约定适用自贸区仲裁规则；（3）当事人约定将争议提交 SHIAC 并且仲裁在中国（上海）自由贸易试验区仲裁院进行，或者约定将争议提交中国（上海）自由贸易试验区仲裁院或其他名称可以推定为中国（上海）自由贸易试验区仲裁院仲裁的；（4）《上海国际经济贸易仲裁委员会（上海国际仲裁中心）仲裁规则》规定适用《SHIAC 自贸区仲裁规则（2015）》的情形。

当事人同样有权约定对自贸区仲裁规则进行变更，但不能导致规则无法实施或与仲裁地强制性法律规定抵触。

（二）临时措施

首先，覆盖财产保全、证据保全和行为保全。当事人可以根据临时措施执行地所在国家或地区的法律向 SHIAC 及 / 或具有管辖权的法院申请财产保全、证据保全，要求一方作出一定行为及 / 或禁止其作出一定行为，以及法律规定的其他措施。当事人可以单独或合并提出此类申请。由此 SHIAC 可采取的临时措施扩充到行为保全。

其次，覆盖仲裁前和仲裁中的临时措施。临时措施申请人在提起仲裁前，可以根据临时措施执行地所在国家或地区的有关法律规定，直接向具有管辖权的法院提出临时措施申请，也可以请求 SHIAC 协助其向具有管辖权的法院提出临时措施申请。SHIAC 受理案件后，当事人向 SHIAC 提出临时措施申请的，应提交临时措施申请书。SHIAC 将根据临时措施执行地所在国家或地区的有关法律及自贸区仲裁规则的规定，转交具有管辖权的法院作出裁定，或提交仲裁庭作出决定，或提交紧急仲裁庭作出决定。

再次，设置紧急仲裁庭制度。考虑到当事人有可能需要在仲裁案件受理后至仲裁庭组成前提出临时措施申请，为此自贸区仲裁规则参考国际仲裁通行做法，增加了紧急仲裁庭制度。当事人可以根据执行地国家或地区有关法律的规定向 SHIAC 提交组成紧急仲裁庭的书面申请，并且应当说明理由。但是是否同意组成紧急仲裁庭，由 SHIAC 决定。

最后，规定临时仲裁决定的效力。当事人应当遵守紧急仲裁庭及 / 或仲裁庭作出的临时措施决定。紧急仲裁庭或仲裁庭必须以执行地国家或地区有关法律规定的形式作出书面决定，并说明理由。此外，自贸区仲裁规则就临时仲裁决定规定了救济途径。如果临时措施申请的相对方对临时措施决定有异议的，有权向 SHIAC 书面提出。紧急仲裁庭或仲裁庭可自行决定是否修改、中止、撤销临时措施决定。申请临时措施的当事人有权在收到临时措施变更决定后通知具有管辖权的法院。

（三）友好仲裁

自贸区仲裁规则明确引入了友好仲裁这一国际通行做法。当事人在仲裁协议中约定，或在仲裁程序中经协商一致书面提出请求的，仲裁庭可以进行友好仲裁。仲裁庭可仅依据公允善良的原则作出裁决，但不得违反法律的强制性规定和社会公共利益。

可见，友好仲裁排除了实体法的适用，仲裁庭可以不依据任一国内法或国际条约的规定，而是以弹性较大的公允善良原则进行裁断，具有一定的模糊性和不可预测性。因此，在程序上必须经过当事人的明确授权。而且，仲裁庭进行友好仲裁不能违反仲裁地的公共秩序和强行法规定。

（四）小额争议程序

自贸区仲裁规则专门针对国内争议设置了小额争议程序，适用于争议金额不超过人民币 10 万元的国内争议。

通常由 SHIAC 主任指定一名仲裁员组成独任仲裁庭。仲裁庭可以按照其认为适当的方式审理案件，可以决定开庭审理，也可以决定仅依据当事人提交的书面材料和证据进行书面审理。由于小额争议程序中的答辩和反请求以及开庭通知的时限均比较短，因此要求仲裁庭应在组庭之日起 45 日内作出裁决书，除非仲裁庭请求并得到 SHIAC 秘书长同意延长期限。

即使仲裁请求的变更、反请求的提出或变更，不影响小额争议程序的进行。但是，如果变更的仲裁请求、提出或变更的反请求所涉及争议的金额超过人民币 10 万元但未超过人民币 100 万元的，小额争议程序通常变更为简易程序。如果变更的仲裁请求、提出或变更的反请求所涉及争议的金额超过人民币 100 万元的，小额争议程序通常变更为普通程序。

（五）仲裁与调解结合程序

自贸区仲裁规则同样也规定了仲裁与调解结合程序，但是增加了机构外调解的内容，补充了《SHIAC 仲裁规则（2015）》只在 SHIAC 机构内部进行仲裁调解程序结合和转换的情况。

根据自贸区仲裁规则，对于当事人在 SHIAC 之外通过协商或调解达成和解协议的，可以凭当事人达成的由 SHIAC 仲裁的仲裁协议及和解协议，请求 SHIAC 组成仲裁庭，按照和解协议的内容作出仲裁裁决。除非当事人另有约定，SHIAC 主任指定一名独任仲裁员组成仲裁庭，按照仲裁庭认为适当的程序进行审理并作出裁决。具体程序和期限不受自贸区仲裁规则其他条款限制。

总体来看，《SHIAC 自贸区仲裁规则（2015）》更加全面、更加国际化，在解决涉及自贸区的商事纠纷实践上发挥了快速高效解决争议的作用。自贸区仲裁规则实施不久，SHIAC就受理了某注册在上海自贸区内的国际知名医疗用品公司与国内某企业因产品分销协议的履行产生的纠纷案件，争议金额超过人民币两亿元。双方当事人根据自贸区仲裁规则创设的调解程序，在调解员的多次调解下，最终达成并购和解方案，并委托本案后续组成的仲裁庭根据和解协议的内容作出裁决。

第二章　香港国际仲裁中心

第一节　香港国际仲裁中心概况

一、基本情况

香港国际仲裁中心（Hong Kong International Arbitration Centre，以下简称 HKIAC）于 1985 年设立，以回应中国香港的政府法律改革委员会有关香港提升国际金融中心的法律需求以及应采取措施成为亚洲主要的仲裁中心的建议。HKIAC 成立之初得益于香港商界和香港政府的慷慨襄助，但现已在财务上自给自足，完全独立，不受任何形式的影响和控制。

起初，HKIAC 的主要工作包括为在香港进行的仲裁举行听证和指定仲裁员。根据《香港仲裁条例》，HKIAC 被指定为法定的指定机构，在当事人不能就独任仲裁员或首席仲裁员达成一致时，HKIAC 指定仲裁员。经过三十多年的发展，HKIAC 成为亚洲领先的争议解决中心，致力于协助当事人选择最佳方法来解决彼此间的争议，专注仲裁、调解、审裁和域名争议解决。

根据英国伦敦玛丽女王大学 2021 年的调查，HKIAC 是最受欢迎的五家仲裁机构之一，其余是国际商会、新加坡国际仲裁中心、伦敦国际仲裁院和中国国际经济贸易仲裁委员会。这与香港是全球最受欢迎的五个仲裁地之一密切相关。优越的地理位置、成熟的法律框架、优秀的专业人才、司法对仲裁的支持、与内地在仲裁司法协助领域的多项安排以及仲裁裁决的可执行性，使得香港成为全球当事人，特别是涉及中国内地争议的理想仲裁地。

二、仲裁费用

HKIAC 机构仲裁收费主要包括受理费、管理费、仲裁庭收费、申请仲裁员回避的质疑仲裁员受理费等。当事人可参考 HKIAC 官方网站适用费用速算功能了解特定案件的费用成本。

受理费由申请人交付，仲裁受理费为 8000 港币。如申请人为多人，原则上由申请人平均分担。该费用缴纳后不予退还。管理费根据仲裁争议金额收取，下限为 1.98 万港币，按百分比递增，最高限额 40 万港币。

仲裁庭费用可以根据小时收取也可以根据争议金额收取，HKIAC 确定了一般情形下的最高收费限额，防止仲裁费用过高。如按照小时收取，仲裁员和仲裁秘书的小时费率最高限额分别为 6500 港币和 2500 港币。按照争议金额收取，40 万港币以下争议金额的仲裁员收费最高为争议金额的 11%。40 万港币以上争议金额的收费按一定比例调整，最高为 1257.4 万港币。

当事人如申请仲裁员回避，应缴付 50 万港币申请预付款，该费用不可退回。如提起申请的当事人多于一个，该费用应由提起申请的当事人平均分担。当事人申请指定紧急仲裁员的，应在申请日缴付 25 万港币申请预付款。HKIAC 可参酌案件情况，增加紧急仲裁员的收费或 HKIAC 的管理费用。

除费用优势外，HKIAC 的专业的仲裁庭秘书服务以及全面的在线庭审服务等，有助于满足仲裁使用者的需求，同时也有利于提升用户对 HKIAC 仲裁的认可度。

三、2022 年的案件处理情况

（一）受案数量

2022 年 HKIAC 共受理 515 起案件。其中 344 起为仲裁案件，161 起为域名争议案件，10 起为调解案件。此处主要考察仲裁案件情况。

HKIAC 受理的 344 起仲裁案件中，83.1% 为国际案件，至少有一方为非香港当事人。256 起为 HKIAC 管理的机构仲裁案件，涉及的规则包括《HKIAC 仲裁规则》和《联合国国际贸易法委员会仲裁规则》。

（二）仲裁案件

在争议金额方面，2022 年 HKIAC 受理的仲裁案件的争议金额总额达到 431 亿港元。由 HKIAC 管理的仲裁案件争议金额总额为 367 亿港元。个案平均争议金额为 1.806 亿港元。

在当事人地区分布方面，2022 年 HKIAC 仲裁案件覆盖 63 个国家或地区的当事人，在一定程度上说明 HKIAC 的国际化水平。按案件数量排名靠前的是中国香港、中国内地、英属维尔京群岛、开曼群岛、新加坡、韩国、美国、泽西、英国、澳大利亚。

在争议类别方面，2022 年的案件涉及行业集中在银行及金融服务（36.9%）、公司（17.7%）、国际贸易 / 货物销售（14%）、海事（12.5%）、建筑工程（9.9%）、专业服务（3.8%）、房地产 / 不动产（1.5%）。此外，还涉及能源（0.9%）、保险（0.9%）、知识产权（0.6%）、电信业（0.2%）等。

在仲裁地、准据法方面，2022 年启动的仲裁中有 97.7% 的案件仲裁地为香港。其余仲裁案件的仲裁地为英格兰和威尔士或未指定。当年提交 HKIAC 的争议涉及 16 个不同的准据法，其中香港法是最常见的准据法，其次是英国法、泽西法、中国法、开曼群岛法等。

在仲裁员方面，2022 年被 HKIAC 指定的仲裁员主要来自中国香港 32.7%（52 人），其次是英国 18.2%（29 人）。也有来自 RCEP 区域的仲裁员，如澳大利亚 9.4%（15 人）、新加坡 5%（8 人）、中国内地 3.2%（5 人）、马来西亚 3.2%（5 人）、新西兰 0.6%（1 人）。

2022 年被当事人或者边裁提名并由 HKIAC 确认的仲裁员同样主要来自中国香港 24%（30 人），其次是英国 22.4%（28 人），也有来自 RCEP 区域的仲裁员，如新加坡 6.4%（8 人）、澳大利亚 4%（5 人）、中国内地 1.6%（2 人）、马来西亚 1.6%（2 人）、文莱 0.8%（1 人）、新西兰 0.8%（1 人）、韩国 0.8%（1 人）、泰国 0.8%（1 人）。

　　在仲裁特殊程序方面，在 2022 年提交 HKIAC 的 344 起仲裁案件中总共涉及 997 名当事人及 470 份合同。344 起仲裁案件中，183 起涉及多方当事人或多份合同，其中 26 起案件是在多份合同下启动的单个仲裁。HKIAC 共收到 10 起合并仲裁申请，其中 8 起被批准、2 起被驳回。

　　2022 年，HKIAC 处理了《关于内地与香港特别行政区法院就仲裁程序相互协助保全的安排》下的 26 例保全申请，包括证据保全、财产保全和行为保全。共向 14 家不同的内地人民法院提起，保全总金额达 76 亿元人民币。在这些保全申请中，内地人民法院批准的保全总金额为 12.6 亿人民币。自《关于内地与香港特别行政区法院就仲裁程序相互协助保全的安排》于 2019 年 10 月实施以来，HKIAC 已处理 86 项申请，其中 81 项为财产保全，2 项为证据保全，3 项为行为保全。请求保全的财产总额达 229 亿元人民币。截至 2022 年年底，HKIAC 获悉内地法院发布了 58 项裁定，其中 54 项批准了申请人提供担保的财产保全申请，4 项驳回申请。54 项批准裁决保全的财产总价值达 145 亿元人民币。

　　HKIAC 在 2022 年收到 1 起紧急仲裁员申请。此类申请的总数截至 2022 年达到 32 起。2022 年有 2 起提交至仲裁庭的初期决定程序申请。1 起申请中，当事人在仲裁庭决定前达成和解；1 起申请尚在处理中。截至 2022 年，向 HKIAC 提交的初期决定程序申请的总数达到 7 个。

第二节　香港国际仲裁中心仲裁业务

一、HKIAC 仲裁规则概况

　　早期 HKIAC 多为临时仲裁的委任管理机构，主要协助当事人根据《联合国国际贸易法委员会仲裁规则》在香港进行临时仲裁管理。2005 年，香港根据《国际商事仲裁示范法》制定了《HKIAC 国际仲裁管理程序》。随着机构仲裁越来越受欢迎，为响应市场趋势，HKIAC 于 2008 年发布了其第一套机构仲裁规则。以《联合国国际贸易法委员会仲裁规则》（1976 年）为蓝本，2008 年《HKIAC 仲裁规则》保留了轻微管理的模式。该规则后又推出了 2013 年和 2018 年两个版本。

2018 年《HKIAC 仲裁规则》对科技运用、第三方资助、多个当事人和多份合同仲裁、初期争议解决、替代性争议解决、紧急仲裁员程序以及裁决作出的期限等诸多方面进行了修订。2018 年规则对现有制度的完善主要体现在仲裁员的指定上提高效率，紧急仲裁程序的启动时间前置等方面。

二、HKIAC 仲裁规则的主要特点

（一）适用范围

关系到民事利益的争议均可以提交仲裁，包括合同争议、侵权争议、信托争议和涉及动产、不动产的争议。但下列争议不得提交仲裁：消费者与商家的纠纷，雇员与雇主之间的劳动争议，家庭争议如结婚、离婚、孩子抚养权，知识产权争议，刑事案件。

（二）送达方式

HKIAC 鼓励使用科技手段管理仲裁程序并送达文件。将文件上传至安全的在线储存系统被视为文件送达的有效方式。当事人各方可以同意使用自己设立的在线储存系统或者 HKIAC 专门提供的在线储存系统。

（三）仲裁程序

1. 初期决定法律或事实问题

HKIAC 引入初期决定程序，允许仲裁庭决定明显缺乏依据或者明显不在仲裁庭管辖权范围内的法律或事实问题，或者即便法律或事实问题正确，仲裁庭无法支持其主张的裁决。仲裁庭必须在收到请求后的 30 日内决定是否接受进入初期决定程序的请求。一旦同意请求，仲裁庭必须在作出同意决定的 60 日内就有关问题作出命令或裁定。

2. 紧急仲裁员程序

HKIAC 的紧急仲裁员程序，进一步明确了紧急救济的申请时间、作出紧急决定的条件以及紧急仲裁员的最高收费限额。该程序允许当事人在提交仲裁通知之前、同时或者之后，但在仲裁庭组成之前提交申请。紧急仲裁员

程序下的所有时限缩短，紧急仲裁员收费明确最高上限。

仲裁启动后，若当事人同意以其他方式如调解、和解解决争议，经任一方当事人申请，HKIAC、仲裁庭或紧急仲裁员可以暂停仲裁或紧急仲裁程序。

3．平行程序

HKIAC 在解决涉及多个当事人以及多个合同的纠纷方面保持领先。HKIAC 允许当事人在多份合同下提起单一仲裁程序，即使各合同中当事人不完全相同。HKIAC 明确规定当多个仲裁程序存在共同的法律或事实问题时，同一仲裁庭可以同时和平行地开展这些仲裁程序，比如适用相同的程序时间表、接受相同的书面陈词、同时或接连的开庭，并分别作出裁决。这使得当多项仲裁无法得到合并或者合并不可取时，能有效提高程序效率并降低成本。

4．预计裁决日期

规则规定，仲裁庭在宣布审理终结时应将预计作出裁决的日期告知当事人。除非当事人同意延长或在特别情况下由 HKIAC 延长，仲裁庭应在宣布审理终结后 3 个月内作出裁决。

（四）第三方资助披露

随着允许在香港的仲裁和相关程序中使用第三方资助的香港《仲裁条例》的修改实施，HKIAC 要求第三方资助时，受资助方要披露资助协议的存在、资助方的身份，以及在首次披露后这些信息发生的变化。允许受资助方为了获得或者继续获得资助，向现有的或潜在的资助方披露与仲裁相关的信息。授予仲裁庭在确定或者分担仲裁费用的时候考虑资助安排的自由裁量权。

第三节　HKIAC 调解业务

一、HKIAC 调解概述

2013 年生效的《调解条例》（香港法例第 620 章）规定了调解的主要原则、在香港认可和实行的调解模式、调解规管架构等内容，是香港调解制度的突破性发展。

香港调解会（HKMC）是 HKIAC 的一个部门，成立于 1994 年，旨在促进调解作为解决争议的另一种方法的发展和使用。HKMC 的调解小组主要关注商业、建筑、家事和一般事务领域。

1999 年，HKIAC 在与香港调解会协商后发布《HKIAC 调解规则》，供争议双方当事人在合同中引用，或之后使用。根据《HKIAC 调解规则》，HKIAC 的主要职责是在各方当事人无法就调解员达成一致意见时指定一名调解员。HKIAC 根据其调解规则提供的调解在保密、自愿和私下的情况下，通过一位中立的调解员协助当事人协商解决争议。

HKIAC 设有三个调解员名册，即一般调解员名册、家事调解员名册及家事督导员名册。获准加入名册的调解员必须符合 HKIAC 的相关要求。一般小组的调解员可处理各种纠纷的调解。

二、《HKIAC 调解规则》的主要内容

（一）适用范围

如果当事人拟以友好协商方式解决争议并已在其合同条款或通过协议方式同意采用《HKIAC 调解规则》，则《HKIAC 调解规则》适用于当事人之间目前或将来的争议。当事人可以在任何时间协议更改该规则。

（二）提请调解

发生争议后，一方当事人可以向另一方或各方送达一份提请调解的书面要求，并将副本送交 HKIAC。该书面要求须包括有关争议性质的简要陈述、争议数额、主张的救济、提名一位或多位调解员。争议一方或其他各当事人在收到提请调解要求后的 14 天内须通知其他各方当事人及 HKIAC 是否接受提名的调解员，争议任一方未能于 14 天内反馈的，视为拒绝调解。

（三）调解员

争议各方同意提名的调解员，且该调解员愿意接受委任，有关各方须通知 HKIAC，调解按照 HKIAC 规则进行。如争议各方未在规定时限达成协议，同样须通知 HKIAC，由 HKIAC 委派一名愿意出任调解、已获认可以及

未曾按调解规则规定被取消资格的调解员担当调解工作。

除经争议各方同意外，对争议调解结果存在财政或个人利益的人，不得担任该争议的调解员。拟定的调解员在接受委派前，必须向争议各方当事人或 HKIAC 披露任何可能产生假定偏见或妨碍尽快达成调解的情况。在收到该项资料后，HKIAC 须立即将资料通知各当事人并征询其意见。如任何一方当事人在 7 天内提出反对该拟定的调解员时，HKIAC 须另行委派一位合适及已获认可的调解员。

当事人承诺不得委任调解员作为后继的审裁、仲裁或司法程序中任一方当事人的审裁员、仲裁员或代表、大律师或专家证人，不论该程序是否因本次调解或 因同一合同中其他争议引起。任一方当事人无权传唤调解员作为因同一合同而引起的后继审裁、仲裁或司法程序中的证人。

（四）调解程序

调解员获委派后，须尽快展开调解工作，并须尽最大努力于获委派后 42 天内结束调解。除非得到争议各当事人全体书面同意，其任期不可延续超过 3 个月。

调解员在考虑案情、各当事人的意愿及迅速解决争议的需要后，可按其认为适当的方法进行调解。调解员可与所有当事人或任一方当事人联络，包括进行非公开会议，各当事人应与调解员合作。当事人可在任何时间要求会见调解员。当事人应全力协助调解，使之能在规定时限内完结。

（五）调解的终结

调解程序在出现下列情况之一时终结：（1）双方当事人签订和解协议；（2）调解员经与双方当事人协商后以书面知会当事人，表示已无充分理由继续进行调解；（3）任一当事人在任何期间以书面方式通知调解员及对方当事人调解已终止。

（六）保密义务

HKIAC 调解程序是非公开和保密的，任一当事人为调解的目的或因与调解有关的原因而披露、制作或呈交的一切文件、通讯或资料，均是在受保密权涵盖及无损权益的基础上披露。作出上述披露并不表示放弃任何保密权特权通讯或保密要求。除因履行或执行和解协议，和解协议同样受保密要求的规范。

任一方当事人无意被调解过程中披露的任何事宜影响，该等披露不会影响争议当事人在后继仲裁、审裁或诉讼中的权益或地位。

（七）调解费用

除另有约定外，不论调解结果或其后仲裁或司法程序结果如何，各方当事人须各自承担其本身的费用。一切其他费用及支出须由双方当事人平均分担，双方当事人须就此承担共同及个别责任，向调解员支付费用，包括调解员的费用及开支；在双方当事人同意的情况下由调解员要求的证人、专家咨询及意见的费用；及支持调解程序的行政费用，如香港国际仲裁中心的费用。

调解员可以在调解过程中，要求当事人提交保证金以支付额外预期费用及开支，并可中断调解直至保证金缴纳为止。预缴款项的余额，应在调解终结时退还给当事人。

第四节　HKIAC 审裁业务

一、审裁简述

HKIAC 除提供仲裁和调解服务外，还可提供审裁服务。审裁是简单、有效、快捷的解决争端途径，广泛应用于建筑纠纷。审裁由独任审裁员根据合同条款及适用的法律法规对争议进行裁决，审裁员作出的裁决对当事人双方有约束力。

二、HKIAC 审裁规则

2008 年，HKIAC 制定了《审裁规则》，旨在促进公平解决合同项下产生的任何争议，特别是在合同有效期内，避免不合理的延误或费用。

《审裁规则》以《住房补贴、建设和复兴法》《建设合同计划（英格兰和

威尔士）条例》《土木工程师学会合同条件和裁决程序》《JCT 标准建筑合同
格式》《技术和建筑律师协会 2002 年 2.0 版裁决程序规则》《建筑业委员会裁
决程序范本》《机场核心计划裁决规则》《合同条件小组委员会关于公共工程
替代性争议解决的文件》及《建筑仲裁规则》等为基础。

　　根据 HKIAC《审裁规则》，HKIAC 的主要职责是在双方无法就审裁员
达成一致意见的情况下，根据双方选定的被提名者名单任命审裁员。审裁员
小组由在解决技术工程和建筑争议方面具有丰富经验和专业知识的人士组
成。《审裁规则》规定了审裁员解决双方争议所应遵循的程序。根据《审裁
规则》，除非双方以书面形式同意，否则审裁员不得在双方其后的任何仲裁
中被委任为审裁员。审裁人作出的任何裁决不得妨碍仲裁庭或法院重新审理
争议。

第三章　日本商事仲裁协会

第一节　日本商事仲裁协会概况

一、历史发展

日本商事仲裁协会（The Japan Commercial Arbitration Association，以下简称 JCAA）的前身为 1950 年由日本贸易会、经济团体联合会等单位发起的日本工商会议，并于 1953 年改名为国际商事仲裁协会。

JCAA 的会员约有 500 家正式会员和约 40 名个人赞助会员。JCAA 除东京总部外，还设有大阪、神户、名古屋和横滨办公室。

二、法律地位

JCAA 是一般社团法人，设立宗旨是通过处理和预防商事纠纷，促进商事交易顺利开展，为日本经济的健康发展作出贡献。

JCAA 目前提供仲裁和调解程序，以促进和发展国际商事仲裁。JCAA 同时提供《UNCITRAL 仲裁管理规则》《JCAA 商事仲裁规则》《交互仲裁规则》三套各具特色的仲裁规则供当事人选择，当事人可以根据自身的需求选择合适的仲裁规则。其正在努力成为日本和外国企业的首选争议解决中心。

日本公司利用国内仲裁机构积极性不足，日本政府为了加大利用国际商事仲裁，专门设置了由各中央部门局长级别人员参与、由仲裁机构、经济界、日本辩护士（律师）联合会、东京都、大阪府、最高法院的代表列席的联络会议，采取人才培育、仲裁法修订、开设日本国际争议解决中心东京和大阪办公室、强化日本政府与民间的有效联动和合作等措施，以期在 2024 年后实现打造亚洲头部国际争议解决地的基本目标。

三、近年案件情况

（一）案件数量

2000 年到 2020 年，JCAA 共审结仲裁案件 231 宗，其中有 203 宗通过仲裁裁决的履行得以解决；10 宗申请撤销仲裁裁决案件中 9 宗被驳回，仅 1 宗被予以撤销；另 18 宗申请执行仲裁裁决案件中 13 宗被承认执行，有 5 宗被拒绝执行。

2018 年至 2022 年，提交至 JCAA 的 74 个仲裁案件中，86% 是国际案件，涉及一家或多家非日本公司或设在日本的外国子公司。从 2019 年到 2022 年，有 1 个仲裁案件是根据《交互仲裁规则》提交的。同期，向 JCAA 提交 5 份紧急仲裁申请，有 16 个案件采取快速仲裁程序。

（二）案件分布

JCAA 的仲裁当事人来自 23 个国家和地区。除日本外，中国、韩国、美国、中国台湾地区以及越南是 JCAA 仲裁占比最大的前五个司法管辖区。JCAA 在 2016 年至 2020 年受理的国际案件当事人中包含中国当事人的国际案件占比为 20%，即 5 个案件中 1 个为涉中案件。

JCAA 处理的争议范围非常广泛。在 2013 年至 2022 年结束的仲裁案件中，59% 的案件争议金额低于 230 万美元（3 亿日元），27% 的案件争议金额低于 385000 美元（5 千万日元）。最低的争议金额为 13000 美元（1700 万日元）。

（三）仲裁员分布

2018 年至 2022 年 JCAA 管理的国际仲裁所指定的 96 名仲裁员中，38% 为非日本国民，其余主要来自美国、新加坡、澳大利亚、奥地利、英国、中国、法国、印度、加拿大、韩国、德国和菲律宾。

在 2019 年之后任命的 5 名紧急仲裁员中，4 名是非日本人，1 名是日本人。

（四）仲裁语言和期限

2018 年至 2022 年提交至 JCAA 的国际案件，41% 用英语进行审理，JCAA 也处理以中文进行的仲裁。

2011 年至 2020 年 JCAA 办结的案件自组庭之日起至仲裁裁决作出之日止，平均所需时间为 12.8 个月。案件标的 3 亿日元以下的案件可适用简易程序，一般在 3—6 个月内审结。大多数 JCAA 仲裁案件的听证会和会议使用在线技术进行，2022 年完全或半远程的方式占 90%。

（五）JCAA 仲裁裁决的承认和执行

JCAA 处理的 90% 的案件作出仲裁裁决书结案，JCAA 仲裁裁决于 2008 年至 2010 年期间被中国法院拒绝承认执行 3 宗以外，2010 年以后没有外国法院拒绝承认和执行 JCAA 裁决。

前述被中国法院拒绝承认执行的 3 宗案件均系一个日本当事人，实为同一类案件，中国法院拒绝承认执行的理由为 JCAA 仲裁裁决在作出的期限及相关通知程序方面与 JCAA《商事仲裁规则》和《日本仲裁法》的相关规定不符，存在《纽约公约》第五条第一款乙、丁项规定的情形。

第二节　日本商事仲裁协会仲裁规则

一、2021 年《联合国国际贸易法委员会仲裁管理规则》

1976 年通过并在 2010 年和 2013 年修订的《联合国国际贸易法委员会仲裁规则》（以下简称《UNCITRAL 仲裁规则》）被公认为世界标准。鉴于《UNCITRAL 仲裁规则》在国际商事仲裁领域的知名度，JCAA 允许当事人在书面仲裁协议中约定仲裁适用《UNCITRAL 仲裁规则》，指定 JCAA 负责仲裁的行政管理工作。为了便于 JCAA 管理 UNCITRAL 仲裁案件，JCAA

就适用《UNCITRAL 仲裁规则》的问题专门制定了《UNCITRAL 仲裁管理规则》。该规则规定了确保《UNCITRAL 仲裁规则》在机构仲裁中有效运作的最低限度要件。

根据该规则，JCAA 提供的服务内容包括为当事人提供必要协助，如与双方当事人进行沟通，转递仲裁程序材料与通知，安排仲裁时间与地点，提供解释与记录服务等。

《UNCITRAL 仲裁管理规则》在仲裁员报酬方面的标准与《JCAA 商事仲裁规则》的标准相同，确定了仲裁员较高的报酬标准，有利于吸引优秀的国际仲裁员成为其管理的 UNCITRAL 仲裁的仲裁员。

作为常设仲裁机构，JCAA 允许当事人整体适用其他仲裁规则体现出对当事人意愿的充分尊重，也体现出 JCAA 对其他国际商事仲裁规则的开放性与包容性，表明 JCAA 与国际商事仲裁规则接轨的立场，有利于提高 JCAA 在国际上的知名度，吸引更多国际商事纠纷当事人选择其作为争议解决机构。

二、2021 年《JCAA 商事仲裁规则》

《JCAA 商事仲裁规则》明确了仲裁程序，促进了程序的顺利进行。2021 年仲裁规则有以下重要程序规定：

（一）快速程序

如果争议金额少于 3 亿日元，自动适用 JCAA 快速程序，采取独任仲裁员审理。原则上，独任仲裁员应在其被任命后 6 个月内作出最终裁决。如争议金额少于 5000 万日元，最终裁决时间为 3 个月。除非必要，快速仲裁程序通常仅对文件审查后作出裁决，没有证据听证环节。在当事人达成协议的前提下，非小额案件也可以提交快速仲裁程序解决。快速程序的设置简化了小额案件的仲裁流程，提高了仲裁程序效率。

（二）紧急仲裁员制度

为了使当事人能够在仲裁庭组成前的紧急状态下获得临时救济，紧急仲裁员制度允许当事人申请成立紧急仲裁庭，对证据、行为或财产作出紧急性临时措施，以防止发生涉案证据灭失、财产转移或损害的风险。紧急仲裁员一般在 JCAA 收到紧急措施申请并支付所需费用后的两个工作日内任命。紧急仲裁员应努力在被任命后 2 周内对申请作出决定。

紧急仲裁员制度不仅使仲裁庭的权力延伸覆盖至仲裁庭组成之前，从而更好地维护当事人的权益，还能为后续仲裁程序的顺利开展与仲裁裁决的执行提供有力保障。

（三）多方当事人和 / 或多份合同的仲裁

在特定情况下，当事人可以在一个仲裁程序中由一个仲裁庭解决涉及多方当事人和 / 或合同的复杂仲裁案件。

（四）明确仲裁庭秘书规则

《JCAA 商事仲裁规则》要求仲裁庭在任命仲裁庭秘书候选人之前，必须获得当事人对其作用和报酬的明确同意。

（五）限制仲裁员费用

《JCAA 商事仲裁规则》明确在仲裁总时长超过 150 小时的情况下降低仲裁员报酬的费率，同时对仲裁员报酬的上限作了规定。此举有利于防止仲裁员为获得更高报酬而拖延仲裁程序，从而提高仲裁程序的效率。

（六）衔接仲裁和调解

《仲裁法》允许在仲裁程序中由仲裁员担任同案的调解员，但却没有对因仲裁调解失败而恢复仲裁程序的情况下，该调解员能否继续担任仲裁员的问题作出规定。这可能会导致当事人在后续恢复的仲裁程序中对曾经担任过同案调解员的仲裁员的公正性与独立性产生质疑而请求该仲裁员回避，从而拖延仲裁程序。

《JCAA 仲裁规则》规定，在仲裁调解中，仲裁员原则上不得担任同案调解员，但当事人通过书面协议要求仲裁员担任同案调解员的除外。同时，在因调解失败而恢复的仲裁程序中，当事人不得以仲裁员曾担任过同案调解员为由提出回避申请。上述规定弥补了《仲裁法》的不足。

三、2021 年《交互仲裁规则》

2019 年实施并于 2021 年修订的 JCAA《交互仲裁规则》，是以仲裁员主导下的调解为理念的一套仲裁规则。

（一）规则的制定目标

交互仲裁致力于促成当事双方和仲裁庭或仲裁员之间能够尽早开展对话，以使双方能够更早且更高效地开展举证活动。

该规则设计初衷是希望尽早掌握仲裁庭就重要问题的暂时性的心证，并在此后内部就举证活动等争议解决的各方面进行讨论时作为重要的参考资料；希望仲裁庭能够尽早且准确把握各当事方的主张及争议焦点；希望就事实上或法律上的各类事项尽早获得仲裁庭的释明。希望仲裁庭基于争议标的收取固定的费用而不受案件耗时的影响。

（二）规则的主要特点

传统普通法仲裁中基本上是从当事人到仲裁庭的单向沟通，没有仲裁庭对案件理解的建议或暗示。当事人几乎没有机会弄清楚仲裁庭特别关注哪些问题。鉴于仲裁的一裁终局的性质，当事人显然不愿意缩小其争论的范围，而是倾向于提交所有可能影响结果的论据和证据。这种策略的代价是审查当事人的大量论据和证据，加重了仲裁庭的负担，大大延长了作出最终裁决的时间，律师费也急剧上升。

交互仲裁规则是一种基于大陆法式或者说东方式理念的制度。该规则下的仲裁有以下特点：

第一，仲裁庭须尽早整理当事双方的主张及当前的争议焦点，提交给当事双方寻求双方的意见。

第二，仲裁庭须最晚在确定是否需要询问证人前，向当事双方提交关于重要争议焦点的书面意见，并寻求双方的意见。

第三，仲裁员的报酬是根据争议的金额确定的固定费率。这使当事人的仲裁成本更可预测。

（三）规则的主要内容

除少数规定不同外，《交互仲裁规则》与《JCAA 商事仲裁规则》大体相同。为此，此处重点关注《交互仲裁规则》的特殊内容。

1. 适用范围

除非当事人明确约定适用《交互仲裁规则》，否则应当适用《JCAA 商事仲裁规则》。即便当事人约定适用《交互仲裁规则》，但是在 JCAA 指定仲裁员或对当事人指定的仲裁员予以确认之前，当事人书面同意适用《JCAA 商事仲裁规则》的，则《JCAA 商事仲裁规则》优先适用，但前期根据《交互仲裁规则》已经进行的仲裁程序依然有效。

2. 裁决作出期限

对于交互仲裁的裁决，仲裁庭应尽力在其成立之日起 6 个月内作出仲裁裁决。但争议金额在 5000 万日元以下时，该期限为 3 个月。为此，仲裁庭应通过视频会议、文件交换及其他仲裁庭指定的方法与当事人进行协商，制定书面程序时间表，原则上应在其成立之日起 2 周内发送给当事人及 JCAA。

3. 仲裁庭澄清当事人立场和确定争议焦点

仲裁庭应在程序的尽可能早期阶段，整理当事人请求所依据的事实和法律的主张，以书面形式向当事人提出以该主张为前提的暂定事实和法律争议焦点，并给予当事人在规定期限内陈述意见的机会。

当事人应在仲裁庭规定的期限内，就仲裁庭整理的当事人的主张及争议焦点，分别明确同意和不同意的部分，并书面陈述意见。仲裁庭可以考虑当事人陈述的意见，对整理的当事人的主张和争议焦点进行修改，而且仲裁庭可以将修改整理的当事人的主张直接作为当事人主张部分在仲裁裁决中写明。

如果当事人认为有必要对整理的主张作出修改的，可以就此向仲裁庭提出书面申请。除非仲裁庭以逾期为由拒绝该申请，否则仲裁庭可以采用当事人修改后的内容作为仲裁裁决中当事人主张的部分。

4. 仲裁庭审查证据的初步意见书

仲裁庭在决定是否审查证据前应就下列内容提供初步书面意见：（1）仲裁庭认为重要的事实问题与法律问题，以及仲裁庭对这些问题的初步意见；（2）仲裁庭认为重要的其他事项。

仲裁庭应当允许当事人在仲裁庭规定的时间内对该初步意见书发表意见。当事人应在规定期间内以书面方式提出对初步意见书的意见以及是否应审查证据的意见，仲裁庭应根据当事人的意见决定是否询问证人。

5. 实行仲裁员固定报酬制度

与《JCAA 商事仲裁规则》的仲裁员浮动报酬规则不同，《交互仲裁规则》实行仲裁员固定报酬制度。仲裁员的报酬仅按照争议的数额确定，而不设置任何按小时收取费用的费率。根据索赔金额确定仲裁员的费用，独任仲裁员处理最高额争议的费用不超过 500 万日元。这不仅可以省去仲裁员费用的烦琐计算，还能够使当事人对仲裁成本有更加直观的了解，提高当事人对仲裁费用的可预测性。

（四）日本交互仲裁实践

日本第一起交互仲裁已成功结案，该案涉及两家日本公司零件买卖合同纠纷，索赔金额超过 10 亿日元（约合 747.6 万美元）。

通过采取交互仲裁规则，该案在请求仲裁 12.5 个月后以同意裁决的方式解决。仲裁员的报酬总额为 990 万日元，仲裁管理费约为 420 万日元，其他费用约为 13 万日元。

各方对交互仲裁给予了总体积极的评价。他们对仲裁庭提前披露初步意见、程序的持续时间、费用和 JCAA 的广泛行政支持感到满意。当事人尤其认为，仲裁庭对重要问题的不具约束力的初步意见，有助于他们决定下一步行动方案。

第三节　日本商事仲裁协会调解规则

一、规则的制定背景

由于日本同样有普遍倾向于尽可能和解的文化，通过调解解决争议在日本比较受欢迎。在国内法院诉讼中，法官经常充当事实上的调解人，鼓励当事人通过达成和解方式结案。日本仲裁协会效仿其他国际仲裁机构，于 2009 年推出《日本仲裁协会国际商事调解规则》（以下简称《JCAA 调解规则》）。目前的实施版本是 2020 年国际商事调解规则。

二、规则的主要特点

（一）尊重当事人意思自治

当事人意思自治是调解的基础，《JCAA 调解规则》在通知送达方式、调解员人数与任命、调解程序的期间、结束调解的期限、调解员报酬与费用等方面均允许当事人作出特别约定。

在当事人没有达成特别协议的情况下，适用《JCAA 调解规则》规定以确保调解程序不会因当事人的分歧而陷入僵局，从而迅速、合理地解决当事人的争议。

（二）与《新加坡调解公约》对接

联合国大会会议于 2018 年 12 月审议通过的《新加坡调解公约》是旨在解决国际商事调解达成的和解协议的跨境执行问题的国际公约，该公约于 2020 年 9 月 12 日生效。根据《新加坡调解公约》，由调解产生的和解协议将在缔约方境内得以执行。

虽然日本尚未批准《新加坡调解公约》，但《JCAA 调解规则》规定，当事人在调解程序中达成和解协议的，调解员应当根据当事人的请求以见证人的身份签署和解协议，且任一当事人均可要求 JCAA 证明该和解协议产生于 JCAA 管理的调解程序。因此，即使日本不是《新加坡调解公约》的缔约方，当事人在 JCAA 调解程序中达成的和解协议也有可能在缔约方境内得到执行。

《JCAA 调解规则》与《新加坡调解公约》的衔接有利于吸引国际商事争议当事人选择 JCAA 作为调解管理机构。

（三）有关调解员的规定详细

在调解员公正性与独立性要求方面，《JCAA 调解规则》采纳了与《JCAA 商事仲裁规则》和《交互仲裁规则》相同的规定，即调解员公正性与独立性的要求与仲裁员同样严格、详细。除独立性和公正性外，《调解规则》规定了当调解人存在各方看来可能对其公正性或独立性产生合理怀疑的任何情况，进行合理调查。调解人在寻求接受任命时应披露这些情况。前述调查和披露应在调解过程中持续。

　　JCAA 的调解员数据库包括 200 多个调解员候选人资料，调解员候选人的国籍、地点、语言能力和其他可用信息已公布在其官方网站供公众查阅。

　　JCAA 可以根据要求向各方提供一份量身定做的调解员候选人推荐名单，该名单可以根据争端的案情包含 1 至 5 名候选人。值得一提的是，《JCAA 调解规则》允许调解员的人数为 2 人而非奇数。这是因为调解员只需要对当事人的争议提出解决方案的建议，而不需要作出具有约束力的决定，因此调解员的数量不必为奇数。相较独任调解员，2 名调解员提供的争议解决方案更容易为当事人所接受，有利于促进当事人在调解程序中达成和解协议。

　　调解员报酬标准为每小时 5 万日元，调解员的在途时间按 50% 折扣计费。《JCAA 调解规则》允许各方同意单独的薪酬计划，如固定标准费用和基于调解成功的费用计算。

（四）调解程序较合理

　　《JCAA 调解规则》规定了当事人已有调解协议和不存在事先调解协议时启动调解的程序。调解程序开始后，调解人应与各方讨论后续程序，包括沟通的语言、书面声明和文件的交换、程序的持续时间以及调解人是否要主动提出和解建议。各方可自由商定这些程序性事项并对调解人具有约束力。

　　《JCAA 调解规则》禁止当事人在未来的任何司法程序中使用为解决调解程序中的争议而作出的口头或书面声明作为证据，包括进行调解的建议、对具体事项的承认、解决的建议以及就其发表的意见。同时规定了允许使用此类声明的具体例外情况，如在有关和解协议本身的有效性的争议中。该规定以《联合国国际贸易法委员会调解规则》为参考，允许当事人坦率地讨论和解建议，而不必担心他们的声明在没有达成和解的情况下被用来对自身不利。

（五）和解协议可执行

　　《JCAA 调解规则》允许当事人通过协议任命调解员为仲裁员，该仲裁员将当事人在调解程序中达成的和解协议转化为仲裁裁决。由于仲裁裁决具有和法院判决相同的执行力，因此该规定事实上使当事人在调解程序中达成的和解协议具有强制执行力，从而使当事人的合法权益得以落到实处。

第四章　韩国商事仲裁院国际中心

第一节　韩国商事仲裁院国际中心概况

一、韩国商事仲裁院

（一）简要情况

韩国商事仲裁院（Korean Commercial Arbitration Board，以下简称KCAB）于1966年在韩国贸易和经济部的支持下成立，是韩国唯一根据《韩国仲裁法》法定授权解决争端的仲裁机构。

2007年前，KCAB更多地是作为一个国内仲裁机构而闻名。2007年引入《KCAB国际仲裁规则》后，KCAB开始采取类似于国际仲裁主流程序的方式管理案件。在过去的50多年里，KCAB处理了大约7000个仲裁案件和15000个调解案件，标志着其成为一个领先的替代性争端解决中心。近年来，KCAB每年管理约400起案件，大多数纠纷来自建筑、IT和商业交易领域。

KCAB在提供仲裁服务外，还提供调停和调解服务。KCAB已处理约15000个调解案件，近年来的调解案件数量平均每年约为1000件，但基本均为国内案件，由国内团队处理。2019年8月，韩国签署《新加坡调解公约》，但至今仍未批准该公约。

KCAB拥有在国际争端解决方面具有丰富经验和专业知识的一流专家和

专业人士。KCAB 内部设有策划管理部和仲裁业务部 2 个部门，综合争议解决援助中心和国际仲裁中心 2 个中心，在釜山设有 1 个国内分所，在美国洛杉矶、中国上海和越南河内开设 3 个海外办事处。

（二）组织架构

KCAB 的董事会执行主要运营职能。董事会由董事会主席、KCAB 主席、KCAB 国际中心主席、审计员和最多 10 名董事组成。司法部法律事务副部长，贸易、工业和能源部贸易政策主管，韩国商会副主席，中小企业局副主席是 KCAB 董事会的当然成员，其他董事由大会投票决定。除 KCAB 主席和 KCAB 国际中心主席外，其他董事会成员不直接参与 KCAB 的运营决策。

根据 KCAB 组织条例，KCAB 国际中心主席对有关 KCAB 国际中心的决定拥有最终权力。KCAB 国际中心主席专注于与国际案件有关的案件管理和晋升事宜，KCAB 主席专注于国内仲裁和行政事务，包括财务和人力资源事务。

（三）仲裁费用

在仲裁费用方面，当事人选择 KCAB 解决纠纷需支付案件登记处、案件管理费和仲裁院的报酬和费用。申请人申请仲裁或提出反请求时，应当一次性支付 110 万韩元（约 1000 元人民币）。争议标的高于 2 亿韩元的，不需要缴纳案件登记费。申请人经催告 2 次，仍不缴纳案件登记费的，仲裁机构终止案件受理。案件管理费则按照争议标的予以收取。争议标的额为外币的，以立案当日韩国银行公布的汇率为准予以计算。缴费后，申请人撤回仲裁申请的，秘书处可以酌情退回部分仲裁费。仲裁员费用由秘书处在受理案件时，按照争议标的额预先估算和收取。秘书处可以在程序任何阶段调整仲裁员费用。以争议标的为 1000 万元人民币为例，案件管理费约为 22 万元人民币，仲裁员费用约为 29 万元人民币，总计约为 52 万元人民币。律师、专家、口译员、证人的费用等必要费用由各当事人按照裁决中确定的分摊比例进行分摊。实践中，包括管理费在内的仲裁费用原则上由败诉方承担。仲裁庭也可在考虑案件的情况后酌情决定由各当事人以适当比例分担仲裁费用。

（四）2021 年受案情况

在案件数量方面，2021 年，KCAB 的仲裁案件数量为 500 件，创下新高。其中 450 件是国内案件，占比 90%；50 件是国际案件，占比 10%。

在案件裁决方面，当年 KCAB 作出 349 项裁决，包括 286 个国内案件和 63 个国际案件。KCAB 仲裁程序平均时长为 248 天，国际案件较长为 401 天，国内案件为 215 天。

在案件标的额方面，KCAB 仲裁案件的争议总金额为 7.17 亿美元（8460 亿韩元）。国际案件的总索赔额为 4800 万美元（566 亿韩元）。新受理案件的平均争议金额为 140 万美元（16 亿韩元）。

二、韩国商事仲裁院国际中心

（一）设立背景

第一，韩国是亚洲最大的经济体之一，自然资源有限，在历史上对国际贸易和国际商业的依赖性较强。1997 年的第一次亚洲金融危机和随后国际货币基金组织（IMF）在韩国的救助计划催生了韩国公司和外国投资者之间大规模、高价值的兼并和收购交易。在这些交易中，仲裁往往被选为争端解决的首选方法。韩国当事人很快就成为国际仲裁最频繁的使用者之一，根据国际商会规则、伦敦国际仲裁院规则、香港国际仲裁中心规则和新加坡国际仲裁中心规则等解决国际经贸纠纷。这些仲裁案件为韩国律师事务所提供了进入国际仲裁业务领域的机会，并因此提高了韩国成为亚洲下一个仲裁中心的目标追求。

第二，建立首尔国际争议解决中心（Seoul International Dispute Resolution Center，以下简称 SIDRC）。SIDRC 于 2013 年设立，是专门用于为国际仲裁提供世界级的多功能审理和听证设施的非营利组织。它的建立是通过韩国律师协会（KBA）、韩国国际仲裁委员会（KOCIA）、首尔市政府和 KCAB 之间的联合合作项目实现的。它不仅提供最先进的听证设施和良好的支持服务，还设有主要国际仲裁中心如国际商会（ICC）、香港国际仲裁中心（HKIAC）、美国仲裁协会的国际争端解决中心（ICRD）以及新加坡国际仲裁中心（SIAC）的联络处。为了扩大其国际合作的广度，SIDRC 与知名的仲裁机构如国际投资争端解决中心（ICSID）和常设仲裁法院（PCA）签订了谅解备忘录。值得注意的是，SIDRC 旨在成为国际仲裁的听证设施提供者，而不是仲裁机构本身。自 2012 年以来，SIDRC 共同主办多次关于国际仲裁的研讨会和讲座，如年度首尔亚太 ADR 会议、SIDRC 系列讲座、首尔仲裁讲座等，以提高韩国业界和法律界对国际仲裁作为解决跨境商业交易的有效手段的认识。

第三，1996 年设立的 KCAB 最初更多处理的是国内仲裁案件，随着对国际仲裁案件处理的需求增加，韩国决心支持 KCAB 在国际舞台上的发展，成为该地区新的仲裁中心。KCAB 打造成国际仲裁机构的努力始于 2007 年，不仅当年通过了《国际仲裁规则》，此后定期对其进行修订和更新，包括纳入《国际商事仲裁示范法》。2016 年 KCAB 国际仲裁规则的更新，增加了国际仲裁的最佳做法，如紧急仲裁员程序和快速程序。

第四，韩国政府和私营部门支持 KCAB 的区域仲裁中心目标。2016 年颁布《仲裁业促进法》允许韩国政府通过提出倡议和引导资源支持 KCAB 承办更多的国际案件。此外，韩国法院倾向于执行仲裁裁决，有助于使韩国成为友好的仲裁管辖区。韩国在国家层面建立一个公平和高效的仲裁机构的决心和支持，将鼓励更多的外国当事人将案件提交 KCAB。

2018 年 4 月，KCAB 和 SIDRC 合并为 KCAB 国际中心（KCAB INTERNATIONAL）。

（二）法律地位

KCAB 国际中心是 KCAB 内部的一个独立部门，主要负责管理国际仲裁，旨在满足日益增长的跨境商业争端解决需求，促进韩国成为国际仲裁中心。KCAB 是非营利性的志愿协会，其监督管理机构是韩国司法部。

KCAB 国际中心的案件管理包括仲裁员的任命、国际合作倡议的决定等，均由 KCAB 国际中心独立自主作出，不需 KCAB 批准，这有助于促进更灵活和有效的决策过程，但是 KCAB 国际中心并不是独立于 KCAB 的法律实体。SIDRC 并入 KCAB 后不再是独立的法律实体，而是作为一个品牌名称来推广 KCAB 的先进庭审设施。KCAB 国际中心积极招募具有国际和多语言背景的法律专业人士和仲裁员，以期进一步实现韩国作为亚洲和其他地区首选国际争端解决中心的目标。

（三）工作职能和架构

1. 工作职能

KCAB 国际中心的工作人员多具备法律或商业的多元背景和国际资格。工作重心主要是负责管理仲裁案件，确保国际仲裁案件程序的效率和成本效益。除管理案件外，KCAB 国际中心需开展宣传活动，向仲裁用户介绍仲裁和 KCAB 国际中心的程序，以提高 KCAB 国际中心的地位。此外，KCAB 国际中心还承担为仲裁界提供教育服务的功能，共同主办国际投资仲裁模拟法庭竞赛的年度亚太回合，组织首尔替代性争议解决节和首尔国际仲裁学院年度活动。

2. 国际仲裁委员会

根据《KCAB 国际规则》和《KCAB 国际仲裁行政规则》，KCAB 于2011 年设立国际仲裁委员会作为咨询委员会。国际仲裁委员会由全球仲裁领域的知名人士组成，经 KCAB 国际中心主席任命。秘书处在处理对仲裁员提出异议、撤换或更换仲裁员、任命仲裁员以及与仲裁程序或促进仲裁有关的问题时，在必要时应咨询国际仲裁委员会。尽管国际仲裁委员会无权作出有约束力的决定，但其咨询功能构成 KCAB 国际仲裁程序的基本要素。

3. 其他机构

KCAB 国际中心于 2018 年牵头创建了 KCAB Next 组织，帮助与韩国有联系的下一代仲裁员、领导人和从业人员发展其职业和技能。KCAB Next 在韩国仲裁界选出具有专业声誉并在性别、国籍和法律背景方面具有代表性的13 位专家组成指导委员会，组织和支持活动让年轻的仲裁从业人员能够在与仲裁有关的长期项目中进行交流、学习和合作。

SIDRC 指导委员会由来自私人执业的会员组成，主要作用是就使用和推广 SIDRC 听证设施以及推广首尔作为仲裁地的平台，向 KCAB 提供建议。

首尔仲裁节组织委员会，由年度首尔仲裁节的共同主办方的代表组成。每年仲裁节能为韩国的年轻从业者提供培训、教育和指导的机会。

韩国仲裁员协会会员主要来自韩国学术界，在韩国国内共同举办研讨会，向民众宣传仲裁的优势。该协会经常作为合作方，协助 KCAB 开展教育和推广活动。

（四）2021 年 KCAB 国际中心受案情况

1．基本数据

2021 年，KCAB 国际中心受理 50 件国际案件，作出 63 个国际案件仲裁裁决，国际案件仲裁程序时长平均为 401 天。2021 年提交 KCAB 国际部的案件中，最高索赔金额为 760 万美元（90 亿韩元）。

2．地域分布

KCAB 国际中心于 2021 年收到的仲裁案件，60.8% 来自亚太地区，17.6% 来自欧洲，15.7% 来自美洲。KCAB 国际中心管理的仲裁案件当事人中，中国、美国、新加坡、中国香港、日本、马来西亚、俄罗斯、泰国、越南和英国是提交案件数量前十名的司法管辖区。中国内地和中国香港的当事人占比超过 27%。

3．索赔金额

中国（38.8%）、新加坡、法国、美国、中国香港、越南、菲律宾、泰国、阿联酋和马来西亚是 2021 年索赔金额居 KCAB 前十的司法管辖区。中国内地和中国香港索赔金额合计占比超过当年全部案件金额的 40%。新加坡和越南自 2020 年以来的索赔金额增长尤为明显，分别增加 527.9% 和 35.4%。

4．行业领域

2021 年提交至 KCAB 国际中心的仲裁案件涉及建筑、IT、贸易、娱乐、海事、房地产和物业、并购、合资、知识产权、金融、劳动等领域。由于 COVID-19 引起的索赔被作为一个单独的类别处理，案件数量最多的三个类别是建筑、COVID-19 和 IT。

5．仲裁员选任

2021 年，KCAB 国际中心管理的案件有 38 名仲裁员被任命和确认，创下了纪录。在所有的仲裁员任命中，21 名仲裁员由 KCAB 国际中心的秘书处选定，17 名仲裁员由当事人选定。26.3% 的仲裁员由德国、澳大利亚、奥地利、加拿大、法国、日本、瑞士和美国等国的非韩国籍仲裁员担任。

截至 2021 年，KCAB 国际中心建有由 583 名仲裁员组成的仲裁员名单，名单上的仲裁员来自 40 个司法管辖区。其中亚太地区占 57.3%、欧洲占 24.0%、美洲占 17.8%。韩国籍仲裁员占比最多，为 33.1%。非韩国籍的仲裁员主要来自美国、英国和中国。女性仲裁员比重上升至 16.6%，共 97 人。

2021 年，KCAB 国际中心吸收了澳大利亚、奥地利、加拿大、中国、法国、德国、圭亚那、爱尔兰、韩国、新西兰、新加坡、英国和美国等国籍的 76 名新仲裁员注册。

6. 仲裁准据法和语言

2021 年 KCAB 国际中心审理的仲裁案件最常适用的管辖法律是韩国法，其次是波兰法、英国法和美国法。

英语是仲裁协议或仲裁协议所依据的基础合同中规定最多的语言，其次是韩语、中文和越南语。

第二节　韩国商事仲裁院国际中心规则

一、规则概述

KCAB 有《商事仲裁规则》和《KCAB 国际仲裁规则》。KCAB 于 2007 年制定国际仲裁规则，其后吸收了国际商会仲裁规则的部分内容，于 2011 年和 2016 年作了修订。

2016 年《KCAB 国际仲裁规则》适用于国际仲裁案件，即仲裁协议至少一方当事人的营业地在韩国以外的国家，或者仲裁协议中规定的仲裁地在韩国以外的国家的仲裁案件。《KCAB 国际仲裁规则》反映了国际仲裁的现代实践和趋势以及 KCAB 对用户友好和高效的仲裁程序的承诺。

2022 年 KCAB 组织修订委员会审查和更新国际规则，以期使规则更加有效，促进争端快速解决，与其他仲裁机构的全球趋势保持一致。

二、规则主要内容

（一）适用范围

《KCAB 国际仲裁规则》适用于以下情形：（1）当事人同意根据

《KCAB 国际仲裁规则》将其争端提交仲裁；（2）当事人提交给 KCAB 的案件属于《KCAB 国际仲裁规则》所针对的国际仲裁。只要仲裁协议提到"KCAB"而不论是否具体提到"KCAB 国际"或"KCAB 国际规则"，相应国际案件就受《KCAB 国际仲裁规则》的管辖。

《KCAB 国际仲裁规则》的国际仲裁指的是：（1）仲裁协议的至少一方在签订该协议时，其营业地在韩国以外的任何国家；（2）仲裁协议规定的仲裁地在韩国以外的任何国家。此类案件由 KCAB 国际中心管理。

（二）提起仲裁

在申请人提交仲裁请求，支付固定的申请费后，秘书处通知被申请人。被申请人必须在收到请求后 30 天内提交答复。在提交答复时，被申请人也可以提出反诉。其后，秘书处提供仲裁费用估算包括管理人和仲裁员费用，由双方当事人平均支付这些费用。

仲裁程序的开始日期为秘书处收到请求的日期。KCAB 国际中心接受书面通信和提交的文件，所使用的电子方式必须提供传输记录。

（三）仲裁庭和仲裁员

根据当事人的意愿、争议的金额和争议的复杂程度，由一名独任仲裁员或三名仲裁员组成仲裁庭。如果是独任仲裁员，当事人应共同提名一名仲裁员。在有三名仲裁员的情况下，申请人和被申请人将各自提名一名仲裁员，被指定的两名仲裁员将依次共同提名第三名仲裁员，由其担任仲裁庭主席。如果任何一方或两位仲裁员未能在通知后的 30 天内任命各自的仲裁员，秘书处将行使其自由裁量权，任命该仲裁员。

在任命或提名时，仲裁员必须披露任何可能引起对其对当事人的公正性或独立性产生合理怀疑的情况。披露的情况可以成为拖延确认提名的理由，也可以成为任命后质疑仲裁员的理由。对仲裁员的公正性和独立性的合理怀疑可以成为质疑仲裁裁决的理由。

仲裁员的指定由争议当事人决定。当事人并不局限于从 KCAB 仲裁员名单中任命仲裁员。秘书处任命仲裁员同样无须限制在 KCAB 仲裁员名单中。秘书处可以按照国籍、居住地和分领域的专长等类别对仲裁员名单进行调整。

专业人士可经过申请，列入 KCAB 国际中心的仲裁员名单中，期限为三年。合格的仲裁员应具有良好的声誉和仲裁能力。KCAB《仲裁员小组安排规则》对于来自法律、商业、学术、公共或其他机构，以及注册会计师或专利律师等不同职业仲裁员，列出不同的标准。法律界的仲裁员最为常见，入选仲裁员名单的标准是 10 年的执业经验。对于合格的外国律师或具有法律博士学位的律师，只需 5 年的执业经验。申请每年审查一次，由特设小组委员会对每个候选人进行同行评审，最终决定由 KCAB 国际中心主席作出。

在 KCAB 国际中心组织管理的案件中，仲裁员的报酬遵循《KCAB 国际仲裁规则》，一般采用从价法，即根据争议金额为基础的公式得出费用范围。秘书处通常在这个范围内的中点金额确定费用。如能向秘书处说明理由，可以在这个范围内调整费用。仲裁员费用总额在三名仲裁员之间的分配，须经仲裁庭成员同意。如无合意，首席仲裁员通常获得仲裁员费用总额的 40%。

（四）仲裁地、语言和管辖法律

如果双方没有达成协议或其他决定，仲裁地点为韩国首尔。在双方当事人没有达成协议的情况下，仲裁庭应适当考虑合同的语言和其他相关情况，确定仲裁的语言。在当事人没有约定的情况下，仲裁庭应适用其认为适当的实体法规则或法律规则。

（五）仲裁程序

为确定程序时间表，仲裁庭可以与各方当事人举行初步会议。程序时间表是临时性的，在实施更改之前与各方当事人协商后，可以随时更改。

仲裁庭负责审理工作，仲裁庭有义务将开庭的时间和地点通知当事人，指示他们出席开庭。当事人有权出席听证会。除非当事人另有约定，否则听证会保持私密性。《KCAB 国际仲裁规则》没有固定程序流程，具体程序由当事人和仲裁庭决定。在取证方面，实践中当事人多适用国际律师协会的《国际仲裁取证规则》。

《KCAB 国际仲裁规则》规定了合并仲裁、多合同争端解决程序，以及紧急临时救济、临时保全措施和快速仲裁程序。

仲裁庭组成后，应一方当事人的要求，可以采取以下保全或临时措施：

（1）在争端裁决前维持或恢复现状；（2）采取可防止或避免采取可能损害仲裁程序本身的行动；（3）提供保全资产，以便后续裁决可履行；（4）保全可能与解决争端有关的重要证据。

为使国际仲裁有效快速进行，《KCAB 国际仲裁规则》规定快速程序在以下情形下可以自动适用：（1）索赔金额不超过 5 亿韩元；（2）当事人同意适用快速程序。在适用快速程序的情况下，通常由秘书处指定仲裁员。除非当事人另有约定，当索赔或反索赔的金额超过 5 亿韩元时，一般不应适用加速程序。

（六）仲裁裁决

仲裁庭作出的仲裁裁决对各方当事人具有约束力，并立即生效。裁决应在仲裁庭组成之日起六个月内作出，但秘书处可以应仲裁庭的请求或自行决定允许延长时间。

第五章　澳大利亚国际商事仲裁中心

第一节　澳大利亚国际商事仲裁中心概述

一、机构地位

澳大利亚国际商事仲裁中心（Australian Centre for International Commercial Arbitration，以下简称 ACICA）建立于 1985 年，是独立的非营利性组织，资金来源于案件管理、会员和教育活动。2020 年 8 月，ACICA 和珀斯能源与资源仲裁中心（PCERA）合并。珀斯能源与资源仲裁中心由 ACICA 管理和运作，依《PCERA 规则》提起的仲裁按照 ACICA 仲裁规则进行管理。

ACICA 是澳大利亚最主要的国际争端解决机构，其目标是促进和推动通过仲裁和调解有效地解决澳大利亚和国际商业争端，为争端各方提供便捷和中立的程序、可执行的结果和商业隐私。

ACICA 的宗旨是宣传、推动和鼓励使用国际商事仲裁作为解决争端的手段，并扩大澳大利亚作为国际仲裁地的影响力。致力于促进和发展亚太地区仲裁和调解，成为亚太地区解决跨境争端的主要场所之一。

ACICA 是唯一有能力履行澳大利亚《1974 年国际仲裁法》规定的仲裁员任命职能的默认任命机构。ACICA 是亚太区域仲裁组织（APRAG）的创始成员之一，是国际商事仲裁机构联合会（IFCAI）的唯一澳大利亚成员。

ACICA 与包括中国海事仲裁委员会、南京仲裁委员会在内的 30 多个全球仲裁机构签订有合作协议。

二、组织架构

ACICA 由董事会管理指导机构的活动。董事会由执行委员会领导，包括主席、三位副主席、财务主管和执行董事，以及秘书长。ACICA 通过若干工作委员会，与澳大利亚和全球的仲裁和调解界进行接触。如澳大利亚海事和运输委员会（AMTAC）是 ACICA 的一个委员会，是海事和运输争端解决服务的创新提供者，以满足亚太地区海事和运输业的特别需求。

ACICA 的董事会和工作委员会由著名的国际仲裁员、学术界人士和专门从事国际争端解决的主要从业人员组成。ACICA 在澳大利亚和海外设有由 100 多名国际仲裁员和经验丰富的国际调解员组成的专家库。

三、2011—2021 年的案件处理情况

（一）案件数量及金额

2011—2021 年提交给 ACICA 的案件超过 100 件，累计价值近 240 亿美元。案件主要是依据 ACICA 规则管理，少量依据《亚洲信任会议规则》或联合国国际贸易法委员会规则管理。也有少量案件依据《2007 年 ACICA 调解规则》进行调解。2021 年 ACICA 规则生效后，ACICA 收到了 21 份仲裁案件，争议总金额超过 9.11 亿美元。

虽然案件数量不多，但争议金额非常高。ACICA 管理的案件总额接近 240 亿美元。约 10% 的案件索赔金额超过 1 亿美元，约 15% 的纠纷金额在 1000 万至 1 亿美元之间，约 20% 金额在 100 万至 1000 万美元之间。

在 ACICA 管理的 240 亿美元的案件中，能源和资源争端占 188 亿美元，建筑和基础设施争端占 40 亿美元。ACICA 案件中占主导地位的行业是能源和资源、建筑和基础设施以及海事，占 ACICA 管理的全部案件的 69% 左右。其他案件涵盖法律服务、健康和保健、股票销售、IT 服务和艺术等行业。

（二）当事人和仲裁员

在 ACICA 管理的仲裁中，39% 的案件至少有一方不在澳大利亚。约 11% 的案件中，双方都不在澳大利亚。在澳大利亚之后，索赔方代表最多的国籍是美国和新加坡，各占 4%。ACICA 的案件还涉及来自德国、瑞士、斐济、意大利、菲律宾、西班牙、马来西亚、英属维尔京群岛、巴布亚新几内亚和塞浦路斯的索赔方。在应诉方中，新加坡方的比例最高，其次是巴布亚新几内亚方，以及来自韩国、印度尼西亚、美国、英国、德国、新西兰、中国、希腊、斐济、马来西亚和印度的当事方。

ACICA 管理的 83% 案件提交给独任仲裁员，14% 的案件提交给三人仲裁庭。51% 案件的仲裁庭任命由当事人完成，ACICA 在 30% 的案件中任命了一名仲裁员。2011—2021 年 ACICA 管理的案件中，86% 的任命是男性仲裁员，不到 14% 的任命是女性仲裁员。ACICA 任命的仲裁员中有 23% 是女性，当事人任命的仲裁员中只有 9%。在地域多样性方面，约 9% 的任命是海外仲裁员，来自伦敦、新加坡和中国香港。2022 年，ACICA 发布了《仲裁员任命指导说明》，鼓励各方考虑多样性和平等代表权问题，例如仲裁员的性别、年龄、地理、文化、种族和专业背景。

（三）仲裁原则、仲裁地、仲裁时长

ACICA 54% 的争议是根据 2016 年 ACICA 规则提交的仲裁案件，约 22% 的争议是根据 2011 年《亚洲信任会议规则》管理的，5% 的案件是根据《联合国国际贸易法委员会仲裁规则》提交的。

ACICA 管理的案件的当事方大多选择澳大利亚的城市如悉尼、墨尔本、阿德莱德、珀斯或布里斯班作为仲裁地。根据 ACICA 规则管理的少量仲裁在巴布亚新几内亚进行。

ACICA 管理的所有进入裁决程序的仲裁中，54% 的仲裁案件在 12 个月内结束，有 29% 的仲裁在不到两年的时间内作出了裁决。

（四）特殊程序案件

自 2016 年《ACICA 规则》首次引入合并仲裁条款后，ACICA 处理了 10 份合并申请。除 2 个案件外，其他案件的合并申请都获得了成功。未合并的这 2 起案件指定了同一位仲裁员，仲裁程序同时进行。这表明在 ACICA

规则不允许合并的情况下，当事人可以同意采用有效的程序。

ACICA《快速规则》于 2008 年首次推出，于 2011 年首次更新。自 2011 年修订以来，有 6 个案件按照《快速规则》进行管理。根据《快速规则》作出裁决的平均时长为 5.5 个月。

第二节　澳大利亚国际商事仲裁中心仲裁规则

一、《ACICA 仲裁规则》的发展

ACICA 发展初期并没有颁布仲裁规则，而是根据 1976 年《联合国国际贸易法委员会仲裁规则》管理国际仲裁，后来适用 1982 年发布的《联合国国际贸易法委员会辅助仲裁机构和其他相关机构根据〈联合国国际贸易法委员会仲裁规则进行仲裁〉的建议》。

2005 年 ACICA 首次发布《ACICA 仲裁规则》，此后在 2011 年、2016 年和 2021 年对其进行了三次更新。目前，ACICA 主要根据《ACICA 2021 年仲裁规则》和《ACICA 2021 年快速仲裁规则》管理仲裁案件，这些规则取代了 2005 年、2011 年和 2016 年版本的 ACICA 规则。如果各方当事人明确同意适用早先版本的 ACICA 规则，则 ACICA 将根据这些规则进行仲裁。各方当事人也可同意适用《联合国国际贸易法委员会仲裁规则》，并指定 ACICA 为管理机构，以便在整个程序过程中得到机构的支持。

二、《ACICA 2021 年仲裁规则》的主要内容

（一）吸纳国际仲裁指引

ACICA 是第一家将国际律师协会的指引在仲裁规则中直接引用的仲裁机构。《ACICA 2021 年仲裁规则》规定，每一方当事人应尽其最大努力确保其法律代理人遵守《国际律师协会国际仲裁当事人代理指引》，ACICA、仲裁庭和各方当事人可以参考《国际律师协会国际仲裁利益冲突指引》，仲

庭应当考虑《国际律师协会国际仲裁取证规则》。

（二）便利仲裁的使用

首先，提高仲裁的电子化程度。鼓励无纸化立案，当事人可以通过电子邮件或通过其专用的在线门户系统提交仲裁通知和答复。仲裁通知可以通过电子方式或其他任何能提供发送记录的适当方式发送。允许虚拟会议审理，仲裁庭可以以虚拟形式或以虚拟和现实的混合形式举行会议和听证会。若仲裁庭举行虚拟听证会审理案件，其地点应被视为在仲裁地进行。除非当事人另有约定、仲裁庭或 ACICA 另有指令，仲裁裁决可以通过电子方式签署。在提高仲裁电子化程度的同时，注重信息安全保护。仲裁庭可采取措施保护在仲裁中出示或交换的信息，确保在仲裁中产生或交换的个人数据已依照有关准据法进行适当处理和存储。

其次，在仲裁案件合并方面采取更为宽泛的标准。若发生以下情况，ACICA 可以将两个或多个仲裁合并为一个仲裁：各方当事人同意合并；各仲裁中的所有请求均根据同一仲裁协议提出；或仲裁中的请求是根据一个以上的仲裁协议提出的，在这两个或所有这些仲裁中都存在的共同的法律或事实问题，所主张的救济权是针对同一笔交易或同一系列交易进行，或由同一笔交易或同一系列交易而产生，而 ACICA 认为各仲裁协议是兼容的。合并仲裁的请求可在仲裁请求中提出，也可依规定稍后提出。ACICA 可视情况调整有关合并仲裁请求内容的要求。在有初步证据表明第三方受到现有争议方之间的仲裁协议约束的情形下，经一方当事人或第三人的申请，仲裁庭应当允许该第三方加入仲裁。

最后，简化多合同仲裁的方法，规定当事人可以选择使用复合仲裁通知，就多份合同下的争议通过一份仲裁通知书提起单一仲裁，其条件是当事人需要在仲裁通知中向 ACICA 申请处理仲裁合并的门槛问题。若 ACICA 驳回合并仲裁申请，则申请人应针对尚未合并的每个仲裁案件提出单独的仲裁通知，并分别支付各案的注册费。

（三）平行程序、早期驳回和简易程序

仲裁庭在与当事人协商后可对与本案有关联的案件进行处理，而若关联仲裁案件的每个仲裁中仲裁庭成员都相同，且存在共同的法律或事实问题，则仲裁庭可以行使案件管理权以同时对相关案件进行审理，也可以中止其中一个仲裁案件的审理。

仲裁庭有权作出裁决，对某仲裁请求、抗辩或反请求进行早期驳回。

在仲裁庭组成前，如争议的标的额小于 500 万澳元且双方当事人同意，或者案件存在紧急状况，一方当事人可向 ACICA 书面申请适用简易仲裁程序。ACICA 将在考虑双方当事人意见的基础上决定是否准许该申请。简易仲裁程序采取独任仲裁的形式。ACICA 应当在仲裁开始后 14 日内指定仲裁员。仲裁员应在被指定后的 4 个月内作出最终的仲裁裁决，若当事人提出异议，则应当在 5 个月内作出。当事人关于仲裁解释的请求应当在收到裁决之日起 7 日内提出。

（四）仲裁员选定

当事人未事先约定仲裁员人数且没有就此达成协议的，由 ACICA 根据案件具体情况确定仲裁员为一人或三人。

选定独任仲裁员的，各方当事人均可向对方当事人建议一位或若干位仲裁员作为候选人。如果无法达成协议，由 ACICA 指定该独任仲裁员。在指定仲裁员时，ACICA 应保证其指定的独任仲裁员是独立公正的，同时还应考虑指定与当事人具有不同国籍的独任仲裁员是否更为合适。选定三人仲裁庭的，由每方当事人各选定一名仲裁员，如两名仲裁员无法就首席仲裁员的人选达成一致，则由 ACICA 指定首席仲裁员。

紧急情形适用简易仲裁程序，采取独任仲裁的形式。在收到紧急仲裁的申请后，ACICA 应尽力在一个工作日内完成独任仲裁员的指定并尽快通知当事人。除非当事人另有书面约定，否则独任仲裁员不会在后续仲裁程序中担任仲裁员。在指定独任仲裁员后，ACICA 应将仲裁申请转给独任仲裁员。

（五）仲裁庭选定的专家

在征询当事人意见后，仲裁庭可选定一名或多名专家，指令专家提交关于仲裁庭所提出的特定问题的书面报告。仲裁庭可与选定的专家进行会面。

仲裁庭应确定专家的职权范围，在收到专家报告后，仲裁庭应将报告副本送达当事人，并给予当事人书面陈述其关于该报告的意见的机会。

当事人有权查验专家出具该报告所依据的文件。若当事人申请专家出庭，专家应参加开庭审理，各方当事人均有权出席并盘问该专家。在开庭审理中，任何当事人均有权要求专家就所涉争议点发表意见。

（六）保密和第三方资助披露

除非当事人另有书面约定，所有开庭均不公开进行。未经各方当事人许可，对于仲裁案件的所有事项（包括仲裁存在的事实）、仲裁裁决、为仲裁而制作的资料以及另一方在仲裁审理过程中出示的尚未被公众知晓的文件，各方当事人、仲裁庭和 ACICA 均负有保密义务，不得向外界披露，但下列情形除外：为向法院提出申请之用；为向法院申请执行仲裁裁决之用；根据有管辖权的法院的命令而披露；根据对做出披露行为的当事人具有拘束力的国家法律的要求而披露；根据有关行政管理机关的要求而披露。

当事人有义务披露是否存在第三方资助，并且在披露第三方资助安排的任何变化方面负有持续的义务。仲裁庭有权指令当事人在仲裁程序中的任何时候披露第三方资助者的存在和身份，但是并未要求当事人披露资助安排的具体内容和条款。

（七）加强秘书处作用

当事人与仲裁庭之间的所有书面通信均应抄送 ACICA 秘书处。一方当事人应将其提交给仲裁庭的所有文件或信息同时传达给另一方当事人，除非仲裁庭与当事人协商后另有指示。

如果当事人均未对提名的独任或首席仲裁员的可用性、独立性或公正性提出异议，ACICA 秘书长有权对选定进行确认。若秘书长确认提名，应将该确认向 ACICA 报告；若秘书长拒绝确认，应将提名提交 ACICA 以进行确定。秘书长和 ACICA 均无义务就仲裁员的确认决定给出任何理由。

（八）替代性争议解决机制和调解

仲裁庭组成后，应尽快与当事人讨论使用其他技术促成争议解决的可能性。同时明确该等促成争议解决的其他技术包括调解和其他形式的替代性争议解决。

仲裁庭必须与当事人讨论使用调解或其他替代性争议解决机制的可能性，以促使争议得到快速、高效和公平的解决。当事人可申请中止仲裁程序，以仲裁庭认为适当的条款进行调解或其他形式的替代性争议解决，若进行调解，则调解应根据《ACICA 调解规则》进行。

（九）仲裁地和期限

若当事人未事先约定仲裁地并在仲裁开始后的 15 日内未就仲裁地达成协议，则澳大利亚悉尼为仲裁地。仲裁庭可以决定程序是否在仲裁地进行。仲裁裁决应在仲裁地作出。除非当事人另行达成协议，且该协议不违反准据法的禁止性规定，仲裁协议的准据法为当事人约定的仲裁地的法律。

在无法律规定或当事人约定更短期限的情况下，仲裁庭应在以下期限中的较短期限内作出裁决：案件档案移交仲裁庭之日起 9 个月内，或仲裁庭宣布案件审理结束之日起 3 个月内。ACICA 可在仲裁庭提出附带说理的请求之后，或者 ACICA 认为确有必要的情况下延长以上期限。

（十）仲裁费用

《ACICA 2021 年仲裁规则》罗列了仲裁费用构成项目的详细清单，详细规定了费用的预付以及 ACICA 和仲裁庭对费用问题的决定。

仲裁庭可在仲裁进行中的任何时候做出费用决定，而且一般默认由败诉方承担仲裁费用，但仲裁庭也可能需要根据案件具体情形行使自由裁量权来进行费用分摊。

仲裁庭需不时向 ACICA 确认 ACICA 是否持有必要的仲裁预付费用，此后才得继续进行仲裁。若 ACICA 指令支付的任何仲裁预付费用未得到全部或部分支付，则仲裁庭可在与 ACICA 进行磋商之后，指令中止或终止整个仲裁案件或其中的任何部分。此外，仲裁庭对于仲裁裁决的解释、更正或完成不得收取额外费用。

第三节　澳大利亚国际商事仲裁中心调解规则

ACICA 提供的调解服务主要依据 2007 年制定的《ACICA 调解规则》，该规则规定了调解的开始、调解员的任命、提交声明和终止程序的过程，以及调解程序的保密性和信息的披露，允许各方自由和灵活地商定如何进行调解的细节。

一、调解员

在向 ACICA 申请进行调解前，若所有当事人就调解员选任达成一致，应在调解请求书写明调解员姓名；若未选任调解员，申请调解的当事人可以在调解请求书中写明其对调解员应当具备资格的建议，其他当事人可以在答复调解请求时提出关于调解员资格的建议。

调解员通常为一名，除当事人协商选任外，通常由 ACICA 指定调解员。选定的调解员必须向 ACICA 提交独立性与公平性的书面声明。

二、调解程序

各方当事人需依调解员的要求，向调解员和其他当事人提交包含争议性质和争议点、事实和理由、证据及补充信息。

调解员遵循客观性与公平正义原则，充分考虑当事人权利义务、争议的有关情况和商事惯例等方面，独立公正地促进当事人达成和解。

调解程序可以以调解员认为合适的任何方式进行。调解员可以同时与所有当事人会面，也可以同当事人分别会面，可以与当事人进行口头或书面交流。会面地点由调解员与当事人协商后根据调解程序的情况确定，除非当事人就该会面地点达成一致意见。

若当事人同意并承担相关费用，调解员可以征求专家意见。专家意见的具体安排应由调解员同当事人和 ACICA 进行协商。

调解人可在调解程序的任何阶段提出解决争议的建议，这些建议不必以书面形式提出，也不必附有理由说明。

三、信息披露与保密性

当事人需要向对方当事人提供其向调解员提交的各种书面材料的副本。调解员收到一方当事人提供的有关争议的事实信息时，可以向另一方当事人披露该信息的实质内容，以便对方当事人作出解释；但是，若该信息是当事人在保密的特定条件下向调解员提供的，则调解员不得向对方当事人披露该信息。

调解不公开进行，除非当事人达成了其他书面协议。当事人、ACICA及调解员应当保密，未经当事人事先达成的书面同意，不得将与调解有关的事项（包括调解事项本身）、和解协议、为调解而制作的材料、当事人在调解程序中提供的文件等非公共领域内容向第三方透露，只有四种情形例外，分别是：为向任何国家法院申请执行和解协议的目的；根据有管辖权的法院的命令；任何对当事人有约束力的国家的法律要求披露；任何监管机构要求披露。任何一方需要依照前述规定进行披露，必须在披露前的合理期限内履行通知义务，若调解正在进行，需要通知调解员、ACICA 及另一方当事人；若调解结束，需要通知 ACICA 和另一方当事人。披露方当事人应提供披露的细节并解释原因。另外，提供证人的一方当事人有责任保证该证人在同等程度上遵守有关保密性的规定。披露需要遵守相关义务且所有保密性的规定适用于调解过程中出现的证人。

四、调解程序的终止

调解程序在四种情况下终止，调解员应当及时向 ACICA 通知调解程序终止的情况：其一，当事人签订了和解协议。当事人签订和解协议之日调解程序终止。其二，调解员经与当事人协商，作出继续调解已不再具有合理性的书面声明，在该声明宣告之日调解程序终止。其三，当事人向调解员提交终止调解程序的书面声明，调解程序在该声明宣告之日终止。其四，当事人约定的调解期限届满，或者自 ACICA 收到调解请求书后满 90 天，调解程序期满终止。

五、调解程序与仲裁和诉讼的关系

若当事人承诺在调解程序进行中不就争议提起任何仲裁或诉讼，那么当事人根据 2007 年《ACICA 调解规则》行使其权利或寻求中间性救济时所提起的仲裁或诉讼程序应从属于调解程序。

　　若当事人选择以调解方式处理争议，那么在与该争议有关的仲裁或诉讼程序中，调解员和证据的可采性都要受到限制。调解员不得作为仲裁员，不得在仲裁或诉讼程序中作为当事人的代表、律师或证人。无论仲裁或诉讼程序是否从属于调解程序，一方当事人都不得援引下列材料或事实作为仲裁或诉讼程序中的证据：（1）另一方当事人就可能解决争议的方案所表达的意见；（2）另一方当事人在调解程序中作出的承认；（3）调解员提出的建议；（4）另一方表示愿意接受调解员提出的解决方案的事实。

　　总体而言，2007 年《ACICA 调解规则》为当事人选择调解的争议解决方式提供了条件，尤其是其保密性规定极具吸引力。该规则鼓励当事人主动促进和解，在调解程序中充分行使权利。

第六章　新加坡国际仲裁中心

第一节　新加坡国际仲裁中心概述

一、设立发展

新加坡国际仲裁中心（Singapore International Arbitration Center，以下简称 SIAC）于 1991 年开始运作，是一家全球性仲裁机构，面向全球商界提供中立仲裁服务。新加坡国际仲裁中心总部在新加坡，有美洲办事处、中国办事处、东北亚办事处和南亚办事处等四个海外办事处。SIAC 美洲办事处位于纽约市，SIAC 中国办事处位于上海，SIAC 东北亚办事处位于韩国首尔，SIAC 南亚办事处位于印度孟买和古吉拉特国际金融技术中心。

SIAC 仲裁院和秘书处能流利使用英语以及印尼语、中文、法语、格鲁吉亚语、印地语、尼泊尔语、西班牙语、他加禄语和越南语等。如果仲裁协议有专门语言要求，SIAC 可以用英语以外的语言管理案件。

高度的国际化和专业化使得新加坡与伦敦、巴黎、香港、日内瓦并列为五个全球最受欢迎的仲裁地，新加坡国际仲裁中心是最受欢迎的五个仲裁机构之一。

二、组织结构

SIAC 董事会负责监督 SIAC 的运营、业务战略和发展,以及公司治理事宜。

SIAC 仲裁院的主要职能包括任命仲裁员,以及全面监督新加坡国际仲裁中心的案件管理。SIAC 拥有一支由来自 40 多个司法管辖区的 600 多名专家仲裁员组成的经验丰富的国际仲裁员队伍,仲裁员的任命基于仲裁员的专业知识、经验和过往仲裁记录。尤其是在能源、工程、采购和建筑领域,SIAC 的仲裁员为来自超过 25 个司法管辖区的专业人士。

SIAC 专职人员管理仲裁的财务事项,包括定期提交账目、收取仲裁费用的保证金、处理仲裁庭的费用和开支。

三、费用效率

(一)经济费用

在 SIAC 仲裁的当事方需根据仲裁具体程序缴纳相应费用。

一类费用不可退还,与案件争议金额不相关联,包括立案费、紧急仲裁申请管理费、仲裁员回避申请费、仲裁员指定费等。如案件立案费,非新加坡当事人 2000 新加坡元,新加坡当事人 2140 新加坡元。新加坡当事人要缴纳的费用通常略高于海外当事人,主要原因是新加坡当事人的费用含税。如果当事人申请启动紧急仲裁,SIAC 针对新加坡当事人收取 5350 新加坡元的紧急仲裁申请管理费,针对海外当事人收取 5000 新加坡元。紧急仲裁员的费用为 25000 新加坡元,紧急仲裁员费用的押金为 30000 新加坡元。当事人如认为仲裁员存在利益冲突或其他应当回避的情形,需向 SIAC 缴纳费用。独任仲裁员审理案件和三位仲裁员审理案件的仲裁员指定费用不同,指定仲裁员人数越多缴纳费用越高。

另一类费用与案件争议金额正向关联,争议金额越大,收费越高。这些费用包括案件管理费、仲裁员费用、评估费用等。如 5 万新加坡元以下的争议金额的案件收取管理费为3800新加坡元，5万新加坡元以上争议案件阶梯式上浮，管理费最高封顶95000新加坡元。仲裁员费用最低6250新加坡元最高200万新加坡元。

根据SIAC发布的研究，在SIAC仲裁平均总仲裁费用为109729新加坡元（约合人民币54万元）。独任仲裁庭总仲裁费用平均53418新加坡元（约合人民币26万元），三人仲裁庭总仲裁费用平均211089新加坡元（约合人民币104万元）。

（二）时间成本

在一般仲裁程序下，SIAC仲裁案件的平均结案时间为13.8个月，中位数为11.7个月。实际结案时间取决于仲裁员的数量、争议的总金额、复杂性、提交材料的时间表、中间申请、证据披露、事实证人和／或专家证人、听证以及当事人和仲裁庭的日程表等因素。

在快速仲裁程序下，比如争议金额不超过600万新加坡元，或当事人约定适用快速程序仲裁，或遭遇异常紧急情况时，当事人可以向SIAC书面申请适用快速仲裁。这一特殊的快速通道程序，可以加速仲裁流程。除非主簿延长作出最终裁决的时间，最终裁决在仲裁庭组成后6个月内作出。

值得一提的是，SIAC是第一个提供紧急仲裁员程序的亚洲仲裁机构。在仲裁庭组成之前，通过指定一名紧急仲裁员审理临时救济。自2010年引入紧急仲裁员制度以来，SIAC接受的紧急仲裁申请总数达到141份。当事人在公司领域产生的争议中申请紧急仲裁占比最大为39%，商业领域为18%，贸易领域为12%，建筑、基础设施、工程领域为10%，海运、航运领域为7%。2022年，SIAC收到12份紧急仲裁申请并全部获准。

第二节　新加坡国际仲裁中心仲裁规则

一、SIAC仲裁规则概述

当事人可以根据争议情况，约定适用不同的仲裁规则。SIAC目前有

《2016 年 SIAC 仲裁规则》《2017 年 SIAC 投资仲裁规则》，并且允许当事人选择适用《联合国国际贸易法委员会仲裁规则》SIAC 是首个制定国际投资仲裁规则的商事仲裁机构。此外，为充分发挥仲裁与调解的各自优势，促进两者程序的顺利转换，SIAC 还与新加坡国际调解中心签订了《仲裁—调解—仲裁》议定书。

二、SIAC 仲裁规则主要特点

《2016 年 SIAC 仲裁规则》共 40 条，在历次修订中不断根据仲裁实践的发展和需要进行完善。SIAC 仲裁规则一方面对当事人可能拖延仲裁程序的情况做了提前预防，另一方面对商业交易日益复杂的情况做出及时应对。考虑到国际商业交易复杂化和交易主体多元化的发展趋势，对商业交易与其他关联交易交织，针对涉及多个相互关联的合同产生争议而当事人可能相同或者不完全相同等情况，更加有效开展仲裁解决争议进行了规范，进一步降低了当事人纠纷解决的时间和金钱成本，减少了不同仲裁裁决之间冲突的风险。

（一）早期驳回制度

SIAC 规定当事人可以基于仲裁申请或答辩明显缺乏法律依据或者明显超出仲裁庭管辖权的理由，申请仲裁庭早期驳回仲裁申请或答辩。SIAC 规则要求当事人提出请求时，要详细说明支持其申请的事实和法律依据。仲裁庭有权自主决定是否允许当事人提出申请。如果允许提出申请，仲裁庭听取各方当事人意见后，对是否支持该申请自主作出决定。

SIAC 是主要国际仲裁机构中第一个引入早期驳回制度的机构。通过在仲裁程序的早期阶段给予当事人机会，申请驳回明显缺乏法律依据或明显超出仲裁庭管辖范围的申请或答辩，可以使当事人免受参加仲裁的时间和财力之困。

（二）多份合同仲裁

SIAC 仲裁规则规定，涉及多份合同争议的申请人在申请仲裁时可以有两种选择：（1）根据每份合同所载的仲裁协议分别提交一份仲裁通知书，并同时申请合并这些仲裁案件；（2）根据所有仲裁协议仅提交一份仲裁通知书并在通知书中说明每份合同及其仲裁协议的情况，该仲裁通知书被视为将所有这些仲裁进行合并审理的申请。无论采取上述哪种形式，实际上申请人都是将多份合同合并，向 SIAC 申请一个仲裁。

（三）合并仲裁

SIAC 仲裁规则规定仲裁程序开始后，当事人可以在尚未组成仲裁庭之前向 SIAC 或向组成后的仲裁庭申请将所有相关仲裁在满足一定条件的情况下合并审理。这些条件主要包括：（1）所有当事人同意合并仲裁；（2）各仲裁案件的所有请求是依据同一份仲裁协议提出；（3）有多份仲裁协议，但各仲裁协议相容，并且争议由相同法律关系或由同一系列交易产生等。

（四）追加当事人

SIAC 仲裁规则规定，案件当事人和非当事人均可以在仲裁庭组成前或组成后，申请追加一个或多个新增当事人作为申请人之一或被申请人之一加入正在进行的待决仲裁案件中，只要从表面上看：（1）被追加的新增当事人受仲裁协议的约束，（2）包括被追加的当事人在内的所有当事人均同意被追加的当事人加入该仲裁程序。

（五）仲裁员回避

SIAC 仲裁规则明确规定 SIAC 对仲裁员回避申请作出的决定应当说明理由。该规定增加了 SIAC 的工作挑战，使得 SIAC 国际仲裁的透明程度较其他国家仲裁机构更高，也使得 SIAC 仲裁赢得了更多当事人接受和选择。

（六）紧急仲裁员

SIAC 是亚洲首个引入紧急仲裁员程序的商事仲裁机构。SIAC 仲裁规则进一步加速了紧急仲裁流程，规定 SIAC 主簿收到当事人的申请及缴付的管理费和保证金之日起 1 天而非此前的 1 个工作日内，SIAC 院长应当指定紧急仲裁员。紧急仲裁员可以享有与普通程序组成的仲裁庭同样的采取临时救济措施的权力，紧急仲裁员作出临时命令或裁决的时间更短，规定其应在被指定后十四日内作出。只有在特殊情况下，主簿才能决定延长期限。但是，紧急仲裁员应以书面形式简要写明决定的理由。在收费方面，无论争议金额大小，所有案件的紧急仲裁员的报酬固定为 25000 新加坡元，除非主簿另有决定。当然，紧急仲裁员的作用时间限于仲裁庭组成之前。在仲裁庭组成后，紧急仲裁员不再行使任何权力。对于紧急仲裁员作出的临时命令或裁决，仲裁庭可以再作考虑、进行修改或者予以废止。紧急仲裁员决定的理由，对仲裁庭没有约束力。如果在紧急仲裁员的命令或裁决作出之日起 90 天内仍未组成仲裁庭的，紧急仲裁员作出的任何临时命令或裁决均失去拘束力。

（七）快速程序

快速程序在仲裁员指定、仲裁裁决作出期限等方面更加简便快捷，仲裁费用也相对低廉，自 2010 年 SIAC 引入快速仲裁后备受商界的认可。SIAC 在 2016 年规则中予以进一步优化，规定快速程序可适用的争议总金额为 600 万元新币以下的争议，此处的争议总金额由仲裁请求、反请求以及任何抵销抗辩合计构成。仲裁庭在征询当事人意见后，可以决定是否对案件仅依据书面证据进行审理。案件进入快速程序，除 SIAC 院长另行决定，案件由独任仲裁员审理，SIAC 主簿可以缩短任何期限。除非主簿延长期限，仲裁庭应当在组成之日起 6 个月内作出决定。

第三节　新加坡国际仲裁中心案件信息

一、案件总数量

SIAC 每年处理的案件数量在 2020 年达到 1080 起的峰值之后，2021 年为 469 起，2022 年为 357 起，相对平稳。

SIAC 管理的案件数量，也同样在 2020 年达到峰值的 1063 起案件后，于 2021 年回落为 446 起，2022 年为 336 起。

二、案件来源

2022 年 SIAC 处理的国际案件为 313 起，占 88%，国内案件 44 起，占

12%。2022 年 SIAC 的十大境外用户中，印度、美国、中国客户位列前三。之后是开曼群岛、马来西亚、中国香港、印度尼西亚、泰国、韩国、越南、英国、澳大利亚。可见，SIAC 是 RCEP 大多数国家商业主体解决争议的选择项。

三、争议类型

SIAC 可受理的争议类型广泛。2022 年的 SIAC 仲裁案件涉及领域包括贸易、商业、公司、海运 / 航运、建筑 / 工程、航空航天 / 国防、艺术 / 娱乐、银行 / 金融服务、商品、教育、就业、能源、医疗保健 / 制药、酒店 / 旅游、破产、保险 / 再保险、知识产权、房东 / 租户、媒体 / 广播、房地产、技术 / 科学、电信科学、电信。贸易、商业、公司领域纠纷总共约占 60%。

四、仲裁员的任命

（一）仲裁员的国籍

2022 年 SIAC 任命的仲裁员来自澳大利亚、比利时、加拿大、中国、丹麦、法国、德国、印度、印度尼西亚、爱尔兰、以色列、黎巴嫩、马来西亚、毛里求斯、荷兰、新西兰、尼日利亚、菲律宾、新加坡、韩国、西班牙、瑞士、英国、美国、土耳其和越南。

2022 年新增 195 名仲裁员，来自澳大利亚、奥地利、巴西、加拿大、中国、丹麦、法国、德国、印度、印度尼西亚、爱尔兰、日本、黎巴嫩、厄瓜多尔、马来西亚、新西兰、挪威、巴基斯坦、俄罗斯、新加坡、韩国、圣基茨和尼维斯联邦、瑞士、英国、美国和越南。

（二）仲裁员的性别

SIAC 任命的 145 名仲裁员中，67 名是女性，占比 46.2%。SIAC 仲裁院的 37 名成员中，有 10 名是女性，占比 27%。在 SIAC 的管理层和秘书处中，女性占 63%。

第七章 马来西亚亚洲国际仲裁中心

第一节 马来西亚亚洲国际仲裁中心概述

一、设立发展

马来西亚亚洲国际仲裁中心（Asian International Arbitration Centre，以下简称 AIAC）是根据亚非法律协商组织（AALCO）与马来西亚政府间协议于 1978 年成立的争议解决机构，是进行国内和国际仲裁及其他替代性争端解决程序的中立和独立的场所。AIAC 专注于替代性纠纷解决、避免争端和整体争端管理。

AIAC 以前被称为吉隆坡区域仲裁中心（KLRCA），于 2018 年该机构成立 40 周年之际改名，突显其致力于满足亚洲地区争议解决的目标。2019 年，AIAC 增加了仲裁庭秘书、资金保管安排和虚拟听证等额外服务。AIAC 于 2021 年修订的《仲裁规则》，正式纳入了对仲裁程序管理的各种改进。同年，AIAC 推出了全球第一个《伊斯兰仲裁规则》，专门解决伊斯兰法律和金融原则下的事项。

除提供仲裁服务外，AIAC 还可以依据 2018 年《AIAC 调解规则》和《AIAC 裁决规则与程序》为调解事务提供便利。它也是根据马来西亚 2012 年《建筑业付款和裁决法》（CIPAA）法定授权管理裁决的唯一行政机构。

　　此外，AIAC 还在亚洲域名争议解决中心的主持下，为统一域名争议解决政策（UDRP）事宜提供域名争议解决服务，并在马来西亚网络信息中心（MYNIC）的主持下，为 Mynic（.my）域名争议解决政策（MYDRP）事宜提供域名争议解决服务。AIAC 是体育仲裁院（CAS）的官方替代听证中心。AIAC 还成立了 AIAC 学院，致力于促进和组织教育及能力建设活动。

　　经过现代化设备的更新，AIAC 能够提供最先进的视频会议、法庭记录和转录（CRT）服务，利用最新的 IT 技术，为笔记本电脑、平板电脑和移动设备提供全套协作功能。能够进行超高清视频录制，并有专门的法庭式视频采集，辅以智能语音跟踪麦克风和自动音频到文本的转录，方便用户使用。

　　AIAC 在一位主任和两位助理主任的领导下开展工作，设有法律服务部、财务部、业务发展部、人力资源部和运营部，有超过 60 名来自不同背景的专业人士。AIAC 的仲裁名册人数超过 500 名，约 140 名的本地仲裁员，其余的为外籍仲裁员。

二、规则制定

　　AIAC 有独立的《AIAC 仲裁规则》和《AIAC 快速仲裁规则》。AIAC 的国际化程度较高，是世界上第一个采用 2013 年修订的《联合国国际贸易法委员会仲裁规则》的机构。

　　AIAC 在仲裁服务上的创新体现在《AIAC 伊斯兰仲裁规则》的制定。2021 年 11 月 1 日，AIAC 推出了伊斯兰仲裁框架，供各方在以伊斯兰教法原则为前提的仲裁中采用，旨在促进伊斯兰仲裁，回应全球伊斯兰金融业日益增长的需求。《AIAC 伊斯兰仲裁规则》不排除基于其他类型商业合同的伊斯兰交易，包括但不限于在清真行业缔结的合同。

　　《AIAC 调解规则》最新修订于 2018 年，在《AIAC 调解规则》和《2012 年马来西亚调解法》的推行下，调解越来越成为马来西亚受欢迎的解决商事纠纷的方式。

三、2022 年的案件处理情况

（一）仲裁案件

2022 年，AIAC 共收到 93 个新的仲裁案件，其中 76 个案件是 AIAC 管理的事项，其余 17 个案件是根据 2005 年马来西亚仲裁法临时指定的。在 2022 年 AIAC 管理的 76 个案件中，71 个案件适用 2021 年《AIAC 仲裁规则》，3 个案件适用《AIAC 快速仲裁规则》，1 个案件适用《联合国国际贸易法委员会仲裁规则》管理仲裁的议定书。特别值得关注的是，首次有 1 个案件适用了 2021 年《AIAC 伊斯兰仲裁规则》。

2022 年的国内仲裁占 88%，共 67 起；9 起国际仲裁案件，涉及新加坡、中国、德国、韩国和英国。

2022 年，AIAC 管理的仲裁案件的争议总额为 1736 万美元，较 2021 年的 54023 万美元下滑严重。当年收到 4 个简易裁决请求和首次紧急仲裁请求。

（二）调解案件

2022 年有 5 个调解案件。

（三）域名争议

2022 年，AIAC 共进行了 8 次域名争议登记，比 2021 年的登记略高。这些登记既包括亚洲域名争议解决中心主持下由 AIAC 管理的事项，也包括马来西亚网络信息中心域名争议解决政策下的案件。

第二节　亚洲国际仲裁中心仲裁规则

一、规则适用

AIAC 于 2013 年开始制定其仲裁规则，之后于 2017 年、2018 年、2021 年进行修订，现行最新有效的版本为 2021 年仲裁规则。2021 年仲裁规则共 47 条，以《国际商事仲裁示范法》为蓝本，规定了仲裁登记、仲裁员的任命、快速程序、紧急仲裁、仲裁裁决的作出等内容。

AIAC 仲裁规则由《AIAC 仲裁规则》和《联合国国际贸易法委员会仲裁规则》组成。若两个仲裁规则之间存在冲突，则《AIAC 仲裁规则》优先得到适用。

二、仲裁员

各方当事人可自由约定仲裁员人数。如无约定，且 AIAC 主任也未能决定人数，则国际仲裁案件的仲裁庭应由三名仲裁员组成，国内仲裁案件由独任仲裁员组成。

各方当事人可约定指定仲裁员。各方当事人指定的仲裁员必须经过主任的确认。如无约定，由 AIAC 主任依据《AIAC 仲裁规则》指定仲裁员。AIAC 主任也可向各方当事人询问有关指定仲裁员的信息。

若存在可导致对仲裁员的公正性或独立性产生合理怀疑的情况，或仲裁员不具备当事人约定的资格，则当事人可对仲裁员进行质疑。AIAC 主任可中止仲裁程序直至对质疑作出决定。如仲裁员未主动辞职，AIAC 主任应作出质疑的书面决定并说明理由。AIAC 规则还明确了替代仲裁员的指定程序。

三、仲裁程序

AIAC 主任收到仲裁申请人提交的书面仲裁通知及所附的证明材料之日为仲裁程序开始之日。相关文件在送达另一方当事人的同时或之后应立即送达 AIAC 主任。

仲裁庭可以其认为适当的方式进行仲裁。各方当事人可约定仲裁地。如无约定，仲裁地原则上为马来西亚吉隆坡。仲裁庭通常可在仲裁地之外的其他任何适当的地点开展开庭等仲裁程序，但仲裁仍被视为在仲裁地进行。

仲裁庭可应一方当事人请求采取临时保护措施。在仲裁庭组成前，一方当事人若请求紧急救济，可向主任请求任命紧急仲裁员。

仲裁庭在仲裁中或 AIAC 主任在仲裁庭尚未组成时，有权在符合条件的情况下允许追加当事人。经当事人申请，或 AIAC 主任认为适当时，AIAC 主任可将正在进行的两个或多个仲裁合并，但需满足以下条件之一：（1）各方当事人同意合并；（2）各仲裁的请求依据同一仲裁协议提出；（3）请求虽然依据一个以上仲裁协议，但争议源于同一法律问题，且 AIAC 主任认为各仲裁协议彼此兼容。

四、仲裁裁决

仲裁庭宣布仲裁程序终结，应以书面形式告知各方当事人和 AIAC 主任。仲裁庭应在结束程序之日起 90 天内，并在签署最终裁决书之前，将其最终裁决书草案提交 AIAC，由主任进行技术审查。

当事人在仲裁程序开始后达成和解，当事人可请求仲裁庭依据和解协议作出裁决。如未请求则应通知 AIAC 主任达成和解。

五、费用

AIAC 国际仲裁和国内仲裁案件的仲裁庭费用原则上由 AIAC 主任确定。各方当事人和仲裁庭可在仲裁庭组成之日起 30 天内就仲裁庭的费用自由协商并达成费用协议。仲裁庭应告知 AIAC 主任有关费用协议的执行情况。AIAC 的管理费由主任确定。紧急仲裁的申请费和紧急仲裁员的费用按固定标准收取。

在仲裁程序开始后，主任应对仲裁的费用进行预估并确定预付款金额。预付款应由各方当事人均摊。未支付预付款的，仲裁庭将不进行仲裁程序直至款项付清。当事人依据《AIAC 调解规则》将争议提交调解但未能达成和解或调解程序终止，并决定根据《AIAC 仲裁规则》进行仲裁，则当事人向 AIAC 交纳的调解程序管理费的一半将用作仲裁的管理费。

六、保密和免责

除非当事各方另有约定，否则与仲裁程序有关的所有事项均应保密，除非为实施和执行裁决而有必要披露，或在法律义务可能要求当事一方披露的情况下，为保护或争取合法权利或在法院或其他司法机构的法律程序中对裁决提出异议而有必要披露。如果有违反规定对外披露，仲裁庭有权对违反一方采取包括下达支付费用或赔偿损失的命令或裁决等措施。经当事方明确书面同意，AIAC 可以公布裁决书的全文、节选或摘要，但须删去所有涉及当事方名称和其他身份识别信息的内容。

为 AIAC 和仲裁庭顺利开展仲裁，AIAC 和仲裁庭不对任何当事人的与仲裁程序进行有关的作为或不作为承担责任。各方当事人和仲裁庭同意，在仲裁程序进行期间所作的书面或口头声明或评论，都不应作为提起或支持诉讼等事由的依据。

第三节　亚洲国际仲裁中心调解规则

一、2018 年《AIAC 调解规则》概述

《AIAC 调解规则》，以前称为《KLRCA 调解规则》，是一套涵盖调解过程的不同方面的程序规则，以协助当事人解决国际和国内争议。

通过《AIAC 调解规则》和《2012 年马来西亚调解法》，AIAC 力图将调解作为马来西亚当事人的理想商业选择加以推广。最新修订的版本为 2018 年《AIAC 调解规则》，可以解决包括但不限于涉及投资者与国家和 / 或国家实体的投资相关争议。

二、2018 年《AIAC 调解规则》主要内容

（一）调解员

如果当事方已就一名拟议的调解员达成一致意见，而该调解员愿意担任调解人且并未因独立性和公正性被取消资格，则当事方将共同提名该人为调解员，供 AIAC 主任确认。如没有协商一致，则 AIAC 主任应在与当事方协商

后，任命一名调解员或向当事方提出一份调解员名单。所有各方可从上述名单中共同提名一名调解员，供 AIAC 主任确认，否则主任应任命一名调解员。

在任命调解员时，主任应考虑各方就调解员达成的一致意见，如无一致意见，则应考虑主任认为适当的调解员。如果任何一方反对主任指定的调解员，并在收到指定通知后 15 天内书面通知主任和所有其他各方，说明反对理由，主任应指定另一名调解员。

调解员通常应为一人。经当事方同意，当事方可根据《AIAC 调解规则》提名一名以上调解员或要求主任任命一名以上调解员。考虑到案件的具体情况，主任可向当事方提议任命一名以上调解员。

（二）调解程序

调解员可以其认为适当的方式进行调解，同时考虑到争议的具体情况、各方的意愿以及可能与令人满意地迅速解决化解分歧有关的因素。

在调解之前或调解期间，调解员通常可与各方一起或单独，在其代表在场或不在场的情况下，以调解员认为合适的方式，通过面谈、电话、视频会议或电子方式进行沟通。

（三）保密

调解的所有程序均应保密。所有当事方和调解参与者须对此签署书面承诺书。除非另有协议，否则除调解员、各方及其代表外，其他任何人不得出席、聆听或观看调解的任何部分或与调解有关的任何通信。除非当事方与调解员另有书面协议，否则不得对调解进行录音或记录。

调解员、当事方以及调解参与者必须对与调解有关或由调解引起的所有事项保密，但以下事项除外：（1）各方同意调解或调解达成和解的事实，除非各方另有书面同意；（2）和解或部分和解的条款，除非双方另有书面协议；（3）准备调解文件且未提及调解时、作为达成和解协议证据时、执行和解遵守规定要求时、法律或法院命令下、防止严重犯罪或公共安全受威胁、明显进入公共领域等情况的文件或资料的披露。保密义务通常在调解终止后继续有效。

（四）费用

除非法院或仲裁庭另有约定或命令，各方应自行承担调解费用。调解费用主要包括调解员的费用，会议室的场地租用费、翻译费，提供专家意见的专家或专家证人的费用，AIAC 调解有关的行政费用。调解当事双方对这些费用应承担连带责任，且无论调解是否成功，双方是否都满意结果。

如果调解员在程序终止前辞职，双方须支付调解员在程序终止前的费用及开支，除非调解员另有决定。

第四编

案例编：RCEP 企业经贸风险防范分析

第一章 合同订立环节的风险防范

第一节 澳大利亚公司与上海公司买卖合同纠纷案

一、案例简述

2016年，澳大利亚J进口公司（以下简称J公司）与案外人C某（C某系注册于塞舌尔共和国的D公司的员工）通过邮件建立业务联系并提出询价，得知J公司需求后，C某向J公司提供了载有上海X进出口公司（以下简称X公司）的报价单。2017年1月，C某向J公司进一步提供了载有X公司名称和地址的形式发票，并请J公司确认和安排付款，该形式发票主要内容包括：（1）买方为J公司；（2）收款人为X公司；（3）货物为3万余支蜡烛，总金额23970美元；（4）使用FOB术语。此后，J公司付清货款，X公司安排海运发货。

2017年3月，上述货物送达澳大利亚，J公司收货后发现货物"货不对版"，与形式发票载明的货物内容严重不符，且存在质量问题，对此J公司聘请了第三方检验公司出具《检验报告》以证明"货不对版"。因此，J公司将X公司诉至法院，要求：（1）解除J公司和X公司的买卖合同；（2）X公司返还货款并承担相关费用和损失。

二、法律分析

1. 本案适用法律应如何确定？

该案涉主体所在国为中国和澳大利亚，鉴于中国与澳大利亚联邦均为《联合国国际货物销售合同公约》（以下简称《CISG 公约》）的缔约国，本案双方当事人并未明确排除该公约的适用，故应适用该公约处理本案争议。

此外，双方同意对系争合同中所涉国际贸易术语适用国际商会制定的《INCOTERMS2010》，且同意对《CISG 公约》《INCOTERMS2010》没有涉及的事项适用中华人民共和国法律，故根据《中华人民共和国涉外民事关系法律适用法》第四十一条的规定，应适用中华人民共和国法律予以处理。

2. J 公司和 X 公司是否存在国际货物买卖合同关系？

《合同法》第十条第一款规定："当事人订立合同，有书面形式、口头形式和其他形式。"第十一条规定："书面形式是指合同书、信件和数据电文（包括电报、电传、传真、电子数据交换和电子邮件）等可以有形地表现所载内容的形式。"（《合同法》废止后，《民法典》第四百六十九条延续了上述规定并进行了细化）《最高人民法院关于审理买卖合同纠纷案件适用法律问题的解释》第一条规定："当事人之间没有书面合同，一方以送货单、收货单、结算单、发票等主张存在买卖合同关系的，人民法院应当结合当事人之间的交易方式、交易习惯以及其他相关证据，对买卖合同是否成立作出认定。"

本案中，J 公司与 X 公司并未签订书面买卖合同，故双方之间是否成立国际货物买卖合同关系应根据现有证据以及双方当事人的陈述等综合加以认定。虽然订单、形式发票、商业发票均以 X 公司名义出具，但订单和发票并未明确 X 公司系作为卖方。整个交易过程中，J 公司均与案外人 C 某联系，并未与 X 公司联系。同时，C 某曾邮件向 J 公司明确其系 D 公司员工并提供了 D 公司基本信息，并披露 X 公司为 D 公司代理人的身份，J 公司对此始终未提出异议。在知悉上述信息下，J 公司继续与自称 D 公司员工的 C 某商谈并最终开展涉案货物买卖，故其应当知晓买卖合同的相对方即为 D 公司而非 X 公司。因此，J 公司与 X 公司之间不存在国际货物买卖合同法律关系。

3．J 公司是否可以向 D 公司主张权利？

《合同法》第四百零三条第二款规定（《合同法》废止后，对应《民法典》第九百二十六条），"受托人因委托人的原因对第三人不履行义务，受托人应当向第三人披露委托人，第三人因此可以选择受托人或者委托人作为相对人主张其权利，但是第三人不得变更选定的相对人"，J 公司是否可以选择 D 公司作为相对人主张其权利？本案中，案外人 C 某已向 J 公司披露以下信息：（1）X 公司系 D 公司进出口代理；（2）在 J 公司下单时，D 公司将使用 X 公司的名义和账号操作；对此，J 公司在后续复函中并未对此表示异议，涉案货物订单及发票也是在该信息披露之后出具。综上可以认为，J 公司在下订单前已经知晓 D 公司与 X 公司的存在以及两者之间的代理关系，故 J 公司无法在该法律条款下主张对 D 公司的权利。

三、风险防范

提示 1：要确认合同是否订立。

国际贸易中，买方面临的最大的风险就在于出口商，无论是出口商"货不对版"，还是在 CIF 或 CIP 术语项下可能存在的出口商与承运人相互勾结，都会导致进口商承受巨大损失。在此背景下，进口商应重点关注合同的订立是否合法有效，如发生纠纷是否可以直接向出口商主张权利等，避免发生本案中出现的无法主张的情况。

提示 2：要做好交易对手的背景调查。

该案中，J 公司自始至终通过中间人 C 某沟通并达成交易，但对 C 某及其声称的 D 公司没做相应的背景调查，特别是通过贸易代理进行的交易项下，委托人和受托人之间的关系复杂，信用风险和道德风险陡增，需要更加谨慎。

提示 3：要把控好贸易风险。

该案中，J 公司采用"先付款，后发货"的形式，支付了全部款项，在后续装船过程中，尽管双方约定使用 FOB 术语，但 J 公司对整个装运过程并未实施任何把控，没有委托派人到装运港检查货物是否符合合同的规定以致后续出现"货不对版"的情况。

【案例来源：杰斯托进口有限公司（JAXTALIMPORTSPTYLTD）诉上海新联纺进出口有限公司国际货物买卖合同纠纷案，案号：（2018）沪01民终11306号】

第二节　缅甸公司与云南公司买卖合同纠纷案

一、案例简述

本案原告为缅甸 W 公司，被告为中国 G 公司以及中国公民孙某。G 公司为一人有限责任公司，孙某是该公司的唯一股东兼法定代表人。

W 公司诉称，2017 年 3 月孙某向 W 公司协商购买铁精粉和铜精粉，双方协商后达成口头协议，W 公司同意出售给孙某及其所开设的 G 公司铁精粉和铜精粉若干吨。协议达成后，自 2017 年 3 月起至 2017 年 6 月 5 日止，W 公司共出售给 G 公司铁精粉和铜精粉的货款合计总金额为 4274905.24 元，G 公司前后已支付 383 万元，余款 444905.24 元未付。W 公司请求法院判令 G 公司立即支付货款，并判令孙某承担连带偿还责任。

G 公司辩称，自己是向南邓某公司购买的铁精粉和铜精粉，而非 W 公司，故本案原告的诉讼主体不适格，且已全部付清南邓某公司的货款。

孙某辩称，个人独资公司自然人股东对公司债务承担连带清偿责任的前提是公司的对外债务成立，但原告并没有证据证明南邓某公司与原告是同一家公司，故其主张不应得到支持。

W 公司向法院提交了以下证明材料：

（1）营业执照、授权委托书、法定代表人身份证明、法定代表人身份证一份，欲证明 W 公司系本案适格的原告。

（2）结算单四份，欲证明被告欠原告货款的事实。

（3）短信聊天记录及网银电子回单共六份，欲证明原告收到被告 G 公司的货款共计 3830000.00 元。

（4）微信账号截屏（微信 ×××2），欲证明原告的法定代表人与被告孙某通过微信来往，该微信号所使用的电话号码与被告孙某的电话号码一致。

（5）原告法定代表人王某某的缅甸身份证复印件一份，欲证明与被告孙某进行铁精粉和铜精粉交易的王某与王某某系同一人，王某系王某某在缅甸联邦共和国的身份。

二、法律分析

1. W 公司是否有资格作为本案的原告？

经质证，对原告提交的五组证据，虽没有直接证据证明与被告 G 公司有生意往来的是原告，而南邓某公司只是原告的一个别称，并不真实存在，但被告孙某认可代表南邓某公司与其洽谈业务的人名为王某，而证据 5 又能证明原告的法定代表人王某某与王某系同一人，原告所提交的五组证据能够相互印证，形成证据锁链，法院予以采信。

法院认为，首先，G 公司承认与南邓某公司有过铁精粉和铜精粉的交易，且交易的时间、数量、总金额与原告起诉的相一致；其次，被告孙某认可代表南邓某公司与其洽谈业务的人名为王某，而原告提交的王某身份证复印件能够证明原告的法定代表人王某某与王某系同一人；最后，原告住所地在缅甸联邦共和国南邓特区，且该公司营业执照上登记的经营范围是矿产品，被告 G 公司出具的结算单南邓某公司有可能只是原告公司的一个简称，且 G 公司并没有提交证据证明其与南邓某公司有相关铁精粉和铜精粉的买卖合同，或者证明该公司确实在缅甸联邦共和国注册存在，法定代表人另有他人的相关证据。因此，根据《最高人民法院关于民事诉讼证据的若干规定》第二条"当事人对自己提出的诉讼请求所依据的事实或者反驳对方诉讼请求所依据的事实有责任提供证据加以证明。没有证据或者证据不足以证明当事人的事实主张的，由负有举证责任的当事人承担不利后果"的规定，对被告辩称原告不是本案适格主体的主张，法院不予支持。

2. 孙某作为一人有限责任公司的股东是否应对公司债务承担连带责任?

工商登记信息显示,被告 G 公司系一人有限责任公司,被告孙某系该公司唯一股东,二被告并没有提交证据证明公司财产独立于个人财产。根据《中华人民共和国公司法》第六十三条"一人有限责任公司的股东不能证明公司财产独立于股东自己财产的,应对公司债务承担连带责任"的规定,对原告要求被告孙某对被告 G 公司所负债务承担连带责任的诉请,法院予以支持。

三、风险防范

提示 1:签订合同与履行合同的主体原则上应一致。

理论上,当事人与谁签订合同,就应该与谁履行合同。如果合同明确写明,由合同当事人以外的第三人履行合同,也是可以的。无论合同事实上由谁履行,在一方当事人违约时,有权追究违约责任的只能是签订合同的另一方当事人。

本案中,原告缅甸 W 公司并非与中国 G 公司直接签订合同的主体,因此 W 公司要追究 G 公司的违约责任,就要证明 W 公司事实上是合同的主体。本案中,W 公司提供了完整的证据锁链证明了这一点。如果 W 公司的证据有缺失,不能形成证据锁链,则有败诉的风险。

提示 2:一人有限责任公司的股东应确保公司财产独立于个人财产。

《中华人民共和国公司法》第六十三条规定,一人有限责任公司的股东不能证明公司财产独立于股东自己财产的,应对公司债务承担连带责任。据此,一人有限责任公司的股东为避免承担公司债务,应确保公司财产的独立性。根据该法第六十二条的规定,一人有限责任公司应当在每一会计年度终了时编制财务会计报告,并经会计师事务所审计,这是证明公司财产独立性的关键证据。

【案例来源:缅甸佤邦邦康地区开发有限公司与耿马孟定金孟清边贸进出口有限公司、孙军买卖合同纠纷,案号:(2018)云 0926 民初 828 号】

第三节 福建公司与新西兰公司等代理销售合同纠纷案

一、案件简述

2016 年 6 月 20 日，新西兰的 W 公司（甲方）与福州的 M 公司（乙方）签订《经销商协议》，约定 W 公司指定 M 公司作为其方 JET'AIME 葡萄酒（以下称指定产品）的指定区域的独家经销商，经销地区为福建省范围。M 公司仅限于将指定产品通过线下实体渠道进行分销或者零售。在协议有效期内，W 公司同意向 M 公司出售指定产品，供其在销售区域内转售，W 公司的货物到达 M 公司指定地后，M 公司应当对货物进行验收，并在发货单上签字盖章，作为每次收货的凭证。若 M 公司对所收货物数量、外观质量及应付货款金额等事项有异议，应在七日内以书面形式告知甲方客户服务中心，逾期视为无异议。除双方另有约定外，合同项下的经销行为采用款到发货的方式，货物的交货地点为 M 公司的指定仓库。货物一经 M 公司指定仓库收货人签收，货物的所有权即转移给 M 公司。

同日，W 公司（甲方）与第三人 A 公司（乙方）签订《物流服务委托协议》，约定 W 公司委托 A 公司作为其在中国的物流服务承包商，A 公司接受 W 公司的委托负责进口 W 公司指定货物、报检、仓储配送等物流事务，包括将货物运送至适合葡萄酒储存的仓库，并按照 W 公司的指令配送等。除 A 公司自购的商品外，W 公司指定 A 公司进行仓储管理的商品物权属于 W 公司。

2016 年 10 月，M 公司向 A 公司支付葡萄酒货款 167358 元，A 公司法人代表朱先生确认 A 公司系代 W 公司发货及收款，该款确有收到并已转交 W 公司。2017 年 3 月，W 公司委托 A 公司向 M 公司发出价值共计 373296 元的货物，M 公司确认收到货物。W 公司向《经销商协议》指定的电子邮件地址向 M 公司发送货物发票，但 M 公司一直迟迟未支付货款。后 W 公司多次向 M 公司催讨货款。

二、法律分析

1. 案涉合同的性质如何?

根据《经销商协议》的规定,W公司授权M公司在指定经销地区、通过指定的销售方式、销售W公司的指定产品,W公司和M公司之间成立销售代理合同关系。同时,该合同约定,W公司发送的货物一经M公司指定仓库收货人签收,货物的所有权即转移给M公司,这一规定还体现了买卖合同关系的特点。因此,案涉合同的性质为以销售代理合同关系为基础关系,买卖合同关系为附随关系的合同。

从合同内容来看,多次用到"出售""所有权转移"等内容的表述,可表明W公司与M公司就案涉红酒交易的方式约定为先由M公司支付货款购买,再行转手。因此,W公司与M公司之间存在买卖合同关系。

2. 超出M公司经营范围签订合同的行为是否违法?

虽然M公司的经营范围为通风设备、安防器材、建材(不含危险化学品)等,A公司经营范围为销售食品、货物进出口、代理进出口等,然而法院认为,W公司与M公司签订《经销商协议》是双方真实意思表示,M公司的经营范围虽然不含酒精类经销,但其超越经营范围签订酒类经销合同之行为并未违反法律、行政法规的强制性规定,应确认为合法有效,对双方均具有约束力。

3. 案涉红酒的所有权人是否为M公司?

M公司主张,案涉红酒的所有权人为第三人A公司,W公司无权以红酒所有人的身份提起诉讼。并且,案涉红酒是A公司作为买受人办理进关手续,M公司也是和A公司进行相关费用的结算,M公司根据A公司开具的增值税发票进行付款,因此A公司才是案涉红酒的所有权人。

法院认为,《物流服务委托协议》可以证明A公司是收到W公司的委托向M公司发货并代为收款,M公司所提交的证据难以证明红酒的所有权人为A公司的主张。

三、风险防范

提示 1：在合同中明确双方当事人的法律关系。

在本案中，M公司所主张案涉合同不存在买卖关系的依据之一就是无论是从合同名称还是合同内容来看，都是一份销售代理合同，而销售代理合同关系中夹杂买卖合同关系于理不合，不符合法律逻辑，妄图以此否认M公司与W公司之间存在的买卖合同关系，进而逃避自己的付款义务。

对于M公司的上述主张，法院除了援引合同中双方权利义务的规定外，还注意到合同当中使用了大量"所有权转移""出售"等词语，这些词语无一例外都表明双方之间买卖关系的建立。进而证明M公司与W公司之间存在买卖合同关系，而不仅仅是销售代理合同关系。

因此，公司在订立合同时，无论是涉外民商事合同抑或是国内民商事合同，都应当注意要尽可能地使用能够明确双方权利义务的词句，保证双方权利义务的明确。

提示 2：在订立合同时应当约定为救济权利所支付的费用。

从我国的司法实践来看，在合同事先约定权利救济费用并提供相应证据（如主张律师费的赔偿可以提供聘用律师合同、支付律师费的发票等）的情况下，法院会支持为救济合法权利所支付费用的赔偿请求。

但本案中，虽然W公司向法院提出了关于证人出庭产生的住宿费、交通费、误工费等费用，然而因为其未能够提供证据证明这部分支出，导致法院难以支持该项主张。

提示 3：合同中应明确约定违约金、资金占用金、利息等费用的计算方式。

在本案中，W公司诉请M公司支付自2017年3月起的资金占用费，但双方并未对逾期付款所产生的资金占用费有所规定，因此，法院以中国人民银行同期同类人民币贷款基准利率进行计付。

为了保证自己的合法权益，在签订合同时，应注意违约金、利息等费用的约定。根据我国相关法律法规的规定，违约金的上限为不超过造成损失的30%，利息以中国人民银行授权全国银行间同业拆借中心每月20日发布的一年期贷款市场报价利率（LPR）的 4 倍为标准确定民间借贷利率的司法保护为上限。

【案例来源：福州欧闽贸易有限公司、维麒新西兰股份有限公司等 9943 民事二审民事判决书，案号：（2022）闽 01 民终 965 号】

第四节　上海公司与新西兰公司合同纠纷案

一、案件简述

F 公司为新西兰 Y 公司在中国上海的关联公司，G 公司为新西兰 R 公司在中国成都的关联公司。R 公司（甲方）与 Y 公司（乙方）于 2019 年 9 月 18 日签订《旅游产品预订机构合同》，合同第五条第五款约定，如果 R 公司无法完成付款，则 Y 公司在中国的关联公司 F 公司有权向 R 公司的关联公司 G 公司追回款项。合同第十条约定争议解决方式为"协议双方应通过友好协商解决因本协议引起的或与本协议有关的争议。协议不成的，应当提请甲方所在地的人民法院解决。本协议受当地法律管辖并按当地法律解释，协议双方接受当地法院的非独有司法管辖权管辖"。甲、乙双方相应人员在《旅游产品预订机构合同》签字并加盖公司印章。后 F 公司与 R 公司就案件是否应当由中国法院管辖的问题发生争议。

二、法律分析

1. G 公司是否为合同的当事人之一？

在本案中，F 公司主张从双方合同的本质和交易习惯理解，合同虽然形式上是由 R 公司和 Y 公司签订的，但实际是 F 公司与 G 公司之间的合同关系，新西兰的公司仅仅是双方为了在新西兰从事旅游业务的便利而注册的壳公司。G 公司与 F 公司在合同上盖章确定、G 公司作为合同主体实际履行了合同可以佐证这一观点。

但法院认为，从双方无争议的《旅游产品预订机构合同》文本显示，合同的甲乙双方为R公司和Y公司。合同明确表明，"上述各方中的任一方单独称'协议一方'，合称'协议双方'"。因此，根据上述文意，G公司在合同上加盖公章并不能表明G公司为合同的"甲方"。此外，合同第五条第五款同样规定了F公司为乙方Y公司的关联公司，G公司为甲方R公司的关联公司。综上，G公司不能构成合同的一方当事人。

2．合同争议是否应当由中国法院管辖？

F公司认为，G公司为合同的当事人之一，其所在地以及合同的履行地均在中国，此外新西兰并无"人民法院"的说法，因此本案应当由中国法院管辖。但法院认为，首先，G公司并不能认定为合同的当事人之一，合同的当事人双方为R公司与Y公司，故而合同当中所载明的"甲方所在地"应指R公司所在地，并不包含G公司的所在地。其次，从合同本身来看，合同的签订是按照新西兰的有关法律法规所签订的，结算的货币为新西兰元，所以"本协议受当地法律管辖并按照当地法律解释"中的"当地"系指新西兰。最后，R公司在合同约定接收书面材料的送达地址虽然为中国地址，但并不能据此认为R公司的实际经营地在中国。综上，根据《旅游产品预订机构合同》预定的内容，可以确定双方约定由新西兰法院管辖并按照新西兰的法律解释合同。

3．合同第十条的约定是否授予了中国法院管辖权？

根据合同第十条"协议双方接受当地法院的非独有司法管辖权管辖"的约定，F公司认为，该约定没有排除中华人民共和国法院管辖，新西兰法院和中华人民共和国法院对本案均具有管辖权。《最高人民法院关于适用〈中华人民共和国民事诉讼法〉的解释》第五百三十二条规定："涉外民事案件同时符合下列情形的，人民法院可以裁定驳回原告的起诉，告知其向更方便的外国法院提起诉讼：（一）被告提出案件应由更方便外国法院管辖的请求，或提出管辖异议；（二）当事人之间不存在选择中华人民共和国法院管辖的协议；（三）案件不属于中华人民共和国法院专属管辖；（四）案件不涉及中华人民共和国国家、公民、法人或其他组织的利益；（五）案件争议的主要事实不是发生在中华人民共和国境内，且案件不适用中华人民共和国法律，人民法院审理案件在认定事实和适用法律方面存在重大困难；（六）外国法院对案件享有管辖权，且审理该案件更加方便。"上诉法院认为，结合案情事实来看，本案符合该条的规定，应当由新西兰法院行使管辖权。

4. 合同约定由"人民法院解决"是否意味着中国法院拥有管辖权？

在本案中，合同约定"因本协议引起或与协议有关的争议，双方协议不成的，应提请甲方所在地人民法院解决"，F 公司认为新西兰没有人民法院这一说法，只有中国有人民法院，因此如果理解为该条排除中国法院的管辖，则有违合同本意。但从法院判决结果来看，对于管辖权的判断仍需综合考虑合同的具体规定。该条款强调的是"甲方所在地人民法院"，而本合同的甲方为 R 公司，并不包括 G 公司，故而"甲方所在地人民法院"应指新西兰法院。由此可见，法院在进行管辖权判断时，更加侧重于综合全部合同条款，而非拘泥于某一措辞。

三、风险防范

提示 1：企业在订立涉外民商事合同时应明确约定争议管辖法院。

涉外民商事诉讼管辖权是指一国法院依据国内法或国际条约对特定涉外民事案件行使审判权的资格。涉外民商事诉讼管辖权是一国法院审理涉外民事案件的基础，与案件的审理结果有密切的关系。在某些涉外民事案件中，管辖权的确定常常意味着实体法律适用的确定。因此，企业在订立涉外民商事合同时应当明确约定管辖法院，有助于在争议发生后更好地维护自己的权益。

最高人民法院于 2022 年 1 月 24 日发布《全国法院涉外商事海事审判工作座谈会会议纪要》（以下简称为《涉外审判纪要》），对涉外商事海事审判工作中存在的前沿疑难问题作出了相应规定，以统一裁判尺度。结合《民事诉讼法》及《涉外审判纪要》中的内容，涉外民商事纠纷的地域管辖规则如下：如果双方约定了境内法院管辖，可以合同签订地、合同履行地、标的物所在地、原告住所地、被告住所地、其他与纠纷有实际联系地为依据判断管辖法院；若明确约定境外法院管辖，并且包含排他性管辖约定，则由境外法院管辖，若为非排他性管辖，则境内依然享有管辖权。若双方没有在合同中约定管辖，则根据被告是否在境内有住所地而不同：若被告在境内有住所地，则以合同履行地或被告住所地为管辖权依据；若被告在境内没有住所地，则以合同签订地、合同履行地、标的物所在地、可供扣押财产所在地、侵权行为地和境内代表机构所在地作为管辖权依据。

提示 2：注意不方便法院原则在案件中的灵活适用。

"不方便法院原则"主要指在国际民事诉讼活动中，原告可以选择对其有利的法院进行诉讼，而不利于被告。虽然所选择的法院对案件具有管辖权，但综合案件整体情况可以发现，如此审理难以保证司法的公正性，不利于争议的快速有效解决。在这种情况下，如果存在对诉讼同样具有管辖权的可替代法院，则原法院可以自己为不方便法院为理由，依据职权或被告的请求拒绝行使管辖权。在我国，不方便法院原则主要规定在《最高人民法院关于适用〈中华人民共和国民事诉讼法〉的解释》第五百三十二条之中。

不方便法院原则主要发源于英美等普通法系国家，但包括日本、德国、加拿大魁北克省在内的一些国家和地区在立法或司法实践中也接受了该原则，这一变化和发展表明该原则在协调法院管辖权方面起到了不小的作用。在我国，为了防止法院权力滥用，不方便法院原则的适用需要满足两个条件：第一，我国法院对案件享有管辖权，第二，应当满足第五百三十二条的全部条件，只有符合这两个条件，才可以在我国适用不方便法院原则。

在实践中，由于该原则的国内外通用性，在涉及案件的管辖权之争时，企业可灵活适用该原则，作为在诉讼中的防御或进攻手段。

【案例来源：上海凡卜国际旅行社有限公司、任游新西兰有限公司合同纠纷二审民事裁定书，案号：（2021）川 01 民终 1074 号】

第五节 澳大利亚公司与中国公司买卖合同纠纷案

一、案例简述

天津 Z 建材公司（以下简称 Z 公司）与澳大利亚 T 公司（以下简称 T 公司）于 2014 年签订了《代理协议》，协议约定：T 公司作为 Z 公司在澳大利亚的总代理，代理 Z 公司品牌的 AAC 砌块和板材的销售。Z 公司以工厂内交货的方式为 T 公司提供订单产品，T 公司或其全权代理人在中国境内对 Z 公司进行人民币结算。T 公司应在货物到达目的港后 60 天内付清全款。T 公司全权委托海南 Y 公司（以下简称 Y 公司）法定代表人乔某作为境内联系人，负责确认双方的应收应付账款。Y 公司负责担保 T 公司和 Z 公司的应收应付款。《代理协议》有效期从双方签字至 2018 年 12 月 31 日。协议按照中国法律解读和制约。2014 年 12 月 19 日，Z 公司收到由乔某签字的结算单。2016 年 12 月 6 日，Z 公司向 T 公司及乔某发出催告函一份，向 Y 公司发送告知函一份，乔某于 2016 年 12 月 11 日签字确认了上述两份函件。

2017 年 11 月，Z 公司将 T 公司和 Y 公司诉至法院，认为 T 公司和 Y 公司违反了《代理协议》约定，未按时支付货款，要求 T 公司和 Y 公司连带支付货款。Y 公司认为，《代理协议》签订后，并未实际发生本案讼争货款的订单，T 公司也未实际收到货物，因此乔某签字的结算单等不能证实该应付货款；同时，Y 公司并非《代理协议》缔约方，也没有另行签订书面保证合同，不认可 Y 公司有担保义务。T 公司未提出答辩意见。

二、法律分析

1. 该《代理协议》项下的结算单、催告函等是否能证实和确认应付货款？

《代理协议》约定，T 公司全权委托乔某作为境内联系人，负责确认双方的应收应付账款。而乔某在结算单、催款函及告知函中均签字确认了欠付货款数额，T 公司即应当按照该确认的数额向 Z 公司支付货款。虽然 Y 公司和乔某提出抗辩，主张乔某的签字系帮助 Z 公司应付对账检查，但该抗辩理由无证据支持且不符合常理。由乔某签字确认的结算单、催告函等证据能够证明 Z 公司与 T 公司已就所欠货款数额予以确认。

2. 能否申请调查取证证实该贸易未实际发生？

Y 公司曾提出，该协议签订后，并未发生本案讼争货款的订单，T 公司也未实际收到货物。因此，Y 公司曾申请调查取证，请求向海关调取 Z 公司自 2013 年 1 月 1 日至 2018 年 6 月 30 日向澳大利亚出口货物（报关品名为蒸压砂加气建筑墙板）的全部收货单位流水明细，以证实该贸易并未实际发生。但鉴于乔某作为《代理协议》中的被委托人，其在结算单、催告函等文件中已签字确认相关应付货款，因此可以认为 T 公司已经与 Z 公司进行了欠付货款数额的确认，Y 公司提出的申请属于《最高人民法院关于适用〈中华人民共和国民事诉讼法〉的解释》第九十五条所规定的"当事人申请调查收集的证据，与待证事实无关联、对证明待证事实无意义或者其他无调查收集必要的"情形，未得到支持。

3. Y 公司是否对该应付货款承担连带保证责任？

第一，从适用法律来看。本案为国际货物买卖合同纠纷。T 公司营业地在澳大利亚，Z 公司、Y 公司营业地在中华人民共和国境内。中华人民共和国与澳大利亚均系《联合国国际货物销售合同公约》缔约国，依照《联合国国际货物销售合同公约》第一条（1）（a）规定，本案应适用《联合国国际货物销售合同公约》相关规定。本案争议焦点为 Y 公司应否对主债务承担连带保证责任。对于保证责任承担问题，《联合国国际货物销售合同公约》未明确规定，故应按照国际私法规定适用的法律即国内法来解决。当事人协议选择适用中华人民共和国法律，依照《中华人民共和国涉外民事关系法律适用法》第四十一条规定，应适用中华人民共和国法律作为处理该争议的准据法。

第二，从连带担保责任来看。Z 与 T 公司签订的《代理协议》中虽然包含"由 Y 公司负责担保 T 公司和 Z 公司的应收应付款"的约定，但 Y 公司并非《代理协议》的缔约方，Y 公司也未另行签订保证合同。Y 公司的法定代表人乔某参与签订《代理协议》，但系作为 T 公司的代表签约。依照《中华人民共和国公司法》第十六条的规定，公司为他人提供担保，依照公司章程的规定，由董事会或者股东会、股东大会决议。根据这一规定，担保行为不是法定代表人所能单独决定的事项，而必须以公司股东会、董事会等公司机关的决议作为授权的基础和来源，且即使认为乔某越权代表 Y 公司对外提供担保，依照《中华人民共和国合同法》第五十条的规定，债权人也不具有善意，担保合同无效。Z 公司向 T 公司发出的《催款函》与 Z 公司向 Y 公司发出的《告知函》，虽由乔某签收，但并不能体现担保的意思表示，不产生担保的法律效果。Y 公司不应承担连带保证责任。

三、风险防范

提示 1：订立合同时需注意对连带担保责任的约定。

在本案中，Y 公司并未在《代理协议》中签字，且未另行签署保证合同，因此 Y 公司不能被认定为存在连带担保责任。根据《民法典》第六百八十四条规定，保证合同的内容一般包括被保证的主债权的种类、数额，债务人履行债务的期限，保证的方式、范围和期间等条款。企业在实际操作过程中，如需相关保证人提供连带责任担保，应当另行订立保证合同，在其中约定好保证标的、方式和期限；同时，根据《中华人民共和国公司法》第十六条规定，"公司向其他企业投资或者为他人提供担保，依照公司章程的规定，由董事会或者股东会、股东大会决议；公司章程对投资或者担保的总额及单项投资或者担保的数额有限额规定的，不得超过规定的限额。公司为公司股东或者实际控制人提供担保的，必须经股东会或者股东大会决议。前款规定的股东或者受前款规定的实际控制人支配的股东，不得参加前款规定事项的表决。该项表决由出席会议的其他股东所持表决权的过半数通过"，企业还应当注意对保证合同的效力进行审查，以确保保证义务能得以执行。

提示 2：订立合同时需注意应付货款的确认风险。

在本案中，买方 T 公司委托乔某全权代表其确认应付货款，乔某作为代理人，在签署确认卖方 Z 公司发出的结算单、催告函等文件后，即可认为 T 公司与 Z 公司的债权债务关系已成立。尽管乔某声称相关贸易未实际发生并申请调查取证，但根据《最高人民法院关于适用〈中华人民共和国民事诉讼法〉的解释》第九十五条，"当事人申请调查收集的证据，与待证事实无关联、对证明待证事实无意义或者其他无调查收集必要的"，相关调查取证的诉求未得到支持，故无论事实上该贸易是否真实发生，T 公司仍有付款义务。因此，企业在订立合同时应当注意债权债务关系确认的方式、可操作性，特别是在有代理人的情形下，需重点关注代理人的道德风险和操作风险，建立双重确认机制，避免纠纷。

【案例来源：三亚元海房地产营销策划有限公司、天津天筑建材有限公司、澳大利亚 TZAAC 集团有限公司（TZAACGROUPPTYLTD）国际货物买卖合同纠纷上诉案，案号：（2019）津民终 284 号】

第二章 合同履行环节的风险防范

第一节 韩国公司与浙江公司买卖合同纠纷案

一、案例简述

2008年2月28日，韩国B公司（卖方）与中国C公司（买方）签订编号为X、Y的废纸买卖合同两份，两份合同的质量标准均为韩废标准，水分不超过12%，杂质不超过1%，不合格纸少于0.3%，重量误差少于1%。C公司在4月初至5月底陆续收到两份合同项下的废纸。

双方于2008年4月3日签订编号为Z的第三份废纸买卖合同。合同约定：标的为韩国废纸10000吨（+/–10%），单价每吨225美元；质量标准为韩废标准，水分不超过12%，杂质不超过1%，OCC含量不低于90%，重量误差不超过1%；付款方式为90天不可撤销信用证，C公司应于2008年4月16日前开出信用证；B公司需提供指定机构在韩国出具的检验证明；等等。

第三份合同签订后，C公司发现陆续收到的Y合同项下的韩国废纸存在质量问题，遂向B公司提出异议。B公司于2008年4月16日发传真给C公司称：B公司会按合同约定的质量标准履行，如品质有问题，其会按实际情况赔偿；B公司已为C公司准备了三千余吨货物，希望C公司在当日传给B公司相关信用证副本。此后至当年6月，双方针对X和Y合同项下货物的质量问题、赔偿以及 Z 合同的履行多次交涉，无法达成一致。其中，5 月 22 日 B 公司发给 C 公司的传真指出，C 公司未按合同约定的日期开出信用证，已构成根本违约，要求 C 公司赔偿经济损失。次日，C 公司传真回函称：B 公司之前交付的货物质量问题造成 C 公司损失五十多万美元，C 公司提出的质量异议和索赔未得到合理回复，C 公司因此对 B 公司依法履行合同能力感到不安才未如约开具 Z 合同项下的信用证，且 C 公司已通知 B 公司中止履行该合同，并得到 B 公司的认可；愿意在 B 公司保证废纸质量，使 C 公司确信其有依约履行合同能力的前提下开出信用证。6 月 3 日，C 公司发给 B 公司的传真再次要求 Z 合同项下的货物在装货前，由中国商检出具该货物的质量证明。同日，C 公司委托中国检验机构对 X、Y 合同项下的废纸进行检验，检验报告显示，样品质量不符合合同约定。

2008 年 8 月 27 日，C 公司提交仲裁申请，以 B 公司提供的 X 和 Y 合同项下的废纸品质不符合约定为由，要求 B 公司赔偿损失。仲裁庭作出了有利于 C 公司的裁决。随后，B 公司以 C 公司在 Z 合同项下根本违约为由在中国法院起诉。

二、法律分析

1. C 公司是否有权行使不安抗辩权中止 Z 合同的履行？

本案中，B 公司起诉的事实依据是 C 公司未按 Z 合同的约定在 2008 年 4 月 16 日前开出信用证，且此后也未开出。对此，C 公司的抗辩是：X、Y 合同项下的货物存在质量问题，C 公司提出的质量异议和索赔未得到合理回复，导致 C 公司对 B 公司依法履行合同的能力感到不安，因此未如约开具 Z 合同项下的信用证。

根据 Z 合同，C 公司开立信用证的义务在先，B 公司交货的义务在后。在此情况下，如果在 C 公司履行前，B 公司发生财产状况恶化或发生可能危及 B 公司债权实现的情形时，B 公司有权暂时中止合同履行。此项权利为不安抗辩权，有关的国际条约和国内法规定了此项权利。例如，《联合国国际货物销售合同公约》第七十一条第（1）款规定：如果订立合同后，另一方当事人由于下列原因显然将不履行其大部分重要义务，一方当事人可以中止履行义务：（a）他履行义务的能力或他的信用有严重缺陷；或（b）他在准备履行合同或履行合同中的行为。《中华人民共和国民法典》第五百二十七条也有类似规定。

本案双方当事人先后签订三个标的相同、质量约定几乎相同的合同，作为卖方的 B 公司在前两个合同下所交付的货物存在严重的质量问题，使得 C 公司有理由认为 B 公司的信用存在严重瑕疵，并预期 B 公司将在随后的合同履行中陷于不能得到对等给付的现实危险。如果 C 公司按约开立信用证进行货款支付，而 B 公司所交付的货物并未改善，则 C 公司将再次因质量问题而陷入索赔的被动境地，特别在双方位于不同国家的情况下。因此，在上述现实危险未消除之前，C 公司有权要求中止将要履行的合同。

2．C 公司是否及时发出中止履行的通知？

国际公约和国内法在允许先履行义务一方行使不安抗辩权的同时，均要求该方及时通知对方，并在对方提供适当担保时恢复履行。因此，C 公司是否及时发出中止履行的通知是判断其违约责任的另一关键问题。B 公司主张，没有收到过 C 公司正式的中止合同的书面通知。

C 公司在开立信用证的期限 2008 年 4 月 16 日前，已陆续收到 B 公司所交付的前两份合同项下的废纸，从 B 公司 2008 年 4 月 16 日发给 C 公司的传真内容可知，C 公司此前已提出过质量异议；B 公司在二审庭审过程中承认 C 公司在 2008 年 4 月 22 日已通知其不予开立信用证，并从 2008 年 4 月 25 日开始转售货物以减少损失。由此可见，C 公司在发现前两份合同交付货物质量存在严重缺陷后，已及时提出质量异议并通知 B 公司不予开立信用证，可认定其已经履行及时发出中止履行通知的义务。

三、风险防范

提示 1：当事人之间先后订立多个合同时，原则上前合同的履行情况不影响后合同的履行。

在国际商事交易中，特定当事人之间先后订立多个合同的情况较为常见。原则上，前合同的履行情况不应影响到后续合同的履行。如果前合同存在违约的情形，非违约方应依法追究对方的违约责任，并依约履行后续合同。

只有一方在前合同中的违约给对方足够的理由认为违约方的信用有严重缺陷，足以满足不安抗辩权的行使条件时，非违约方才可以依据不安抗辩权中止后续合同的履行。通常，双方对前合同项下的货物质量是否符合约定存在争议时，买方不宜据此中止后合同的履行。本案的情形较为特殊，法院之所以支持 C 公司基于不安抗辩权中止履行 Z 合同项下开立信用证的义务，是因为前两个合同项下的货物质量存在严重瑕疵，且 B 公司曾认可货物质量存在问题。

提示 2：中止履行一方应严格遵守不安抗辩权的行使条件。

赋予先履行一方不安抗辩权旨在维持合同当事人的利益平衡，保持先履行一方免受不当风险的损害。为平衡双方利益，法律也为不安抗辩权的行使设置了两项条件：一是中止履行义务的一方应立即通知对方；二是在对方提供履约保证时，中止履行的一方应继续履行义务。《联合国国际货物销售合同公约》第七十一条第（3）款和《中华人民共和国民法典》第五百二十八条均规定了这两项条件。不过，两者对履约保证的规定略有不同，前者要求对方提供"充分"保证，后者要求对方提供"适当"担保。

【案例来源：BALANCE INDUSTRY CO., LTD.（柏兰斯株式会社）与慈溪市晨阳包装有限公司国际货物买卖合同纠纷上诉案，案号：（2011）浙商外终字第 11 号】

第二节　上海公司与菲律宾公司定作合同纠纷案

一、案例简述

2012 年 8 月 9 日，菲律宾 S 公司与上海 H 公司签订《MQ1627 起重机买卖合同》，约定：S公司向H公司购买MQ1627起重机一台，S公司承担设备进港所发生的费用等；H公司作为设备的主承销商，有责任确保及时完成设备的制造以及安装，在设备制造期间，H公司将与S公司及设备生产商全力配合设备的设计、制造、运输、安装、交付和服务，H公司承担设备运输的所有手续，H公司对设备的设计、制造、运输、安装和维修负责。合同对运输方式、交货日期、合同价格、价款支付、验收装船、延期交货等作了明确约定，该合同后附设计图纸。S公司支付第一笔款项后H公司未能按时交付起重机，S公司将H公司诉至上海法院，要求解除买卖合同，H公司返还货款并支付违约金。H公司认为其已经完成起重机的制作工作，因S公司怠于履行检验义务且未按合同约定支付第二笔款项故未予以发货。

二、法律分析

1. 本案合同的性质如何？

该案例中上海H公司与菲律宾S公司签订的《MQ1627起重机买卖合同》中约定，上海H公司按照设计图纸及技术资料等生产起重机设备，菲律宾S公司对设备有特殊规格要求。虽然合同的名称是买卖合同，但实质为定作合同。合同双方的权利、义务应根据所订立的合同内容确定。

2. 能否通过鉴定判断上海H公司有无按时完成起重机制作义务？

上海H公司与菲律宾S公司确定的是定作合同关系，上海H公司作为承揽人完成工作后，应当向定作人菲律宾S公司交付工作成果。该案例中，H公司和S公司就H公司在约定时间前是否已经按图纸及技术规范生产完毕起重机，以及起重机是否已具备交货条件存在争议，H公司向法院提出鉴定申请。法院曾委托上海市特种设备监督检验技术研究院进行质量鉴定。但研究院表示，起重机械在设计、制造过程中各部件的通用性较强，仅以零部件与图纸对照的方式，无法绝对判断零部件是否为涉案合同制造，且无法验证零部件的制造日期，所以不受理委托。

3. 菲律宾S公司是否有权拒绝支付第二笔款项？

该案例中，菲律宾S公司验收并支付第二笔款项的前提条件是上海H

公司完成了定作工作。上海 H 公司是先履行义务的一方，应当对其完成起重机制作工作承担举证证明责任。但实际上，首先，H 公司提供的照片、与案外人之间形成的发票及付款凭证等证据不足以证明 H 公司在规定的时间前完成了起重机制作。其次，也没有证据显示 H 公司曾经通知过菲律宾 S 公司检验起重机但遭到 S 公司拒绝检验。因此，H 公司是先履行义务一方但没有履行其制作起重机的义务，S 公司作为后履行义务一方，有权拒绝 H 公司的付款要求。

三、风险防范

提示 1：注意买卖合同和定作合同的差异。

根据我国《民法典》相关规定，买卖合同是出卖人转移标的物的所有权于买受人，买受人支付价款的合同。而定作合同是一种承揽合同，是承揽人按照定作人的要求完成工作，交付工作成果，定作人支付报酬的合同。一般而言，定作合同往往有产品加工制作图纸、模具等，定作人会对产品提出技术要求，对产品生产过程要求监督。

尽管法院或仲裁机构对合同争议案件审理并不是单单凭合同名称来确定合同性质，而是根据合同内容所涉的法律关系来判断合同性质，只要合同内容没有违反法律或其他规定，决定合同性质的是合同的具体内容。依法成立的合同，对当事人具有法律约束力，当事人应当按照约定履行自己的义务，不得擅自变更或者解除合同。不过，大多数企业都希望高效解决争议，且尽可能降低解决争议时间和经济成本，为此企业在商定合同时应准确拟定合同名称。

提示 2：订立定作合同时注意鉴定机构的约定。

定作合同的标的物通常没有固定的行业标准，多是由双方当事人协商确定，以满足定作方的特殊需要。当双方对交付的定作物出现质量规格等方面的争议时，很有可能需要专业检验鉴定。但该案例涉及的起重机定作，存在零部件是通用零件且制造日期难以通过图纸比对判断的情况，所以专业机构无法发挥作用。

　　如对定作物质量等有专门要求的，建议企业在合同订立时提前熟悉专业鉴定机构的业务范围，先确定产生争议的内容是否属于可鉴定的项目，如可鉴定则将鉴定机构和鉴定事项约定到定作合同中，以便在定作合同履行过程发生纠纷时，专业第三方能及时介入进行判断。如专业机构无法鉴定，则无论在合同订立还是争议解决时均可略去引入专业机构，以免增加成本。

提示 3：订立合同时注意先履行义务和后履行义务内容的拟定。

　　该案 H 公司和 S 公司均认为对方存在违约，但并不是所有不履行义务的行为都构成违约。我国《民法典》第五百二十六条规定："当事人互负债务，有先后履行顺序，应当先履行债务一方未履行的，后履行一方有权拒绝其履行请求。先履行一方履行债务不符合约定的，后履行一方有权拒绝其相应的履行请求。"

　　在该案中，双方在合同对交货期限及付款期限均进行了约定。根据约定可以确定，H 公司应在 S 检验前完成全部制作义务，S 公司付清第二笔款项的时间是在起重机制作完毕之后，所以 H 公司作为先履行一方应履行完毕制作义务。如 H 公司制作完毕，但 S 公司怠于检验并拒绝受领工作成果，则违约责任在 S 公司。而如果 H 公司未能在规定时间前完成制作义务，则 H 公司违约在先，S 公司当然有权拒付剩余款项，而不构成违约。

　　法院在审理中通过梳理合同的装运条款、检验条款、付款条款等内容，判断出 H 公司和 S 公司的先后履约义务。对于企业来说，如能在订立合同时更加清晰地表达出双方主要履约行为的先后步骤以及后履行一方拒绝履行的法律后果等内容，可以有助于减少出现争议时相互指责对方违约，有助于帮助双方直面争议缘起并有效解决矛盾。

　　【案例来源：上海海曲港口设备工程有限公司与菲律宾苏比克谷物公司（SUBICBAYFREEPORT GRAIN TERMINAL SERVICES）公司定作合同纠纷上诉案，案号：（2017）沪 01 民终 6768 号】

第三节　上海公司与日本公司买卖合同纠纷案

一、案情简述

1996 年 3 月，日本 Y 商事株式会社驻中国南京办事处（以下简称 Y 南京办）与江苏省 J 化工原料公司（以下简称 J 公司）协商，J 公司向 Y 商事株式会社（以下简称 Y）进口苯乙烯。J 公司委托有进出口业务经营权的上海 S 贸易公司（以下简称 S 公司）对外签约。1996 年 4 月 2 日，S 公司与 Y 签订了 JHI9605 购销合同一份。合同约定，由 Y 供给 S 公司日本或韩国产苯乙烯 1500 吨……规格：聚合物 10PPM MAX，阻聚剂 15—20PPM 等。该批苯乙烯在日本港装船时，日本商检机构对该批货物作出的商检报告中阻聚剂含量为 12.5PPM。1996 年 4 月运抵中国江阴港，中国江苏进出口商品检验局对该批货物取样检验，检验结果为阻聚剂含量 11PPM，评定结论为该批货物阻聚剂含量不符合合同要求。对此，J 公司于同年 5 月 15 日、5 月 21 日、5 月 24 日函告 Y 南京办，要求速商处理事宜。Y 南京办也分别于 5 月 17 日、5 月 24 日、5 月 28 日复函 J 公司，表示阻聚剂含量符合合同要求，不存在质量问题。5 月 30 日 J 公司应 Y 的要求在储罐中添加了 11.8 公斤阻聚剂。S 公司于 1996 年 7 月 24 日代 J 公司付给 Y 货款 974840.10 美元（按当日外汇牌价折合人民币 8120223.06 元），并交纳进口关税和增值税 2233233.17 元人民币。J 公司与 Y 自 1996 年 6 月至 9 月，就货物风险转移、货物质量、赔偿金额等进行协商，但未达成一致意见。S 公司遂向江苏省无锡市中级人民法院提起诉讼，要求判令 Y 赔偿经济损失、承担诉讼费用等。本案经过一审、二审的审理后，S 公司不服江苏省高级人民法院作出的判决，向最高人民检察院提出申诉。

二、法律分析

1. Y 公司是否违约？

J 公司经与 Y 协商进口苯乙烯，委托有进出口经营权的 S 公司与 Y 签订的订购合同属于国际货物买卖合同，该合同合法有效。S 公司按约开证付款，但 Y 所供苯乙烯经中国商检检验与合同不符，属违反国际货物买卖合同的违约行为，应对 S 公司的损失依法予以赔偿。

2. J 公司无法履行下家客户合同的结果应当归责于谁？

经查明，1996 年 4 月 10 日和 4 月 20 日，J 公司分别与 C 公司、M 公司签订销售苯乙烯合同，数量分别为 800 吨、700 吨，单价分别为 7400 元 / 吨、7500 元 / 吨，交货日期均为 1996 年 5 月份提清，质量要求"按进口商检合格证书"。这两份合同均因为苯乙烯不符合合同要求而未履行。双方就这一损失的归责产生了争议。

法院认为，J 公司就合同标的物中阻聚剂含量不符合同要求向 Y 提出异议后，Y 曾多次致函 J 公司，但并未多次要求 J 公司自行添加阻聚剂。直至 5 月 28 日 Y 在致 J 公司的函中，才明确要求其添加阻聚剂，J 公司即于 5 月 30 日添加了阻聚剂。此时 J 公司与下家客户的合同履行期限已届满，且 J 公司与厂家客户在合同中约定"质量要求技术标准，供方对质量负责的条件或期限，按进口商检合格证书"，中国商检出具的质检证书上均明确认定"本批货物阻聚剂的含量不符合合同 JHI9605 之要求"。由此可见，J 公司未能与下家客户履行合同，是由于 Y 所供的苯乙烯阻聚剂含量不符合合同约定而造成的，其责任不在 J 公司。

3. J 公司是否应当自己承担扩大损失？

经查明，1996 年 4 月，J 公司与 Z 公司签订了保税代储中转协议一份，约定：接卸代储苯乙烯 1500 吨，收费标准为 25 天以内每吨 95 元，超过约定存储时间按每吨每天 3 元结算，存储时间为 1996 年 4 月 24 日至 1996 年 6 月 24 日。同时，在一审期间，根据双方当事人的要求，于 1996 年 10 月 15 日召集双方协商，一致同意将该批苯乙烯由 J 公司于 1996 年 11 月 19 日前以不低于每吨 5300 元人民币的价格先行销售。至 1996 年 11 月 19 日，J 公司将该批货物销售完毕，平均销售价为每吨 5153 元人民币。J 公司要求 Y 承担上述仓储费损失、苯乙烯降价损失以及所得利益损失。

法院认为本案纠纷产生的原因是 Y 所提供苯乙烯中的阻聚剂含量未达到合同要求，一审、二审法院在判决中已经认定 Y 违约。而正是由于 Y 违约，才导致了 J 公司在降价销售、仓储费及应得利润等方面的损失。根据《中华人民共和国涉外经济合同法》第十八条规定："当事人一方不履行合同或者履行合同义务不符合约定的条件，即违反合同的，另一方有权要求赔偿损失或者采取其他合理的补救措施。采取其他补救措施后，尚不能完全弥补另一方受到的损失的，另一方仍然有权要求赔偿损失。"因此，J公司有权向Y要求赔偿其所受到的损失。

三、风险防范

提示1：在发生违约的情况下，守约方也应当及时采取措施避免损失的扩大。

根据《联合国国际货物销售合同公约》以及《中华人民共和国涉外经济合同法》的有关规定，对声称另一方违反合同的一方，必须按情况采取合理措施，减轻违反合同一方所引起的损失（包括利润方面的损失），对没有及时采取适当措施致使损失扩大，无权就扩大的损失要求赔偿。无论是否有违约行为，即使作为守约方，也负有在合同相对方实施违约行为后积极采取措施避免损失进一步扩大的义务。否则如果采取放任的态度不采取任何防范补救措施，则损失扩大部分由守约方承担。

提示2：发生违约时，守约方可要求赔偿可预见的损失。

首先，守约方可主张采取补救措施后依然不能弥补的损失。如果当事人一方不履行合同或者履行合同义务不符合合同约定的条件，即违反合同的，另一方当事人有权要求赔偿损失或者采取其他合理补救措施。采取其他补救措施后，尚不能完全弥补另一方受到的损失的，另一方仍然有权要求赔偿损失。

其次，守约方可主张合同履行后可获得的利益损失。当事人一方不履行合同或者履行合同义务不符合合同约定的，应当承担违约责任，给对方造成损失的，损失赔偿额应当相当于因违约所造成的损失，一般应包括财产的毁损、减少、灭失和为减少或者消除损失所支出的费用包括合同履行后可获得的利益，但不得超过违反合同一方订立合同时应当预见到的违反合同可能造成的损失。

【案例来源：上海申合进出口有限公司诉日本国伊藤忠商事株式会社国际货物买卖合同纠纷抗诉案，案号：（2001）苏民再终字第027号】

第四节 日本公司与中国公司跨境知识产权许可合同纠纷仲裁案

一、案例简述

2012 年，日本 A 公司与中国 B 公司签订了《技术转让合同》《商标转让合同》《专利权转让合同》以及《营业权转让合同》。依据四份合同约定，A 公司将其所拥有的减摇水舱专利技术及相关专利权、商标权等转让给 B 公司，由 B 公司受让并分 4 期支付相应的技术转让费。

四份合同生效后，双方就合同的履行产生争议。A 公司认为其已按照约定向 B 公司转让了有关的技术内容、提交了全部技术资料、提供了技术培训、转让了 A 公司在中国境内持有的商标权，并转让了 A 公司在中国境内持有的专利权，但 B 公司只支付了 3 期转让费，尚余 1 期迟迟不予支付，构成违约。

B 公司则认为，双方已经履行完毕《商标转让合同》《专利权转让合同》及《营业权转让合同》，但《技术转让合同》尚未履行完毕，A 公司仅转让了部分技术，但在完整、无误、有效方面均存在瑕疵。

基于上述争议，A 公司以 B 公司为被申请人，向上海国际仲裁中心提起仲裁，请求裁决 B 公司履行支款义务并赔偿 A 公司损失；B 公司则提出反请求，请求裁决 A 公司赔偿违约金。在仲裁程序中，当事人均委派了专家证人出庭作证，共同申请了技术鉴定并委托仲裁庭组织了调解。

二、法律分析

1. A 公司应当向 B 公司转让的专利技术范围是什么？

依据《技术转让合同》《商标转让合同》《专利权转让合同》以及《营业权转让合同》的约定，A 公司将其所拥有的减摇水舱专利技术及相关专利权、商标权等转让给 B 公司，由 B 公司受让并分 4 期支付相应的技术转让费。

2．A 公司是否转让了完整、有效的专利技术？

仲裁庭认为，本案中 A 公司已经通过交付相关大量技术资料和进行教育培训指导的方式，向 B 公司交付了《技术转让合同》约定的专利技术，B 公司也已经受让了该技术，并且从 2013 年起一直使用至今。但结合专家证人的意见和合同约定来看，A 公司交付的专利技术中确有一些方面并没有全面实现或者完全达到《技术转让合同》中的相关约定条件。在此基础上，综合考虑合同履行情况及当事人的意愿，仲裁庭认为《技术转让合同》履行不达约定标准的部分不再履行；相应地，将 B 公司应向 A 公司支付的技术转让费酌情予以调减，并不予支持双方各自要求对方赔偿违约金的仲裁请求／反请求。

三、风险防范

提示 1：在技术合同中明确履行范围。

根据我国《民法典》第八百四十三条，技术合同是当事人就技术开发、转让、许可、咨询或者服务订立的确立相互之间权利和义务的合同。根据技术合同的标的不同，技术合同分为技术开发合同、技术转让合同、技术许可合同、技术咨询和技术服务合同。一般情况下，技术合同的内容包括项目的名称，标的的内容、范围和要求，履行的计划、地点和方式，技术信息和资料的保密，技术成果的归属和收益的分配办法，验收标准和方法，名词和术语的解释等条款。

与履行合同有关的技术背景资料、可行性论证和技术评价报告、项目任务书和计划书、技术标准、技术规范、原始设计和工艺文件，以及其他技术文档，按照当事人的约定可以作为合同的组成部分。技术合同涉及专利的，应当注明发明创造的名称、专利申请人和专利权人、申请日期、申请号、专利号以及专利权的有效期限。

提示 2：仲裁员的选任范围。

本案仲裁庭的三位成员分别来自学界、企业界和律师界，分别具有日本法律教育背景、大型企业法务管理经历和多年从事知识产权法律服务经验。

仲裁员对仲裁裁决掌握着最后的话语权，当事人对仲裁员的选择将直接影响到仲裁程序和裁决结果。一般情况下，各国法律和各常设仲裁机构的仲裁规则要求只有具备一定资格的人才有资格担任仲裁员。遵守法律规定是当事人选择仲裁员时首先应当考虑的事项。除此之外，仲裁活动的展开很大程度上依赖于仲裁员的个人素质、道德以及专业素养。不同国家和地区对仲裁员的资格要求也不尽相同。大多数国家和地区会尽可能少地对仲裁员作限制，但也有部分国家对仲裁员的要求非常严格，以保证裁决的公正性。仲裁庭组成或仲裁员指定存在不当，可成为法院撤销仲裁裁决的理由和依据。

常设仲裁机构一般都设有仲裁员名册，仲裁机构会推荐当事人选择名册中经过特别资格审查和专业仲裁培训的仲裁员。在我国，仲裁委员会按照不同的专业设置仲裁员名册。一些专业的仲裁机构还建议或要求当事人选择的仲裁员必须具备相关的行业背景。

第五节 中国航空公司与泰国航空运输公司国际航空地面服务协议履行纠纷仲裁案

一、案例简述

泰国 H 航空运输公司经营多条国际航空客货运路线，其中包括目的地为中国 M 航空公司机场的运输路线。为便于办理泰国 H 航空公司在中国大陆地区的相关业务，泰国 H 航空公司指定 X 先生为派驻至中国 M 航空公司机场的代理人员。

2017 年 3 月至 5 月间，根据国际航空运输协会（IATA）2008 年 1 月版的《标准地面服务协议》的主协议和附录 A，作为国内服务商的 M 航空公司与 H 航空公司签署了《标准地面服务代理协议（简要程序）》（以下简称《地服协议》）。《地服协议》中约定 M 航空公司将提供代表、管理和监督、乘客服务、停机坪服务、载重平衡、通讯及航务服务、货物和邮件、辅助服务、安全、飞机机务维护服务。在此基础上，双方进一步签订了《地面代理综合服务协议》《地面服务代理协议补充协议》《残损航空器搬移协议》《航务延伸服务协议》。前述各协议共同构成双方之间的合作内容，并且 M 航空公司提供协议服务内容的地点均在其所属机场范围之内。

关于争议解决方式，《地服协议》《地面代理综合服务协议》《地面服务代理协议补充协议》《残损航空器搬移协议》《航务延伸服务协议》均约定了"如有争议，提交上海国际仲裁中心"的仲裁条款。此外，双方还签订了一份《航务协议》，明确 H 航空公司指派的 X 先生为 H 航空公司派驻至 M 航空公司所属机场的代理人。

上述各协议签订后，M 航空公司按照约定将服务费用账单交由 X 先生签收。2018 年 3 月底至 8 月，因 H 航空公司逾期未付 2017 年 9 月至 2018 年 3 月间的服务费用，M 航空公司先后四次向 H 航空公司发送催款函。此后，H 航空公司向 M 航空公司发送了还款计划，承诺分期付清欠款，但 H 航空公司仍未能在前述宽限期内结清全部欠款。为此，中国 M 航空公司根据上述协议中的约定，向上海国际仲裁中心提出仲裁申请，要求泰国 H 航空公司支付拖欠的服务费、支付利息并承担本案的全部仲裁费用和实际费用。

二、法律分析

1. 本案应适用什么法律？

因泰国 H 航空公司系外国公司，故本案为涉外仲裁案件。在涉外案件的法律适用方面，仲裁庭认定双方当事人虽然在上述各协议中，尤其是《地服协议》中未约定协议所适用的法律，但是根据《中华人民共和国涉外关系适用法》第四十一条关于"当事人可以协议选择合同适用的法律。当事人没有选择的，适用履行义务最能体现该合同特征的一方当事人经常居所地法律或者其他与该合同有最密切联系的法律"的规定，结合案涉双方提供服务与接受服务的地点在 M 航空公司所属机场之内，亦即合同履行的地点在中华人民共和国境内，因此，仲裁庭认定与案涉协议有最密切联系的法律为中华人民共和国法律，本案应当适用中国法。同时又考虑到案涉各协议的签署及争议的发生均早于《中华人民共和国民法典》的实施，故本案具体应当适用

《民法典》实施之前的法律法规。

2. 本案所涉协议有无履行？

M 航空公司提交了载有 H 航空公司代理人 X 先生签字的《签收单》，并附具了发票、付款通知书、结算清单、航班起降信息表，据此证明 M 航空公司已经依约向 H 航空公司提供了协议服务内容，H 航空公司亦予以了确认。与此同时，M 航空公司还提交了 H 航空公司主动发送的还款计划书，进一步证明了 H 航空公司确认拖欠服务费的事实和服务费金额。基于案涉协议的约定和 M 航空公司提出的前述证据，仲裁庭最终支持了 M 航空公司要求 H 航空公司支付服务费的仲裁请求。另对于违约金，协议约定的违约金标准为日千分之一，M 航空公司在仲裁过程中主动调整为年 24%，亦获得了仲裁庭的认可。

三、风险提示

提示 1：被申请人在经过有效通知仍未能出席庭审的情况下，仲裁庭可缺席审理并作出裁决。

一方当事人（通常为被申请人）拒绝或未出席，则仲裁庭可以进行缺席审理。次是，仲裁庭应当继续其庭审，作出裁决，并确定进行程序的确切情形已经写明于裁决之中。根据《上海国际仲裁中心仲裁规则》（以下简称《仲裁规则》）第三十五条的规定，若申请人无正当理由开庭时不到庭的，或在开庭审理时未经仲裁庭许可中途退庭的，可以视为撤回仲裁申请；如果被申请人提出了反请求，不影响仲裁庭就反请求进行审理，并作出裁决。若被申请人无正当理由开庭时不到庭的，或在开庭审理时未经仲裁庭许可中途退庭的，仲裁庭可以进行缺席审理，并作出裁决；如果被申请人提出了反请求，可以视为撤回反请求。

提示 2：注意可适用的国际法律文件的先后顺序。

国际航空运输协会发布的《标准地面服务协议》（The Standard Ground Handling Agreement）由"主协议""附录 A"和"附录 B"组成。其中，"主协议"内容为通用条件，"主协议"内的标准条款即包含仲裁条款；"附录

A"具体记载约定的服务内容；涉及服务费用价格和结算事宜等通常约定在
"附录 B"之中。本案双方当事人签署的《标准地面服务代理协议（简要程
序）》即是在国际航空运输协会《标准地面服务协议》之"主协议"和"附
录 A"基础上所达成。对于双方之间争议的地面服务费结算和支付事宜，仲
裁庭亦是依据《标准地面服务代理协议（简要程序）》及若干份补充协议的
约定进行处理。

　　值得一提的是，《标准地面服务协议》之"主协议"中的仲裁条款约定
的是临时仲裁，但伴随着中国商事仲裁的发展，特别是上海国际航空仲裁院
的成功设立，航空业界开始有意识地在服务合同中加入"提交上海国际航空
仲裁院"等机构仲裁条款。此时，双方之间依谈判而达成服务合同并在服务
合同中订立的仲裁条款，其性质应当是双方就争议解决机制作出的特别安
排。按照特别条款优先于一般条款的基本法律原理，相较于"主协议"中的
通用条件，双方之间的特别条款效力应当优先于通用条款，此优先效力亦及
于双方之间关于争议解决方式的安排。本案即属于这一情形。

提示 3：注意法律文书对境外公司的送达程序。

　　对境外公司送达法律文书，原则上应当向境外公司的注册地址或主要营
业地址进行送达。但若境外公司在中华人民共和国境内指定了代理人的，相
关法律文书亦可向该中国境内的代理人所在地址进行送达。本案中，M 公司
向上海国际仲裁中心秘书处提供了 H 公司在泰国的注册地址和联系地址，并
提供了 H 公司指定代理人 X 先生在中国境内的地址，上海国际仲裁中心秘
书处向这三个地址进行了文书送达，完成了送达义务。尽管 H 公司缺席了案
件的审理，但是在上海国际仲裁中心秘书处已经依《仲裁规则》完成送达义
务的情况下，仲裁庭依《仲裁规则》进行缺席审理并作出裁决，这一处理方
式符合《仲裁规则》和《中华人民共和国仲裁法》的规定。

第三章 合同违约处理环节的风险防范

第一节 韩国公司与山东公司买卖合同纠纷案

一、案例简述

　　韩国 Y 公司与中国 X 公司通过电子邮件签订国际货物买卖合同，约定 X 公司向 Y 公司购买 500 公吨水产，单价 1383.80 美元 / 公吨（CFR 青岛），装运日期为 2020 年 4 月，支付方式为 100% 不可撤销的 90 天远期信用证，2020 年 3 月 31 日前开立。合同约定如逾期付款，买方应每天按发票总额的 3% 支付违约金。合同约定适用不可抗力条款。合同文本的落款时间为 2020 年 3 月 27 日，X 公司于 2020 年 3 月 31 日向 Y 公司回传合同文本。

　　为履行上述合同，Y 公司于 2020 年 4 月 7 日将净重约 525 公吨的水产进行进口报关，存放地点为青岛某仓库。按合同价计算，货物的实际金额应为 726461.79 美元，Y 公司以此为基础计算仓储费并于当年 7 月 27 日支付仓储费 30299.63 美元，费用支付至当年 8 月 2 日。报关后，Y 公司致函 X 公司，告知货物已于 2020 年 4 月 7 日运送至青岛港并卸货。X 公司未按约定于 2020 年 3 月 31 日前开立信用证。Y 公司因此向 X 公司提出索赔，并要求 X 公司于 2020 年 4 月 16 日前开立信用证，否则将提起诉讼。2020 年 4 月 14 日，X 公司致函 Y 公司，声明因 2020 年 4 月份受国际疫情严重影响，欧美客户纷纷取消已订购的成品订单合同，导致 X 公司无法履行其与 Y 公司的合同，通知予以解除。

Y 公司在中国法院起诉 X 公司违约，主张货物价差损失、预期收益损失、与诉讼相关的费用。货物差价损失为合同价与转售价之间的差额：726461.79 美元 − 472478.40 美元 = 253983.39 美元。转售价的确定依据为 Y 公司当年 7 月 23 日、24 日分别收到的 118119.60 美元、354358.80 美元汇款两笔，Y 公司主张该两笔汇款系其将涉案货物降价转卖所收回的货款。Y 公司主张的预期收益为 16694.24 美元，计算依据为合同价与水产购入价之间的差额，Y 公司主张涉案货物系其于当年 3 月 27 日以 709767.55 美元的价格购入。Y 公司主张的诉讼相关费用有公证费、律师费、诉讼保全保险费等。

X 公司主张，新冠肺炎疫情导致 X 公司于 2020 年 3 月 31 日解除其与下游公司的货物买卖合同，使得涉案合同无法履行，故应适用不可抗力条款免责。X 公司为证明 Y 公司扩大损失、以不合理低价转卖涉案商品，另提交 2020 年 7 月 X 公司与案外人购买同类货物的证据，并自认另行购买时未与 Y 公司联系。

二、法律分析

1. 违约方是否可基于不可抗力免责？

本案各方均同意适用中华人民共和国法律及《联合国国际货物销售合同公约》作为审理本案的准据法，法院依法予以认可。《联合国国际货物销售合同公约》第七十九条第（1）款规定："当事人对不履行义务，不负责任，如果他能证明此种不履行义务，是由于某种非他所能控制的障碍，而且对于这种障碍，没有理由预期他在订立合同时能考虑到或能避免或克服它或它的后果。"本案合同亦有"适用不可抗力条款"的约定。不可抗力，是指不能预见、不能避免并不能克服的客观情况。因不可抗力不能履行合同的，根据不可抗力的影响，部分或者全部免除违约方的责任。当事人依据上述公约的规定免责，或依据国内法有关不可抗力的规定免责，前提条件之一是存在该当事人不能控制的障碍或客观情况，导致该当事人不能履行合同义务，且其在订立合同时不能预见上述障碍或客观情况。

本案合同签订于 2020 年 3 月 27 日至 3 月 31 日之间，合同签订时新冠肺炎疫情已经开始，X 公司在签订合同时能够预见到疫情对合同履行的影响。此外，X 公司未履行涉案买卖合同，却在 2020 年 7 月另行购买了同类货物，其关于不履行本案合同系因疫情造成的主张与该事实相悖。因此，X 公司基于不可抗力免责的主张不能成立。

2. X 公司是否应支付合同约定的违约金，违约金是否应当减少？

一审法院认为，在国际货物买卖合同中，违约损失通常包括货物差价损失、可得利益损失、仓储费用、为诉讼而产生的费用等。本案中，仓储费用、为诉讼而产生的费用较为明确，但关于货物差价损失和可得利益损失，Y 公司虽然提交付款及收款凭证的公证认证件，但相关合同、装箱单、商业发票等，均未能提供原件或者邮件发送的原始载体，无法确认其真实性，进而不能确认 Y 公司所提交收款、付款凭证中金额与本案的关联性，故不宜直接以上述证据作为确定 Y 公司实际损失数额的依据。一审法院适用合同中的违约金条款作出判决，判令 Y 公司按"涉案货物总金额 ×3%/ 天 ×14 天"支付违约金 305113.95 美元（X 公司应于 2020 年 3 月 31 日前开立信用证，其逾期付款至 4 月 14 日发出解除通知，共计 14 天）。X 公司主张的其他损失均未得到一审法院支持。

Y 公司上诉主张：货物差价损失、仓储费损失、律师费、公证费、诉讼保全责任险保险费均属于因 X 公司不履行付款义务而造成的，一审仅判 X 公司承担违约金，不足以弥补 Y 公司的损失。X 公司的主要抗辩理由有：第一，一审未理清逾期付款违约金与解除合同违约金的关系，双方在涉案买卖合同中约定的是逾期付款的违约责任；即使一审法院支持的违约金系逾期付款的损失，Y 公司也未因逾期付款遭受实质性损失，因此不应支持违约金。第二，Y 公司提交的证据不能证明其实际遭受的损失。第三，Y 公司主张的货物差价损失中本身就包含预期可得利益，其又主张违约金用来弥补预期可得利益，系重复计算。X 公司承担的赔偿责任不应超过 Y 公司主张的预期可得利益损失 16694.24 美元。X 公司上诉请求，撤销一审判决中有关 X 公司支付违约金的内容。

二审法院认为，合同要求 Y 公司于 2020 年 3 月 31 日前开立信用证，且双方未约定其他支付方式，因此 X 公司未在该日期前开立信用证即构成逾期付款，应当按照合同约定支付违约金。《中华人民共和国合同法》第一百一十四条第二款规定，约定的违约金过分高于损失的，当事人可以请求人民法院或者仲裁机构予以适当减少。根据最高人民法院《全国法院民商事审判工作会议纪要》第五十条的规定，认定约定违约金是否过高一般应以《合同法》第一百一十三条规定的损失为基础进行判断，主张违约金过高的违约方应当对违约金是否过高承担举证责任。本案中，X 公司的违约行为不仅仅表现为迟延付款，而且表现为在 Y 公司催告后仍拒绝付款，并最终导致本案合同在没有履行的情况下即解除。Y 公司所受损失不仅包括迟延付款而产生的损失，还包括因合同未履行而产生的损失。X 公司作为专业从事水产品加工和进出口贸易的公司，其在缔约时应当对违约金条款的后果，以及迟延履行和拒绝履行合同的后果有所预见。鉴于以上因素，二审法院对于 X 公司提出的减少违约金的请求不予支持。

3．Y 公司的损失数额是否大于违约金数额？

Y 公司主张的损失主要为其将涉案货物降价转卖其他人而产生的货物差价损失和因涉案合同未履行而产生的可得利益损失。Y 公司虽然提交了经过公证认证的付款及收款凭证，但未提交相关合同、装箱单、商业发票等的原件或者通过电子邮件发送的记录予以印证，因此不能确认 Y 公司上述收款、付款行为与本案具有关联性。一审法院未将上述证据作为确定 Y 公司实际损失数额的依据，并无不当。Y 公司所举证据不能证明其实际损失数额大于违约金数额。

三、风险防范

提示 1：重视违约金条款的功能及运用。

违约方赔偿可预见的、非违约方的全部损失是《联合国国际货物销售合同公约》及各国国内法中的通行规则。然而，非违约方证明实际损失并非易事。例如在本案中，Y 公司用以证明货物差价损失的转售价因不符合证据规则而未被法院采纳。如果合同对违约金有约定，则只要不违反法律的强制性规定，非违约方在寻求违约救济时就可免于证明其实际损失。此时，如果违约方对违约金的金额有异议，则由违约方举证证明该金额明显高于非违约方因违约所遭受的实际损失，而这在实践中是较难实现的。因此，违约金的功能主要在于免除非违约方证明其实际损失的责任。

实践中，当事人既可以笼统地针对各种违约情形约定违约金，也可以针对某一方或双方的特定违约行为（如迟延交货、迟延付款等）约定违约金。在后一种情形下，违约金条款仅在特定的违约行为发生时方能发挥其作用。因此，当事人应根据交易的性质、违约的常见形态等妥善斟酌违约金条款的措辞和金额。

提示 2：不可抗力免责的运用需谨慎。

《联合国国际货物销售合同公约》第七十九条、《中华人民共和国民法典》第五百九十条均允许当事人基于不可抗力主张免责。不可抗力是不能预见、不能避免且不能克服的客观情况。当事人一方因不可抗力不能履行合同的，根据不可抗力的影响，部分或者全部免除责任，但是法律另有规定的除外。因不可抗力不能履行合同的，应当及时通知对方，以减轻可能给对方造成的损失，并应当在合理期限内提供证明。

合同订立后，某不寻常的事件或情势影响到合同的履行，当事人需从三方面判断是否符合不可抗力免责的要求。首先，该事件或情势是当事人在订立合同之时无法预见到的。如果订立合同之时该事件或情势已经发生，或者其发生已有征兆且当事人不可能不知道该征兆，则该事件或情势并非不可预见。其次，该事件或情势是当事人无法通过主观努力予以避免的。再次，该事件或情势对当事人履约所造成的障碍是无法克服的。通常，突发事件或情势造成当事人履约成本增加并不属于"无法克服"的情况。

【案例来源：亚洲水产食品有限公司、山东新华锦水产有限公司国际货物买卖合同纠纷上诉案，案号：（2021）鲁民终 1444 号】

第二节　老挝公司与湖北公司买卖合同纠纷案

一、案例简述

2011 年，老挝 F 农业发展投资公司（以下简称 F 公司）与湖北 B 工程机械公司（以下简称 B 公司）签订《碾米设备购销协议》（以下简称购销协议）中、英文版各一份，中英文双语版的《成套碾米设备购销合同》（以下简称购销合同）一份。协议和合同约定：（1）F 公司向 B 公司购买碾米设备、维修平台、厂房等设备；（2）B 公司在设备到达老挝后需派 10 名技术人员前往现场进行有关设备的安装调试；（3）F 公司需于 2011 年 11 月底以前付清货款，即"先付款，后发货"。

此后，F 公司分别于 2012 年 1 月 10 日、2012 年 5 月 11 日向 B 公司支付 25 万美元、10 万美元货款，合计支付货款折合人民币 2205515 元。B 公司分别于 2012 年 5 月起分 5 次向 F 公司发货，具体货物为碾米设备，未交付维修平台和厂房等设备。2012 年 8 月，F 公司与万象市 D 钢构公司（以下简称 D 公司）签订《钢结构制作安装合同》，将 F 公司生产车间的机械安装二次平台发包给 D 公司施工。2012 年 12 月 20 日，F 公司向 B 公司发出《关于设备安装的告函》。2012 年 12 月 27 日，F 公司的法定代表人赵某与 B 公司达成《赵某与 B 公司粮机欠款清单及还款计划》，确认 F 公司欠 B 公司设备款 6 万美元；2013 年 3 月 25 日以前 F 公司欠款待安装完毕后付清。2012 年 12 月 30 日，B 公司派其员工共三人赴 F 公司安装案涉设备。2014 年 8 月 26 日，F 公司向 B 公司发出《关于解除合同的函》，以 B 公司未安排案涉设备的安装调试造成该公司损失为由，要求解除协议。2014 年 9 月 10 日，B 公司向 F 公司发出《关于不同意解除协议的回复函》。

2014 年 10 月，F 公司将 B 公司诉至法院，认为 B 公司未按照约定全部发货并进行设备安装，违反了双方签署的合同，并造成损失，请求解除协议，并由 B 公司赔偿其损失。同时，B 公司向法院提出反诉，认为 F 公司未按照约定及时支付货款，且 B 公司未按照约定对 F 公司派往现场的技术人员提供相关保障，客观上使 F 公司无法进行设备安装调试工作，请求 B 公司付清货物欠款，并承担 3 位技术人员的交通费等费用。

二、法律分析

1. B 公司的部分履行是否构成违约？

案涉合同约定，B 公司需在 F 公司付款后交付碾米设备、维修平台、厂房等，但实际仅交付碾米设备，该行为是否构成违约？B 公司对此解释是 F 公司的法定代表人赵某要求由其自行制作维修平台、厂房等设备。虽然 B 公司未提交本案双方当事人就变更案涉合同履行内容所达成的书面协议，但结合 F 公司仅向 B 公司支付案涉合同价款 220.50 万元人民币，该公司的法定代表人赵某于 2012 年 12 月 27 日签字的《赵某与 B 公司粮机欠款清单及还款计划》，F 公司在案涉合同的履行过程中未就 B 公司供货的内容提出异议等事实，可以推定 F 公司与 B 公司就案涉合同的履行内容进行了变更，B 公司依约应当交付的货物应以 B 公司实际发出的货物为准。B 公司并未违约。

2. B 公司未按约定进行设备安装是否构成违约？

协议约定，货物到达 F 公司目的地后，B 公司立即派 10 人的安装队伍前往老挝施工，安装人员的膳食及费用由 F 公司承担，并保证安装人员人身治安的安全。B 公司实际仅派 3 名技术人员赴 F 公司进行案涉设备的安装调试，不符合合同约定，构成违约。同时，B 公司提出的关于 F 公司现场不具备安装条件的证据均为与 B 公司有利害关系的职员所作出，其证明力较低，不能单独作为认定事实的依据。

3. 如何确定双方的违约责任范围？

基于前述对 B 公司违约行为的评述，B 公司在未全面履行案涉合同所约定的安装调试义务的情况下，无权主张全部价款，其应得价款中应当扣除 F 公司向 D 公司支付的安装费、安装人员来回交通费。由于案涉合同约定由 B 公司负责案涉设备的安装调试，但并没有约定 B 公司安装人员往来费用的承担方式，故应当认定 B 公司负有案涉设备包安装的义务，B 公司安装人员的往来费用是该公司履行包安装义务的必要开支，应由 B 公司自行负担协议约定。而按照约定，F 公司需于 2011 年 11 月底前完成全部付款，但实际履约中，F 公司在 2012 年 1 月至 5 月共支付 220.50 万元人民币，未按约定支付全部货款，并根据 2012 年 12 月 27 日 F 公司法定代表人赵某签字的《赵某与 B 公司粮机欠款清单及还款计划》，可以确认 F 公司对 B 公司存在拖欠。因此，最终 F 公司需向 B 公司支付拖欠款减去 D 公司安装及交通费用，及逾期利息。

4. 是否应解除案涉合同？

《中华人民共和国合同法》第九十四条规定"有下列情形之一的，当事人可以解除合同：（一）因不可抗力致使不能实现合同目的；（二）在履行期限届满之前，当事人一方明确表示或者以自己的行为表明不履行主要债务；（三）当事人一方迟延履行主要债务，经催告后在合理期限内仍未履行；（四）当事人一方迟延履行债务或者有其他违约行为致使不能实现合同目的；（五）法律规定的其他情形"。对照上述规定，结合对双方违约责任范围的评判，本案双方当事人以自己的实际履行行为改变了案涉合同所约定的主要债务内容和履行方式，并且已经实际履行了主要债务。虽然本案双方当事人在履约过程中均有违约行为，但并未导致合同目的不能实现，F 公司可以通过聘请 D 替代履行，减少合同价款的方式实现合同目的。故对于 F 公司要求部分解除案涉合同的请求不应予以支持。

三、风险防范

提示 1：订立合同时需明确和细化进口方的责任和义务。

在国际工程承包或成套设备出口贸易中，承包商 / 出口方通常需要承担设备的安装调试义务，出口方可以在合同订立时约定设备进场和安装条件，并明确进口方在未达到安装条件的情形下的补救措施，包括但不限于及时改正并承担有关延期责任、长时间未改正并触发"实质性违约"时出口方有权解除合同并索赔等。实践中，订立合同往往需要考虑时间和经济成本，特别是对于金额不大的贸易。因此，建议出口方在合同中设置兜底条款，约定"进口方需向出口方在设备安装时提供一切必要的支持和保障"，或明确安装调试的工作范围，将需要进口方提供的基础支持和保障明确排除在出口方的工作范围以外，以避免进口方的道德风险和由此产生的纠纷。

提示 2：合同履行内容变更时应以书面形式进行确认。

在本案中，尽管双方变更合同内容的事实得到了法院的认可，但仍然需要注意到其中存在的法律风险，根据我国《民法典》第五百四十四条"当事人对合同变更的内容约定不明确的，推定为未变更"，因此，在合同双方对合同默示变更发生争议时，认定默示变更是否实际发生，需考量接受履行的状况、变更内容是否明确、合同约定等因素综合判断，以保障合同意思自治，平衡双方利益。具体到买卖合同项下，未经书面确认的变更往往会导致合同在供货主体、交货时间、供货内容、付款时间乃至付款方式等方面处于模糊不定的状态，造成衡量和判定当事人履约与违约的标准模糊乃至缺失的结果。因此，建议买卖双方在合同履约内容发生变更时应以书面形式进行确认，以避免不必要的纠纷，承担额外的法律风险。

【案例来源：老挝农业发展投资有限公司诉湖北碧山机械股份有限公司买卖合同纠纷案，案号：（2014）鄂孝感中民商外初字第 00001 号】

第三节　马来西亚公司与上海公司海上货物运输合同纠纷案

一、案件简述

2010 年 9 月 24 日，M 公司作为承运人签发了清洁提单，提单记载收货人为凭 MEGLOBALINTERNATIONALFZE 指示，货物数量为 999.352 吨散装乙二醇，系船舱货物 30989.966 吨的一部分，混装未分离。涉案货物于 2010 年 10 月底由马航公司所属"BungaAkasia"轮第 V.1004 航次承运，从沙特阿拉伯王国延步港经海运运至中国宁波港，11 月 11 日卸货。货物到港后 S 公司作为该正本提单持有人委托通标标准技术服务有限公司

（SGS）对货物进行检测，发现部分货物无机氯化物项目超标。该提单经
MEGLOBALINTERNATIONALFZE 背书转让给 S 公司，S 公司在发现部分
货物氯离子超标向 M 公司索赔未果后将该提单项下货物以均价 920 美元 /
吨（正常品质货物 1030 美元 / 吨，受损货物 792 美元 / 吨，涉案 999.352 吨
货物经目的港分装后形成 534.949 吨正常品质货物、465.387 吨品质受损货
物）出售给案外人宁波 J 公司，并将正本提单背书转让给 J 公司，涉案货物
最终由 J 公司以 1000 美元 / 吨报关并提取货物。J 公司在受让涉案货物后
声明其在购买时"已充分考虑货物到港后存在受损贬值的情况，因此，我公
司作为最终的提单收货人并不因货损而存在实际损失，为此我公司也不会再
向承运人提出任何索赔，相关货损索赔权利仍由仕进公司自行享有和行使"。
S 公司遂于 2011 年 9 月 25 日诉至原审法院，请求判令 M 公司赔偿其损失
110762 美元及利息。

二、法律分析

1. S 公司是否就涉案货损享有诉权？

M 公司认为，其与 S 公司之间并不存在 S 公司赖以提起索赔的海上货物
运输合同法律关系。涉案提单的最终合法持有人是 J 公司，货物也是由 J 公
司报关并提取，因此 S 公司既不是货物的托运人，也不是货物的收货人或提
单的合法持有人，提单所证明的运输合同项下收货人的权利义务（包括货物
的所有权和诉权）已经一并转让给提单的持有人 J 公司。

法院认为，由于涉案货物的提单是 MEGLOBALINTERNATIONALFZE
背书转让给 S 公司，再由 S 公司背书转让给 J 公司，J 公司持提单向 M 公司
提取了货物。S 公司在持有提单时曾就货损问题向 M 公司提出索赔请求，后
来 S 公司将提单项下的货物以背书的方式折价转让给 J 公司，属于 S 公司对
货物的处分行为。加上 J 公司的声明宣称放弃赔偿，因此，S 公司仍有权向
M 公司主张货损赔偿。因此，S 公司具有原告主体资格。

2. S 公司是否因为本案货物运输存在损失，以及损失金额如何认定？

本案双方当事人对于涉案货物在运输过程中造成损坏的事实并无异议。

根据《中华人民共和国海商法》（以下简称《海商法》）第五十五条规定："货物灭失的赔偿额，按照货物的实际价值计算；货物损坏的赔偿额，按照货物受损前后实际价值的差额或者货物的修复费用计算。货物的实际价值，按照货物装船时的价值加保险费加运费计算。"本案中，货物的实际价值即装船时的价值不明，而 S 公司购得在航途中货物的价格为 915 美元／吨，故可按照该价格计算。至于贬值情况，S 公司提供的销售合同只显示了货物销售的平均价格而未显示受损货物的价格，仅凭 J 公司的说明不足以证实 S 公司的实际损失，鉴于二审中 M 公司提供了新的证据即鉴定报告，据此计算 S 公司的损失为：（915 ＋ 533.15 ／ 999.352）× 465.387 × 5.7% ≈ 24286 美元。

3．M 公司是否有权就装卸费和仓储费主张抵销？

S 公司在一审时提供滞港仓储结算发票，表明 J 公司提取货物时已经支付过相应的费用，M 公司主张抵扣的装卸和仓储费用是受损货物额外产生的费用，但 M 公司并未提供与本案货物具有关联性的证据，因此法院在审理时并未支持 M 公司的该上诉理由。

三、风险防范

提示 1：承运人的责任与责任期间。

在国际货物运输中，承运人主要承担以下义务：提供适航的船舶，管理和安全运送货物，签发提单并据以交付货物，行驶合理的航线。其中所谓提供适航的船舶是指保证船舶处于适航状态，妥善配备船员、装备船舶和配备供应品，并保证货舱、冷藏舱等处于能够安全收受、载运和保管货物的状态。

在承运人的责任期间，如果货物发生灭失或损坏的，除法律或合同另有规定外，承运人应当承担赔偿责任。同时，根据货物装运方式的不同，责任期间也有所差异。对于集装箱装运的货物，责任期间从在装货港接收货物时起至在卸货港交付货物时止，货物处于承运人掌管之下的全部期间。对于非集装箱装运的货物，责任期间从货物装上船时至卸下船时止，货物处于承运人掌管之下的全部期间。

在本案中，由于是在承运人的责任期间所发生的货损，并且承运人不符合免责条款的规定，因此，承运人应当承担相应的赔偿责任。

提示 2：承运人损害赔偿金额的计算及损害赔偿责任限额制度。

根据我国《海商法》第五十五条规定：货物灭失的赔偿额，按照货物的实际价值计算；货物损坏的赔偿额，按照货物受损前后实际价值的差额或者货物的修复费用计算。货物的实际价值，按照货物装船时的价值加保险费加运费计算。前款规定的货物实际价值，赔偿时应当减去因货物灭失或者损坏而少付或者免付的有关费用。

出于保护承运人和海运业的考量，即使承运人基于不可免责的原因造成了货物的损失，需要承担赔偿责任，但可依据承运人赔偿责任限额制度减少赔偿的范围。我国《海商法》第五十六条规定了承运人的责任限额制度，即对承运人不能免责的原因造成的货物灭损或迟延交付，将其赔偿责任在数额上限制在一定范围内，可以分为对货物灭损的赔偿责任限额以及对货物迟延交付的赔偿责任限额。《海商法》第五十六条规定，承运人对货物灭失或损坏的赔偿限额，按照货物件数或其他货运单位数计算，每件或每个其他货运单位为 666.67 计算单位，或者按照货物毛重计算。《海商法》第五十七条规定，承运人对货物因为迟延交付造成的经济损失的赔偿限额，为所迟延交付货物的运费数额。货物的灭失或损坏和迟延交付同时发生的，承运人的赔偿责任限额适用承运人对货物灭损的赔偿限额。

但应当注意的是，如果经过证明，货物的灭失、损坏或迟延交付是因为承运人的故意或明知可能造成的损失而轻率地作为或不作为造成的，承运人不得援引赔偿责任限额的规定。

提示 3：提单的性质和作用。

在国际海上货物运输中，承运人在接收货物、对货物进行简单地检查后，应根据货物的实际情况签发提单。提单作为一种重要的文件，在国际海上货物运输中发挥了重要作用。首先，提单是海上货物运输合同的证明，是确定承运人和托运人权利义务的依据。同时，提单是证明货物已经由承运人接管或已装船的货物收据。在托运人和承运人之间，提单是承运人已经按照提单所载明状况收到货物或货物已经装船的初步证据。如果承运人实际收到的货物与提单记载的内容不符，承运人可以提出反证。此外，提单也是承运人交付货物的凭证。

【案例来源：马来西亚国际航运有限公司与上海仕进国际贸易有限公司海上货物运输合同纠纷上诉案，案号：（2013）浙海终字第 45 号】

第四节　中国食品公司与越南食品原料生产公司国际货物买卖合同纠纷仲裁案

一、案例简述

中国 S 公司是一家生物科技领域的饮料及相关食品生产公司，越南 Y 公司从事食品原材料生产和贸易业务。2018 年 5 月，买方中国 S 公司与卖方越南 Y 公司签订《合同》，约定 Y 公司按照双方书面确认的样品标准，向 S 公司供应蜂蜜芦荟果粒。《合同》及附件对货物的标的、价款、质量、履行期限、包装、验收标准等作出了明确约定，并约定如发生任何争议的，应当提交上海国际仲裁中心仲裁。《合同》第 11 条特别约定，如果卖方在买方提出质量异议后 15 天内未答复的，则视为卖方接受买方的所有请求。

《合同》签订后，S 公司分两次支付《合同》项下全部货款，但 Y 公司供应的蜂蜜芦荟果粒经检验质量不符合合同约定标准且包装生锈，为不合格产品。S 公司遂于 2018 年 9 月通过电子邮件将收货报告及货物检验报告发送给 Y 公司，其中收货报告对收货的数量、包装等进行了现场记录，通过现场检验，Y 公司供应货物的外包装、喷码等均不符合合同约定标准；检测报告对货物内部进行了检验，通过检测，Y 公司供应的货物可溶性固形物、pH 值、总酸、果肉含量等均不符合《合同》约定标准。

由于 Y 公司对 S 公司发送的报告一直未回复，S 公司遂于 2018 年 10 月向 Y 公司发送律师函，对涉案货物的包装、品质不符合《合同》约定标准的事实进行了说明，并提出相应的索赔请求。投递记录显示 Y 公司已签收该律师函，但 Y 公司仍未予以答复。鉴于此，S 公司向上海国际仲裁中心提起仲裁，要求 Y 公司退还货款并赔偿损失。

二、法律分析

1．本案应适用什么法律？

鉴于中、越两国均为《联合国国际货物销售合同公约》(以下简称《公约》) 缔约国，仲裁庭根据《公约》第 1 条的规定决定适用《公约》为本案准据法；考虑到货物交运目的地在中国，S 公司营业地也在中国，仲裁庭确定《公约》未尽之事项应适用与《合同》存在最密切联系的中国法律。

2．Y 公司交付的货物是否存在质量问题？

根据 S 公司提交的收货报告及检验报告，仲裁庭经仔细比对其内容与《合同》约定后，认定 Y 公司交付的货物不符合《合同》约定的质量标准和包装标准。

3．S 公司的质量异议及索赔主张是否具有法律依据和合同依据？

虽然《公约》对卖方违反义务时买方的救济措施进行了规定，但《公约》第 6 条亦规定当事人可以在符合条件的情况下对排除《公约》特定条款的适用，因此，《合同》第 11 条应视为双方当事人对货物质量问题引起的索赔救济进行了特别约定，该等约定并不违反《公约》第 6 条适用的限制性条件。在此基础上，仲裁庭认为 Y 公司未对 S 公司的主张进行任何回复的行为视为其已接受 S 公司提出的退还货款等请求，故 S 公司的该等请求有法律依据和合同依据。

4．S 公司的损失应如何认定？

根据《公约》第 45.1 条和第 74 条的规定，如果卖方不履行合同义务，买方可以要求卖方赔偿就因其违反合同而遭受的包括利润在内的损失进行赔偿。在分析了 S 公司提供的证据及其合理性之后，仲裁庭认为除全部货款之外，S 公司为本案付出的保险费、海运费、税费、货运代理费属于 S 公司的合理损失。同时，按照本案适用的上海国际仲裁中心仲裁规则，Y 公司应当承担 S 公司为本案付出的全部仲裁费。

三、风险提示

提示 1：首要应明确合同能否适用《公约》的规定。

本案是一起仲裁庭准确适用《公约》的典型案例。在本案中，仲裁庭首先需要考察《公约》第 1 条的规定，确定涉案合同争议从缔约主体角度是否应适用《公约》，进而根据交易性质来确定涉案合同所买卖的货物、买卖的方式是否在《公约》调整的范围内。

根据规定，适用《公约》的国际货物买卖合同应满足以下几个条件：

第一，适用公约的主体范围。

《公约》第 1 条第 1 款明确规定，公约适用于营业地在不同国家的当事人之间所订立的货物销售合同：如果这些国家是缔约国；或者如果国际私法规则导致适用某一缔约国的法律。合同当事人的营业地位于不同的国家，即合同具有"国际性"，是否具有"国际性"的关键在于当事人的营业地是否位于不同国家，但存在一定的限制：双方签订合同时，相关当事方必须知道当事各方营业地位于不同国家；若合同一方当事人的营业地位于非公约缔约国，取决于国私规则是否可以导致相关合同适用某一缔约国的法律；如果合同一方或双方具有多处营业地，则适用最密切联系原则。

第二，适用公约的销售范围。

《公约》并没有直接规定其适用范围，而是通过排除法在第 2 条明确规定了《公约》不适用的销售范围，具体来说有以下几个方面：（1）购供私人、家人或家庭使用的货物的销售，除非卖方在订立合同前任何时候或订立合同时不知道而且没有理由知道这些货物是购供任何这种使用；（2）经由拍卖的销售；（3）根据法律执行令状或其他令状的销售；（4）公债、股票、投资证券、流通票据或货币的销售；（5）船舶、船只、气垫船或飞机的销售；（6）电力的销售。

提示 2：在《公约》应适用于涉案合同的前提下，仲裁庭根据第 6 条判断当事人是否有效减损了《公约》的适用。

就《公约》第 6 条的理解而言，该条允许当事人减损《公约》的部分规定，本案仲裁庭对该条款的规定进行了准确分析，即当适用于特定事项的合同条款与公约相关规定相抵触时，推定双方当事人意图就特定问题减损《公约》的规定，但并不影响《公约》的适用。这一解读准确地反映了《公约》的立法意图，即国际销售合同规则主要来自当事人意思自治，充分尊重了当事人意思自治在国际商务活动特别是国际销售中的核心地位。

随着"一带一路"倡议的不断推进，沿线国家之间的经济交易格外频繁，法律冲突的解决和协调的重要性尤为凸显。从争议解决的角度看，"一带一路"经贸投资项目涉及的交易类型日趋丰富，引发的争议也愈发复杂，国际公约、国际条约等多边法律将会在更多案件中得到更具有针对性地适用。对于从事"一带一路"经贸投资交易的中国商事主体提供而言，应当进一步加强对于国际公约、条约和商事交易规则的熟悉与理解，在订约时制定对己方有利的条款，保护己方合法权利；对于争议解决法律服务机构而言，应当进一步加强对于国际公约、条约和商事交易规则的学习与研究，为商事主体正确适当地确定纠纷的法律适用、为妥善解决跨国经贸投资争议提供法律保障。

第五节　中国公司与英国公司货物买卖纠纷仲裁案

一、案情简介

申请人中国 A 公司与被申请人英国 B 公司于 2018 年 3 月 20 日签订了一份《采购订单》，约定中国 A 公司向英国 B 公司购买 42 吨甲基丙烯酸甲酯，总金额为 88200 美元（其中 21 吨纯度为 86%—88%，21 吨纯度为 96%—98.5%）。合同约定 CIF 上海，从印度发货；买方预付 30% 货款，剩余货款见提单即付；卖方按照 110% 发票价格投保。实际发货方为案外人（东南亚某国公司）。双方在《采购订单》中约定适用中国法律。

合同签订后，中国 A 公司于 2018 年 3 月 27 日预付 30% 货款 26460 美元。英国 B 公司分两船发货，中国 A 公司见到提单后于 2018 年 4 月 12 日支付 30097.09 美元，2018 年 4 月 17 日支付 28880 美元。中国 A 公司支付全部货款后，未收到纯度为 96%—98.5% 的货物。后发货方告诉中国 A 公司该船货在运往上海的途中发生泄漏，未能运达上海，而是卸货在了香港。中国 A 公司遂依据合同保险条款向保险公司请求赔偿，但保险公司认为本次货物泄漏风险不在保单的承保范围内，拒绝作出任何赔偿。在此情况下，中国 A 公司没有收到货物，也没有获得相应的保险金。由于英国 B 公司未补发货物，也没与中国 A 公司达成任何事后协议，中国 A 公司遂向上海国际仲裁中心提起仲裁，要求英国 B 公司按货值 110% 赔偿损失。

二、法律分析

1. 本案货损是否属于《采购订单》项下的仲裁争议事项？

仲裁庭认为货损是否属于承保范围、货损发生原因、保险责任承担等问题属保险公司判断的事项，不属于《采购订单》项下的仲裁争议事项。但根据双方在《采购订单》中的约定，对《采购订单》下英国 B 公司投保的险别是否违反合同约定，应属于本案的仲裁范围。

2. 英国 B 公司没有按照约定投保的行为是否构成违约？

根据《采购订单》第 8 条第 3 款的约定，英国 B 公司应以中国 A 公司为受益人的名义向保险公司投保，投保险别应当包括：协会货物条款（A）、协会战争条款（货物）、协会罢工条款（货物）以及可能发生的转运险。根据 Institute Cargo Clauses（A）的规定，由于一般外来原因造成的损失，包括受潮受热、渗漏等都属于承保风险，而除外责任包括保险标的物的正常漏损、重量或质量的正常减少或自然损耗等。然而，英国 B 公司投保保单上的承保范围却在协会货物条款（A）之外，增加了温度变化导致的货损、渗漏等多种除外责任。仲裁庭认为，在 CIF 贸易术语下，卖方的义务除交付货物外，亦有交付符合合同约定的单证义务，英国 B 公司亦予以承认；由于英国 B 公司在履行《采购订单》过程中，没有按照双方的约定进行投保，导致中国 A 公司在风险发生后不能获得保险公司的赔偿，构成违约。

3. 违约赔偿金额如何确定？

在构成违约导致中国 A 公司的合同利益无法实现的情况下，英国 B 公司应承担《中华人民共和国合同法》（以下简称《合同法》）规定的或合同约定的相应法律责任。由于双方在《采购订单》中没有约定违约责任条款，仲裁庭认为英国 B 公司应按照法律的规定承担违约责任。根据《合同法》第一百一十三条"当事人一方不履行合同义务或者履行合同义务不符合约定，给对方造成损失的，损失赔偿额应相当于因违约所造成的损失，包括合同发生后可以获得的利益，但不得超过违反合同一方订立合同时预见到或者应当预见到的因违反合同可能造成的损失"的规定，本案系争《采购订单》为中国 A 公司和英国 B 公司之间的货物买卖合同，争议系因英国 B 公司违约导致中国 A 公司产生损失。仲裁庭认为，由于双方履行系争合同的目的在于货物买卖而非获得保险金，本案实为中国 A 公司的货物灭失之诉，而非向英国 B 公司追索保险金损失之诉。因此，在无进一步证据证明其他损失的情况下，中国 A 公司在本案中的损失即为合同约定的货物价值损失，在此货物灭失且保险公司不赔付时，中国 A 公司的受偿范围也仅限于合同项下的货物价值，而非保险金数额。

三、风险防范

提示 1：仲裁庭仅处理仲裁协议约定内的仲裁事项。

仲裁事项是指当事人提交仲裁解决的争议内容，它决定了仲裁庭的管辖权范围，因为仲裁庭的管辖权来源于双方当事人达成的仲裁协议。当事人请求仲裁的事项与反请求事项仅限于仲裁协议所规定的争议事项。仲裁庭审理和裁决的事项也只限于仲裁协议所规定的提交仲裁的事项。如果当事人在仲裁协议中未约定仲裁事项，仲裁庭即无权审理案件和作出裁决，否则仲裁庭就超越了权限，将导致其所作出的裁决全部或部分无效。因此，当事人在仲裁协议中必须明确规定将何种商事争议提交仲裁解决。

提示 2：购买符合约定的保险也构成合同的特定义务。

保险条款是国际货物买卖合同中的常见和基础条款，与贸易术语条款一样，直接明确地界定了买卖双方的权利义务，双方应明确理解此类条款的规定内容，并严格履行各自义务。本案中，双方当事人争议的主要焦点在于当货物买卖合同中约定了卖方应该购买的保险种类、条款等时，卖方未依约购买保险导致作为受益人的买方在货物灭失后无法获得保险公司理赔，卖方应当承担何种责任及赔偿损失的范围。对此，仲裁庭给出了清晰判断，即在特定贸易术语下，购买符合合同约定的保险是卖方的合同义务，若违反了该义务导致保险公司拒绝赔付时，卖方应承担以合同项下的货物价值为限的损害赔偿责任。

第四章　合同其他风险的防范

第一节　越南公司与中国公司建筑工程合同纠纷案

一、案例简述

2005 年 10 月 28 日，越南 J 公司作为承包方与中国 W 公司签订《施工合同》，承包中国 W 公司、中国 D 公司向越南业主方联合总包的越南 X 项目的全部土建建设工程，包括但不限于项目范围内的土方开挖、地基处理、建筑物施工……照明、避雷等施工。开工日期以业主开工令确定的日期为准，工期自开工令确定日期起 33 个月。合同价款为固定总价 2441 万美元，该价款未包含发包方供应设备的价款，合同价格组成表约定在附件 8 之中。合同第二十三条"合同价款的调整"约定：（1）本合同价款采用固定总价方式。合同价款中包括的风险范围：包括直接工程费、间接费、利润、风险金、税金、运输费……物价变动以及合同规定的其他所有风险、责任等费税价。（2）除合同另有约定外，其他一律不作调整。第二十八条"工程变更"约定：因工程变更及单位工程的变化而发生的费用增减，不对合同价格发生影响，确定的合同工期也不调整。第三十条"竣工结算"约定：（1）工程竣工验收报告经发包方认可后 28 天内，承包方向发包方递交竣工结算报告及完整的结算资料，双方按照合同约定的合同价款及专用条款约定的合同价款调整内容，进行工程竣工结算……第三十五条"工程分包"约定：（1）本工程中将有部分建筑工程业主将指定分包，具体分包商和分包范围见附件4、指定分包的项目将由越南当地的承包商负责，工程总额参照《对外合同》的相关规定。对于业主指定分包的项目将由发包方和承包方联合与其签订分包合同，工程款将由发包方根据承包方的签证直接支付，承包方负责行使对指定分包商的管理职能及总价控制的责任，对此承包方必须服从……分包单位的任何违约行为或疏忽导致工程损害或给发包方造成其他损失，承包方承担连带责任。第三十八条"担保"约定：中国E工程局提供证明公函，对本合同的签署和实施承担担保责任……预付款保函、履约保函及证明公函，作为本合同附件。

合同签订后，中国Z银行于2006年3月6日根据中国E工程局的申请，为其向中国W公司出具《履约保函》，载明：鉴于……你方在合同中要求中国E工程局对合同的签署和实施承担担保责任，本银行在此作为担保人，代表中国E工程局向你方承担支付USD2441000.00（相当于合同总价10%）的责任。

工程于2006年5月19日开工。2006年11月，合同双方对业主指定分包工程合同的谈判问题产生分歧。越南J公司认为分包商自恃是业主指定，报价远高于双方签订合同时确定的分包合同价格且无商量余地，希望W公司、D公司确定一个纲领性的分包价格控制原则和相应可行的谈判策略，以顺利完成与指定分包商的合同谈判，使分包工程按时开工。W公司、D公司则认为分包商所报单价并不比附件8中的价格高，是图纸工程量比原告在附件8中的预估工程量大，引起指定分包商的报价超出合同附件8的报价，此风险应由越南J公司承担。此后，指定分包工程分别由若干越南公司以及中国公司完成。

2009年8月11日，双方签署《土建完工阶段工程验收》，完成了最后一个单体工程项目的竣工验收。越南J公司未递交竣工结算报告。2011年11月2日，中国W公司向越南J公司发出"关于越南X项目合同款结算的函"，表示X项目已于2011年1月移交业主，为尽早完成相关合同决算与结算工作，通知越南J公司指定专人联系并负责结算工作，并注明"如贵司未能在 11 月 7 日前与我司联系，则相关的法律后果需由贵司承担"。越南 J 公司未予书面回复。

2011 年 12 月 8 日，中国 W 公司向越南 J 公司发出《关于要求支付越南 X 项目合同款的函》，载明目前指定分包商和越南 J 公司委托其施工和采购材料的最终实际合同金额为 13959245.75 美元，故联合体应向越南 J 公司支付的合同金额为 10450754.25 美元。截至 2011 年 11 月 30 日，已向越南 J 公司支付 18102752.7 美元，因此其总计应向越南 J 公司追索经济损失 7651988.45 美元。鉴于越南 J 公司是中国 E 工程局的全资控股子公司，且后者已承诺对施工合同的签署和实施承担担保责任，因此要求中国 E 工程局对上述损失承担保证责任。此函抄送中国 E 工程局。2011 年 12 月 15 日，中国 W 公司致函中国 Z 银行，要求支付《履约保函》项下的全部款项，即 244.1 万美元。2012 年 1 月 4 日，该行支付中国 W 公司人民币 15400269 元，并从中国 E 工程局账户扣除同等金额款项。

2014 年 1 月 21 日，越南 J 公司在中国提起诉讼，请求判令中国 W、D 公司支付欠付的工程款 11876919.01 美元、赔偿保函本金损失 244.1 万美元以及该款项利息损失、赔偿因迟延支付工程款导致原告遭受的经济损失。两被告提起反诉，请求由越南 J 公司支付工期延误违约金等损失。

二、法律分析

1. 越南 J 公司主张支付工程款的请求是否超过诉讼时效？

本案为涉外民事案件，案件审理期间各方当事人均明确表示适用中华人民共和国法律处理本案纠纷。《中华人民共和国涉外民事关系法律适用法》第七条规定，诉讼时效适用相关涉外民事关系应当适用的法律。因此，本案所涉的诉讼时效问题由中华人民共和国法律调整。本案审理之时有效的《中华人民共和国民法通则》第一百三十五条规定，向人民法院请求保护民事权利的诉讼时效期间为二年。

越南 J 公司在本案上诉时主张，自己知道合同权益受到侵害的时间是 2012 年 2 月 14 日，若从该时间点起计算诉讼时效，则未超过诉讼时效。

2012 年 2 月 14 日，中国 E 工程局向越南 J 公司出具其从对越南 J 公司应付款金额中扣划了其在保函下被索赔款的扣款收据。越南 J 公司认为该时间点才是自己知道合同权益受到侵害的时间。

项目的最后一个单体工程于 2009 年 8 月 11 日竣工验收。继 2011 年 11 月 2 日中国 W 公司向越南 J 公司发出要求决算合同款的函后，中国 W 公司又于 2011 年 12 月 8 日向越南 J 公司发出了《关于要求支付越南 X 项目合同款的函》，表示其已超付工程款并向越南 J 公司追索经济损失 7651988.45 美元，同时要求中国 E 工程局对该损失承担保证责任。上诉法院认为，该函内容与越南 J 公司在本案中的诉讼请求内容均截然相反，且有具体的赔偿主张，如果越南 J 公司认为 W 公司、D 公司欠付工程款并且已方并无《履约保函》所指的违约行为，则其应自该日起向 W 公司、D 公司提出请求。J 公司至 2014 年方才提起本案诉讼，已经超过诉讼时效期间。

2. 越南 J 公司是否为主张返还履约保函保证金及支付相应利息的适格主体？

W 公司、D 公司认为，如对 W 公司兑现履约保函的行为持有异议，应由作为担保人的中国 E 工程局主张相关权利，越南 J 公司提供的证据不足以证明其已实际承担了保函项下的索赔款，因此其无权主张。

越南 J 公司提供了中国 E 工程局于 2012 年 1 月 10 日致其的通知，内容为中国 Z 银行根据 W 公司的索赔，已于 2012 年 1 月 4 日从中国 E 工程局账户扣划了保函项下索赔款人民币 15400269 元，该笔索赔款由越南 J 公司承担；并提供了 2012 年 2 月 14 日中国 E 工程局出具的收到人民币 15400269 元的收据。该两份证据均为复印件，后经质证要求越南 J 公司出示原件，越南 J 公司提交了仍为复印件的通知，但加盖了"中国 E 工程局"的公章，以及仍为复印件但加盖了"中国 E 工程局财务专用章"的收据。

一审法院认为，担保人在被扣除保函项下的索赔款后，有权向被担保人追偿。中国 E 工程局既已盖章确认，则应认可保函项下的索赔款已由越南 J 公司承担，加之 W 公司、D 公司是否有权兑现保函本就取决于作为被担保人的越南 J 公司是否违约，因此越南 J 公司是本案中主张返还履约保函保证金及支付相应利息的适格主体。

一审法院驳回了返还履约保函保证金及支付相应利息的诉讼请求，理由是越南 J 公司存在工期延误等违约行为并且给 W、D 公司造成的损失大于履约保函中的保证金数额，因此 W、D 公司兑现履约保函并无不当。二审法院认为该诉讼请求同样超过诉讼时效，并认为一审法院有关兑现履约保函的理由是否成立的分析增强了文书的说理性，并无不当。

三、风险防范

提示 1：需留意各国法律对诉讼时效的规定。

诉讼时效制度旨在敦促争议当事人及时行使诉权，以便法院查明事实。如果当事人超出法定诉讼时效后提起诉讼，则丧失胜诉权。各国有关诉讼时效的规定略有不同，当事人需留意涉外交易所涉及的国家或地区有关诉讼时效的规定，包括诉讼时效的长短、起算、中止和中断。

由于审理期间各方当事人均明确表示适用中华人民共和国法律处理本案纠纷，因此本案适用的是《中华人民共和国民法通则》第一百三十五条有关诉讼时效的规定。2021 年 1 月 1 日起施行的《中华人民共和国民法典》已经废止了《中华人民共和国民法通则》，故我国当前有关诉讼时效的规定集中于《中华人民共和国民法典》第一编第九章。

提示 2：需留意履约保函与基础合同的关系。

本案上诉的过程中，越南 J 公司为证明其主张支付工程款的请求未超过诉讼时效，提出：《履约保函》是《施工合同》的附件之一，是《施工合同》的组成部分；《履约保函》与《施工合同》不是完全独立的两个法律关系，而是一个合同关系中的主从关系；W 公司兑现《履约保函》的理由，是认为越南 J 公司存在违反《施工合同》的行为，而不是认为保函申请人或担保人存在违反《履约保函》的行为，兑现保函是《施工合同》下索赔行为的具体化；《履约保函》下债务的最终承担主体是作为被保证人的越南 J 公司，《履约保函》利益的损失就是越南 J 公司的损失；虽然《履约保函》的申请单位——中国 E 工程局与越南 J 公司在法律上属于两个独立主体，但在利益上具有高度的同一性。因此，越南 J 公司主张支付工程款的请求应从 W 公司兑现《履约保函》并由中国 E 工程局向越南 J 公司追偿后开始确定，即从

2012 年 2 月 14 日起算。

对此，上诉法院判决，本案中的《履约保函》是经中国 E 工程局申请，由中国 Z 银行向 W 公司出具的，其与越南 J 公司和中国 W 公司之间的《施工合同》具有完全不同的合同主体和法律关系。

【案例来源：中国建筑（东南亚）有限公司与中国上海外经（集团）有限公司等建设工程施工合同纠纷上诉案，案号：（2017）最高法民终 12 号】

第二节　江苏公司与印尼公司买卖合同纠纷案

一、案例简述

2011 年 12 月 8 日，江苏 M 材料公司（以下简称 M 公司）与印尼 D 公司（以下简称 D 公司）签订买卖合同，约定 M 公司向 D 公司购买 300 吨印尼加里曼丹锆英砂（中矿）；付款方式：40% 定金货款在签订合同五个工作日后电汇，40% 在货物已经在货场后电汇，15% 货款在货物装柜在雅加达后电汇付清，最后的 5% 在货物运抵中国港口后付款。双方约定仲裁地点为中国。2011 年 12 月 19 日、2012 年 1 月 31 日，M 公司分别向 D 公司电汇了前两笔货款，但 D 公司未向 M 公司交付合同约定的货物。

2019 年 7 月，M 公司将 D 公司诉至法院，要求解除买卖合同并返还货款。D 公司未到庭答辩。

二、法律分析

1. 该买卖合同的仲裁条款是否有效？

本案合同载有仲裁条款，约定仲裁地为中国，但未约定仲裁条款所适用的法律。《最高人民法院关于适用〈中华人民共和国仲裁法〉若干问题的解释》第十六条规定，对涉外仲裁协议的效力审查，适用当事人约定的法律；

当事人没有约定适用的法律但约定了仲裁地的，适用仲裁地法律；没有约定适用的法律也没有约定仲裁地或者仲裁地约定不明的，适用法院地法律。依照上述规定，本案应当适用中国法来确定仲裁条款的效力问题。《中华人民共和国仲裁法》第十八条规定，仲裁协议对仲裁事项或者仲裁委员会没有约定或者约定不明确的，当事人可以补充协议；达不成补充协议的，仲裁协议无效。本案合同只约定了仲裁地，但未约定具体的仲裁机构，依照上述法律规定，应当认定上述仲裁条款无效，该认定属于涉外仲裁协议效力认定的司法实践中的普遍共识。由于 D 公司未到庭就仲裁条款效力问题提出意见，本案就上述问题亦不存在实质上的争议，故 M 公司可以诉讼方式解决本案纠纷。

2. 该案应适用什么法律解决实体问题？

本案为涉外商事纠纷，应当明确实体问题的法律适用。《中华人民共和国涉外民事关系法律适用法》第四十一条规定，当事人可以协议选择合同适用的法律，当事人没有选择的，适用履行义务最能体现该合同特征的一方当事人经常居所地法律或者其他与该合同有最密切联系的法律。本案中，双方当事人未约定合同适用的法律，本案合同标的物为锆英砂，该标的物属于印度尼西亚境内的相关矿产，出卖方 D 公司的营业地及合同签订地均在印度尼西亚，故印度尼西亚为本案合同的最密切联系地，本案应当适用印度尼西亚法律解决实体问题。

3. D 公司是否应当返还货款？

根据《印度尼西亚民法典》相关内容（英文版），因卖方之疏忽而未能交货，买方可按照第 1266 条及第 1267 条之规定要求宣布该买卖无效。第 1267 条规定，守约方可决定强制另一方履行协议，如协议仍能被履行的，或要求终止协议，由另一方承担其产生的成本、损失和利息。因此，依照上述规定，D 公司未按约交付货物，M 公司有权解除合同，并要求 D 公司返还其已支付的货款。

三、风险提示

本案从事实上看较简单，但需要注意的是，根据国内多家涉外律所的信息，外国法院的判决不能在印度尼西亚直接执行。印尼目前未加入任何法院判决互认公约，也未与任何国家签订互惠协议，因此外国判决无法在印尼获得承认与执行，需要在印尼重新起诉。在起诉时，可以将外国法院的判决作为证据提交，印尼法院会根据外国法院判决的证明力作出判决。

印尼法律体系较为复杂，虽然和我国一样，印尼也是大陆法系国家，但无论是司法体系还是诉讼程序都与中国有着较大的不同，比如印尼有世俗法律和伊斯兰法律两套法律，实行的是三审终审制，印尼法院的庭审一般会分几次庭审完成，等等。同时，因为本案所涉货物为矿产，而印尼作为矿产出口大国，其矿产出口政策和规定也一直在不断变化和调整，企业需充分注意到涉印尼贸易合同订立时存在的法律风险，在合同订立时对可能存在的政策变更设立退出机制，保障自身合法权益。

【案例来源：江苏朕诺甫纳米材料有限公司、印尼 DRERESOUR-CESINTERNATIONAL 国际货物买卖合同纠纷案，案号：（2019）苏 02 民初 284 号】

第三节 中国公司与韩国公司确认合同效力纠纷案

一、案例简述

2019 年 11 月 28 日，中国 A 公司与中国 K 公司签订《经销合同》，约定：鉴于 A 公司已与瑞士 MD 公司签订分销协议，A 公司成为 MD 在中国大陆的产品进口商，为了更好地分销 MD 产品，A 公司委托 K 公司作为其在中国大陆范围内销售 A 公司产品的唯一经销商，即一级经销商，自合同签订之日起 K 公司可以在中国大陆范围内销售指定产品；在本合同执行过程中发生任何争议，双方应友好协商解决，如果自争议发生之日起 30 日内无法协商解决，应当将争议提交中国国际经济贸易仲裁委员会仲裁。该合同有效期自 2019 年 12 月 1 日至 2021 年 12 月 31 日。

合同签订后，A 公司于 2020 年 1 月 1 日向 K 公司出具《授权书》，内容为：兹授权 K 公司为 A 公司中国大陆范围内的唯一一级经销商，销售 A 公司的"某芳"牌产品，生产厂家为韩国 G 公司，有效期自 2020 年 1 月 1 日至 2020 年 2 月 12 日。A 公司在授权期限内将不再授权任何其他经销商上述产品销售权，K 公司拥有上述产品在中国大陆范围内市场推广、销售、经销的权利。2020 年 2 月 13 日，A 公司再次向 K 公司出具《授权书》，内容与前一授权书大体相同，授权期限自 2020 年 2 月 13 日至 2021 年 12 月 31 日，该授权书的附件为双方协商一致的 41 家不属于 2020 年授权范围的医院名单。

在中国大陆范围内销售推广"某芳"牌产品的权利是由生产厂家韩国 G 公司授权给瑞士 MD 公司作为其分销商，再由瑞士 MD 公司授权给 A 公司作为分销商，最后由 A 公司授权给 K 公司作为一级经销商。此外，韩国 G 公司还授权了中国 B 公司销售推广"某芳"牌产品的权利；A 公司还授权了中国 C 公司销售推广"某芳"牌产品的权利。

2020 年 4—5 月，K 公司的二级代理商反映有些医院拿到了其他公司的"某芳"产品授权书，致使 K 公司代为经销的"某芳"产品销售受阻。

K 公司在中国法院起诉 MD（中国）公司、A 公司、B 公司、C 公司以及韩国 G 公司，请求法院判令：确认 K 公司获得的授权文件有效；确认 B 公司及 C 公司所持授权文件无效；五被告支付 K 公司为维护自身合法权益支付的律师费用及本案诉讼费。

二、法律分析

1. 法院能否一案审理原告针对多个被告的诉请？

本案原告诉请的事项归结起来为三项：一是请求确认给予 K 公司的授权文件有效；二是请求确认韩国 G 公司给予 B 公司的授权文件无效；三是请求确认给予 C 公司的授权文件无效。三个不同的确认合同效力的请求分属三个不同的法律关系，诉讼标的各不相同，所基于的法律事实或法律行为也不同一，分别构成三个独立的诉。此外，各个诉的诉讼主体（主要指被告）不尽相同，A 公司和 G 公司明确提出了不同意合并审理的意见。因此，三个诉不能一案审理，应作分案处理。

2.《经销合同》中的仲裁条款对本案有何影响？

K 公司选择以合同纠纷类案由主张权利，必须遵循合同中既有的合法有效的仲裁条款约定，受其约束。一方面 K 公司陈述由于《经销合同》的有效期限包括 2019 年部分时段，本应由 A 公司给 K 公司出具《授权书》而未出具，即认可《授权书》是《经销合同》履行过程中出具的文件；另一方面又称《授权书》是一份独立于《经销合同》的文件，其陈述自相矛盾。结合《经销合同》和《授权书》的内容，可以看出两者均是 A 公司委托授权 K 公司在中国大陆销售指定产品成为其唯一一级经销商的事项，《授权书》与《经销合同》是不可分割的一个整体，《授权书》进一步明确了授权期限和授权范围，不能独立存在。K 公司针对该合同的授权提起确认合同效力之诉，应受该合同之仲裁条款的约束，法院因此驳回此项诉请。

三、风险防范

提示 1：合同中的仲裁条款具有排除法院管辖权的效果。

仲裁与诉讼均为解决民商事争议的有效手段。如果合同当事人有意将因合同所产生的争议提交仲裁解决，既可以通过订立单独的仲裁协议的方式，也可以通过在该合同中加入仲裁条款的方式。无论采用哪一种方式，均将产生排除法院管辖权的效果。换言之，只要合同当事人订立了有效的仲裁协议或者在合同中加入了仲裁条款，则与该合同有关的争议均应按照仲裁协议或仲裁条款的约定提交仲裁解决。

提示 2：主合同约定的争议解决方式适用于补充协议。

我国最高人民法院曾在公报案例中表示，存在主合同与补充协议的情形时，如果当事人在主合同中约定其争议由仲裁机构解决，则对于没有约定争议解决方式的补充协议可否适用该约定，其关键在于主合同与补充协议之间是否具有可分性。如果主合同与补充协议之间相互独立且可分，则在没有特别约定的情况下，对于两个完全独立且可分的合同或协议，其争议解决方式应按各自的约定处理。如果补充协议是对主合同内容的补充，必须依附于主合同而不能独立于主合同存在，则主合同所约定的争议解决条款适用于补充协议。

因此，如果当事人之间有两个合同，前者载有仲裁条款，后者为前者的补充且不能独立存在，则双方只有在后一个合同中明确排除仲裁，才能避免后一个合同项下的争议被提交仲裁解决。

提示3：跨国公司的母公司与子公司、各子公司之间均为独立法人。

本案被告MD（中国）公司称，与A公司、G公司发生法律关系的系瑞士MD公司，并非自己。MD（中国）公司与瑞士MD公司或为同一跨国公司内部的母子公司或兄弟公司，原告误判了两者的法律地位。

通常，跨国公司由一个母公司、多个子公司组成。母子公司之间、各子公司之间均为独立法人，能够以自己的名义参与民商事活动，并独立承担民事责任（揭开公司面纱的情形除外）。

【案例来源：北京康维欣科技有限公司与卫康盛纳科技有限公司等确认合同效力纠纷，案号：（2021）京04民初899号】

第四节　福建公司与马来西亚公司租赁合同纠纷案

一、案件简述

2003年1月29日，M公司驻厦门办事处员工张某代表M公司与Y公司签订一份《汽车租赁合同书》及其附件《租赁登记表》《车辆交接清单》等各一份，约定张某自同年2月7日起向Y公司以每月8500元的价格租用轿车一辆，租期为3个月。后双方多次续租，自2003年起租金变更为8000元/月。2004年3月9日，张某在该《租赁登记表》上签名确认续租一个月。车辆租赁期间，每月均由M公司按时向Y公司转账支付汽车租金，租赁车辆的押金1万元亦由M公司支付第一期租金时一并交付，租用的车辆只用于

M 公司厦门办事处日常使用。

同年 3 月 17 日，张某驾驶租赁车辆载 M 公司人员前往福州出差。同日晚，张某酒后私自驾车外出并与徐某驾驶的侧三轮摩托车发生碰撞事故，导致徐某重伤、两车损坏的交通事故。事故发生后，交通部门向张某发出《交通事故指定预付通知书》，要求张某预交医疗费 7 万元，否则暂扣车辆至调解终结，因张某未能全额预交上述款项，该车辆一直被暂扣。后 Y 公司于 2005 年 2 月向法院交付了 7 万元的款项后，委托他人将扣押车辆拖回厦门，并支付了拖车费 2000 元。双方就差旅费、停车费、维修费等费用产生分歧。

二、法律分析

1. 张某是否系接受 M 公司的委托与 Y 公司签订汽车租赁合同？

在本案中，虽然张某以自己的名义与 Y 公司签订租赁合同，但无论是 Y 公司还是 M 公司都认可张某的身份为 M 公司驻厦门办事处聘用的司机，张某与 M 公司订立聘用合同在先，与 Y 公司订立汽车租赁合同在后。而且，张某租赁的汽车只用于被告日常工作需要，租金也由 M 公司直接向 Y 公司支付，在这种情况下，尽管张某与 M 公司之间没有书面委托合同，但应当推定张某在订立汽车租赁合同时与 M 公司存在委托代理关系。

2. Y 公司的哪些损失应获赔偿？

在本案中，Y 公司主张因租赁车辆被扣押，造成的损失包括差旅费、停车费、修理费、租金损失、加速折旧费、油费。法院支持了 Y 公司关于损失的部分主张。在考量是否支持损失的主张时，法院主要考虑 Y 公司所提供的证据的关联性、真实性以及合法性。具体来说，法院没有支持 Y 公司损失主张的原因是认为 Y 公司的主张与其所提供的证据在时间、署名方面难以相互印证，不能形成有效的证据链。对于合理预期的损失，如因为长期停放而导致的车辆修理费的主张，法院予以认可。

3. Y 公司是否采取积极措施以避免损失的扩大？

是否采取积极的行动以避免损失的扩大，是能否主张赔偿扩大损失的关键。本案中，M 公司认为 Y 公司从 2004 年 9 月起就没有与交警部门联系取车事宜，而刑事附带民事判决的结果证明该公司有法律义务垫付款项并取回被扣押的车辆，因此 M 公司未积极采取行动避免损失的扩大，不能主张从 2004 年 9 月 9 日至 2005 年 2 月 5 日的租金损失。

法院认为，生效民事判决已认定 Y 公司采取了必要的措施避免损失的扩大，不能取回被扣押车辆的原因是交通肇事案件无法调解结案，刑事附带民事判决的履行期限为 30 天，故 Y 公司于 2005 年 2 月 4 日履行垫付责任并于次日取回被扣押车辆，属于积极和及时的行为；Y 公司履行刑事附带民事判决后，承租人亦有责任取回被扣押车辆，法院生效判决要求双方应当积极互相协助前往交通部门交涉放车以避免损失的扩大，故 Y 公司在履行刑事附带民事判决后的次日即取回车辆，避免了 M 公司损失的继续发生。

4. 格式条款是否有效？

双方在租赁合同中约定在车辆发生交通事故并经维修后，承租人应支付车辆加速折旧费。M 公司认为，车辆经维修后，使用功能不变；Y 公司收取租金后，车辆的正常折旧属于其经营费用范围；租赁合同中的加速折旧条款属于格式条款，加重了承租人的负担。法院认为，车辆的折旧属于车辆租赁业者的经营费用，其在收取了租金后不应再收取折旧费，其将本应由自己承担的费用强加给承租人，根据相关法律规定，应认定加速折旧条款属于格式条款，该条款无效。

三、风险防范

提示 1：基于雇佣关系能够产生委托代理关系，员工可以代表公司行事。

所谓委托代理是指基于被代理人的委托授权而发生代理权的代理。在委托代理中，代理人所享有的代理权是由被代理人授予的，此种代理又被称为授权代理。委托代理产生的基础在于委托授权，但并不意味着委托合同是委托代理的唯一依据。在实践中，除了委托合同之外，基于合伙合同、雇佣合同等基础关系也能产生委托代理。具体来看有以下几种：第一，职务关系，即当事人在法人或非法人组织之中承担特定的职务（如副总经理等在职权范围内对外签订销售合同），并可以依据此种职务对外代理法人或非法人组织行为。第二，劳动合同，在当事人订立了劳动合同之后，劳动者就有可能被授权从事代理行为。第三，劳务合同。需要指出的是，虽然委托合同是代理权产生的基础，但并非所有的委托合同都能产生代理权，在某些情况下，虽然当事人签订了委托合同，但受托人只是以自己的名义从事法律行为，此时也不构成代理。

在委托合同中，一般情况下，委托合同的后果由委托人承担：委托人对于受托人在处理委托事务时非因自己过错所造成的损失应当负赔偿责任；委托人再委托第三人处理委托事务给受托人造成损失的，委托人应当负赔偿责任。

提示 2：无论是作为原告还是被告，提供证据时应注意证据的"三性"。

民事诉讼证据的"三性"是指真实性、合法性、关联性。

第一，证据的真实性是指证据本身形成过程是客观真实的，不是出具证据的一方有意伪造的，同时其中的内容是能客观反映待证事实的，包括形式上的真实性和实质上的真实性两个方面。《最高人民法院关于民事诉讼证据的若干规定》第八十七条规定，证据是否为原件、原物，如果提交复制件、复制品与原件、原物是否相符，是对形式真实的要求。关于证据内容真实，"能够反映案件真实情况"，即是内容真实的含义。

第二，证据的合法性是指符合证据的法定形式，具备形式上的要件，如合同应当有公司的印章等。同时，还应当保证证据的来源合法，包括出具证据的主体是否适格、获取证据的程序是否合法等。

第三，证据的关联性是指证据与待证事实之间要具备客观联系。对证据的关联性判断，应包括三个方面内容：一是要确认证据自身能证明的事实；二是确认这个事实对解决诉争的问题所具有的意义；三是判断法律对这种关联性有无具体要求。关联性重在体现证据与案件待证事实间存在客观联系。

提示 3：合同中约定格式条款时应注意符合格式条款有效性的规定。

《民法典》第四百九十六条第一款规定，"格式条款是当事人为了重复使用而预先拟定，并在订立合同时未与对方协商的条款"。格式条款具有内容定型化的特点，相对人在订约中居于附从地位，正是这种订约人与相对人之间的不平等地位，导致《民法典》对格式条款的生效进行了特别规定。

根据《民法典》的规定，采用格式条款订立合同的，提供格式条款的一方应当遵循公平原则确定当事人之间的权利义务，并采取合理的方式提示对方注意免除或减轻其责任等与对方有重大利害关系的条款。提供格式条款的一方未履行提示或说明义务，致使对方没有注意或理解与其有重大利害关系的条款的，对方可以主张该条款不成为合同的内容。所谓合理的方式，主要是指能够起到引起注意、提请强调和吸引对方注意的方式。

由于格式条款本身具有特殊性，在部分情况下，格式条款无效，法律上对格式条款有更加严格的限制，具体来说包括订约方不合理地免除或减轻其责任、加重对方责任、限制对方主要权利以及排除对方主要权利几种情况。

【案例来源：厦门市盈众汽车租赁有限公司诉马来西亚航空公司汽车租赁合同纠纷案，案号：（2005）厦民初字第 204 号】

第五节 江苏公司与柬埔寨公司信用证纠纷案

一、案件简述

2016 年 3 月 14 日，H 公司与 Y 公司签订编号为 JSHH-HYTT-002 的进口合同，约定 H 公司向 Y 公司购买 48 立方米的大果紫檀，单价为 2300 美元 / 立方米，总价为 110400.00 美元，每个规格的数量及金额允许增减 10%，装运港为胡志明国际港，到货港为中国上海港，最迟装运时间为 2016 年 4 月 20 日，付款方式为不可撤销的 60 天远期信用证。该合同签订后，H 公司依约向 J 银行申请开立对应金额为 119600.00 美元的信用证。2016 年 3 月 23 日，J 银行向 H 公司开立了编号为 LC0713916000458 的信用证。该信用证载明：信用证性质为不可撤销信用证，适用规则为最新《跟单信用证统一惯例》，开证行为 J 银行，受益人为 Y 公司，付款期限为见单后 60 天付清发票款项。其后，Y 公司向银行提交了编号为 HHSGN160000312、HHSGN160000313 的提单，该提单载明的货物数量分别为 35 立方米、17 立方米，提货人为汇鸿公司，提货地点为中国上海港，船名均为 SITCPYEONGTAEKV.1615N，到单日为 2016 年 4 月 5 日，信用证到期付款日为 2016 年 6 月 6 日。但 H 公司至今未收到该货物，H 公司向提单上所涉 S 轮船有限公司（以下简称轮船公司）查询，被告知该公司及公司代理均未签发编号为 HHSGN160000312、HHSGN160000313 的提单。H 公司认为，Y 公司提交虚假的单据（提货单），根据《最高人民法院关于审理信用证纠纷案件若干问题的规定》，已构成信用证欺诈，故请求法院判决终止支付案涉信用证项下款项，J 银行为本案第三人，Y 公司并未出庭答辩。

J 银行认为，本案是否构成信用证欺诈应当由法院进行实体性判断，同时由于 J 银行已经于 2016 年 4 月 12 日对信用证进行了承兑，满足信用证例外之例外的规定，故请求法院驳回 H 公司的诉讼请求。

二、法律分析

1. 合同约定的争议解决条款是否排除法院对本案实质性审查的管辖权？

在本案中，H 公司主张 Y 公司提交的为虚假单据。H 公司一直没有收到货物，并且 H 公司向轮船查询后被告知该公司及其代理均未签发涉案编号的提单，因此 Y 公司构成信用证欺诈，请求法院终止支付信用证项下的款项。

从案件类型来看，本案所涉及的主要为信用证纠纷案，对于是否确实存在信用证欺诈的问题属于对案涉基础合同，即 H 公司和 Y 公司于 2016 年 3 月 14 日签订的进口合同的相关事实及性质、责任等的审理范围。该合同第 16 条明确约定了争议解决方式，即"凡有关本合同或执行本合同而发生的一切争议，应通过友好协商解决，如不能解决时，则任何一方有权申请并由中国国际经济贸易仲裁委员会按其仲裁规则在上海进行仲裁解决，其裁决是终局的，对双方均有约束力"。该条款的约定意味着排除了法院对该合同及其履行行为进行裁判的司法管辖权，法院不应对 Y 公司是否提供了虚假提单、是否构成信用证欺诈进行认定。

2. 本案应适用什么法律？

根据《最高人民法院关于审理信用证纠纷案件若干问题的规定》第二条

的规定，人民法院审理信用证纠纷案件时当事人约定适用相关国际惯例或者其他规定的，从其约定；当事人没有约定的，适用国际商会《跟单信用证统一惯例》或者其他相关国际惯例。本案系信用证纠纷案，案涉信用证明确了适用国际商会《跟单信用证统一惯例》，故本院确认以国际商会《跟单信用证统一惯例》为依据认定当事人之间的案涉权利义务，对该惯例未作出规定的，以中华人民共和国法律作为审理本案的准据法。

三、风险防范

提示 1：银行在审查信用证时仅需审查单证表面是否一致即可。

在实践中，银行在审查信用证时主要依据的是信用证独立原则和单证严格一致原则。所谓信用证独立原则是指在信用证当事人之间、信用证当事人与申请人之间存在的几种关系之间，是相互独立的，这些关系都属于不同的法律关系。尤其是开证行与受益人之间的权利义务关系独立于其他法律关系。单证严格一致原则是指，信用证交易处理的对象仅为单据，处理单据时应当遵循单证相符原则。银行在审单时，只要信用证符合单单一致、单证一致，开证行就必须付款或承兑，银行不需要考虑基础合同的履约情况，也无需审核相关单据的真实性。

根据《跟单信用证统一惯例》的规定，在信用证业务中，银行处理的是单据，不是单据可能涉及的货物、服务或履约行为；银行对任何单据的格式、完整性、准确性、真实性、伪造或法律效力，或单据上规定的或附加一般及或特殊条件，一概不负责任；对于任何单据所代表的货物的描述、数量、重量、品质、状态、包装、交货、价值或存在，或货物的发货人、承运人、运输人、收货人、保险人或其他任何人的诚信或行为、疏漏、清偿能力、履约能力或资信情况，也概不负责。就性质而言，信用证与销售合同或其他合同是相互独立的关系，即便在开立信用证时对合同有任何的援引，银行也不会受该合同的约束。

提示 2：在履行合同过程中应注意防范信用证欺诈的相关情形。

信用证的独立性原则和单证一致原则能够在最大程度上保证受益人的利

益，保证受益人能够顺利收款，但是同时也为受益人欺诈银行或者申请人提供了方便。因此，我国 2021 年《最高人民法院关于审理信用证纠纷案件若干问题的规定》第八条规定了构成信用证欺诈的几种情形：受益人伪造单据或者提交记载内容虚假的单据；受益人恶意不交付货物或者交付的货物无价值；受益人和开证申请人或者其他第三方串通提交假单据，而没有真实的基础交易；其他进行信用证欺诈的情形。

开证申请人、开证行或其他利害关系人发现存在信用证欺诈的情形，并认为将会给其造成难以弥补的损害时，可以向有管辖权的人民法院申请中止支付信用证项下的款项。人民法院认定构成信用证欺诈的，应当裁定中止或判决终止支付信用证项下款项。因此开证行、申请人或利害关系人只有拒绝支付的申请权，决定权在法院。

提示 3：信用证欺诈的救济方式（信用证欺诈例外）及适用限制（信用证欺诈例外的例外）。

鉴于信用证欺诈的危害性，许多国家都规定了信用证欺诈例外，即在证明受益人存在欺诈的情况下，即使单证一致，开证行也可以拒绝根据信用证对外付款。信用证欺诈例外的核心问题是哪种欺诈行为可以使银行对相符交单拒付，一般认为，只有受益人（即收款人，通常为货物买卖合同中的卖方）亲自参与的欺诈才可以使银行免去付款的义务，如果是第三人而非受益人实施的欺诈行为，则不能剥夺受益人受偿的权利。银行在收到受益人欺诈的确切证据时，方可拒绝付款。

即使出现信用证欺诈，如果存在以下情形，法院也不能裁定中止或判决终止支付信用证项下的款项，此即信用证欺诈例外的例外，具体包括：开证行的指定人、授权人已按照开证行的指令善意地进行了付款；开证行或者其指定人、授权人已对信用证项下票据善意地作出了承兑；保兑行善意地履行了付款义务；议付行善意地进行了议付。

提示 4：在拟定合同时应注意争议解决管辖权的约定。

在我国，有效的商事争议解决方式主要有仲裁和诉讼两种途径。合同双方当事人可以在签订合同时约定合同争议发生时的解决方式，如果未来想要通过仲裁的方式解决，则必须要在合同中约定仲裁条款，这是适用仲裁方式解决争议的前提和基础。一旦约定了以仲裁的解决争议，则意味着排除了法院对案件的司法管辖权，除非仲裁条款无效，否则不能通过诉讼的方式解决。不过，在约定仲裁条款的时候，可以明确约定想要通过仲裁解决的具体事项，如此约定仲裁事项以外的争议仍可通过法院诉讼解决。

【案例来源：江苏汇鸿国际集团中锦控股有限公司与华源同泰（柬埔寨）农业科技发展有限公司信用证纠纷一审民事判决书，案号：（2016）苏 01 民初字第 849 号】

结　语

　　当前世界经济复苏动力不足，全球通胀处于高位，单边主义和保护主义蔓延。RCEP 以实际行动支持贸易投资自由化、便利化，有助于提振全球经济信心，助力地区和全球经济长期稳定发展。RCEP 成员国努力为区域经济发展营造良好法治环境，建立健全诉讼—仲裁—调解多元争议解决机制。

　　中国作为 RCEP 最大的经济体成员，为实现市场化、法治化、国际化营商环境，统筹推进国内法治和涉外法治建设，注重国际争议解决机制建设，以高质量法治保障经济高质量发展。中国企业在扩大与 RCEP 成员国经贸伙伴范围、拓宽经贸合作领域的同时，需要进一步提高法治意识，了解不同国家的法治环境，掌握国际经贸常见风险，提前做好国际商事交易风险防范，理性解决国际商事争议。

附录：案例编类型分类表

案例类型	序号	案例名称	争议焦点
合同订立环节风险防范	1	澳大利亚进口公司与上海进出口公司国际货物买卖合同纠纷案	1. 国际货物买卖合同关系的确定
	2	缅甸公司与中国公司、孙某合同纠纷案	1. 适格当事人的确定 2. 一人有限责任公司的责任承担
	3	福建公司与新西兰公司等代理销售合同纠纷案	1. 合同定性问题 2. 超出经营范围订立合同
	4	上海国际旅行社有限公司与新西兰有限公司合同纠纷案	1. 法院管辖权的确定
	5	澳大利亚公司与天津建材公司及海南公司国际货物买卖合同纠纷案	1. 订立合同时对连带担保责任的约定 2. 订立合同时对应付货款的确认风险
合同履行环节风险防范	6	韩国公司与中国公司废纸买卖合同纠纷案	1. 不安抗辩权 2. 中止履行的通知
	7	上海设备工程公司与菲律宾谷物公司定作合同纠纷案	1. 先合同义务的履行
	8	上海进出口有限公司诉日本商事株式会社国际货物买卖合同纠纷案	1. 守约方无法履行下合同之归责问题 2. 扩大损失的责任承担问题
	9	日本公司与中国公司跨境知识产权许可合同纠纷仲裁案	1. 专利技术转让的范围问题 2. 转让方是否完全履行了转让专利技术的合同义务
	10	中国航空公司与泰国航空运输公司国际航空地面服务协议履行纠纷仲裁案	1. 案件的法律适用问题 2. 协议是否履行

（续表）

案例类型	序号	案例名称	争议焦点
合同违约处理环节纠纷	11	韩国公司与中国公司水产买卖合同纠纷案	1. 不可抗力条款的适用 2. 违约金
	12	老挝农业公司与湖北工程机械公司国际货物买卖合同纠纷案	1. 违约事实的认定 2. 合同解除的法定事实
	13	马来西亚国际航运公司与上海国际贸易公司海上货物运输合同纠纷案	1. 对货损诉权的确认 2. 损失金额的确定 3. 装卸费和仓储费的抵销
	14	中国食品公司与越南食品原料生产公司国际货物买卖合同纠纷仲裁案	1. 交付货物是否存在质量问题 2. 损失的认定方式
	15	中国公司与英国公司货物买卖纠纷仲裁案	1. 英国公司没有按照约定投保的行为是否构成违约
合同其他风险防范	16	越南公司与中国两公司建筑工程合同纠纷案	1. 诉讼时效 2. 主张返还履约保函保证金及支付相应利息的适格主体的确定
	17	江苏材料公司与印尼公司国际货物买卖合同纠纷案	1. 仲裁条款的效力 2. 法律适用
	18	中国公司与韩国公司等确认合同效力纠纷案	1. 合同中约定仲裁条款的效力 2. 跨国公司母子公司的法律地位
	19	厦门汽车租赁有限公司诉马来西亚公司汽车租赁合同纠纷案	1. 代理关系的确立 2. 合同格式条款的效力 3. 证据有效性问题
	20	江苏国际集团与柬埔寨农业科技发展有限公司信用证纠纷案	1. 信用证欺诈相关法律问题 2. 法律适用问题

主要参考文献

著作

1. 中国国际经济贸易仲裁委员会编：《"一带一路"沿线国家国际仲裁制度研究（一）》，2015 年版。

2. 中国国际经济贸易仲裁委员会编：《"一带一路"沿线国家国际仲裁制度研究（三）》，法律出版社 2018 年版。

3. 中国国际经济贸易仲裁委员会编：《"一带一路"沿线国家国际仲裁制度研究（四）》，法律出版社 2019 年版。

4. 中国国际经济贸易仲裁委员会编：《"一带一路"沿线国家仲裁制度研究（五）》，法律出版社 2020 年版。

5. 中国国际经济贸易仲裁委员会编：《"一带一路"沿线国家国际仲裁制度研究（六）》，法律出版社 2022 年版。

6. 中国国际经济贸易仲裁委员会编：《"一带一路"沿线国家国际仲裁制度研究（七）》，法律出版社 2022 年版。

7. 中国国际贸易促进委员会法律事务部、中国经济信息社编著：《"一带一路"国别法律研究（第五辑）》，新华出版社 2018 年版。

8. 中国国际贸易促进委员会法律事务部、中国经济信息社编著：《"一带一路"国别法律研究（第六辑）》，新华出版社 2018 年版。

9. 中华全国律师协会编:《"一带一路"沿线国家法律环境国别报告(一)》,北京大学出版社 2017 年版。

10. 中华全国律师协会编:《"一带一路"沿线国家法律环境国别报告(二)》,北京大学出版社 2017 年版。

11. 中华全国律师协会编:《"一带一路"沿线国家法律环境国别报告(三)》,北京大学出版社 2018 年版。

12. 中华全国律师协会编:《"一带一路"沿线国家法律环境国别报告(四)》,北京大学出版社 2018 年版。

13. 《一带一路沿线国家法律风险防范指引》系列丛书编委会编:《一带一路沿线国家法律风险防范指引(印度尼西亚)》,经济科学出版社 2015 年版。

14. 《一带一路沿线国家法律风险防范指引》系列丛书编委会编:《一带一路沿线国家法律风险防范指引(新加坡)》,经济科学出版社 2017 年版。

15. 《一带一路沿线国家法律风险防范指引》系列丛书编委会编:《"一带一路"沿线国家法律风险防范指引(马来西亚)》,经济科学出版社 2017 年版。

16. 《一带一路沿线国家法律风险防范指引》系列丛书编委会编:《"一带一路"沿线国家法律风险防范指引(老挝)》,经济科学出版社 2017 年版。

17. 《一带一路沿线国家法律风险防范指引》系列丛书编委会编:《"一带一路"沿线国家法律风险防范指引(韩国)》,经济科学出版社 2019 年版。

18. 《一带一路沿线国家法律风险防范指引》系列丛书编委会编:《"一带一路"沿线国家法律风险防范指引(越南)》,经济科学出版社 2019 年版。

19. 中华全国律师协会编:《"一带一路"沿线国家法律环境国别报告:中英文对照(第三卷)》,北京大学出版社 2016 年版。

20. 陈兴华主编:《东盟国家法律制度》,中国社会科学出版社 2015 年版。

21. 常英主编:《仲裁法学(第四版)》,中国政法大学出版社 2019 年版。

22. 范愉:《非诉讼程序(ADR)教程(第二版)》,中国人民大学出版社 2012 年版。

23. 李双元:《国际民商事诉讼程序研究》,武汉大学出版社 2016 年版。

24. 李莉、乔欣编著：《东盟国家商事仲裁制度研究》，中国社会科学出版社 2012 年版。

25. 杨眉主编：《印度尼西亚共和国经济贸易法律指南》，中国法制出版社 2006 年版。

26. 〔澳〕吴明安：《马来西亚司法制度》，张卫译，法律出版社 2011 年版。

27. 〔澳〕娜嘉·亚历山大主编：《全球调解趋势（第二版）》，王福华等译，中国法制出版社 2011 年版。

28. 〔美〕加里·B. 博恩：《国际仲裁：法律与实践》，白麟等译，商务印书馆 2015 年版。

期刊论文

1. 陈婉姝：《中国国际商事法庭协议管辖制度的反思与重构》，《新疆大学学报（哲学社会科学版）》2023 年第 1 期。

2. 蔡伟：《国际商事法庭：制度比较、规则冲突与构建路径》，《环球法律评论》2018 年第 5 期。

3. 杜新丽：《论外国仲裁裁决在我国的承认与执行——兼论〈纽约公约〉在中国的适用》，《比较法研究》2005 年第 4 期。

4. 黄荣楠：《中国（上海）自由贸易试验区仲裁规则评述》，《上海对外经贸大学学报》2014 年第 6 期。

5. 甘勇：《日本涉外民事管辖权立法的新发展及其启示——兼评中国 2012 年〈民事诉讼法〉的相关规定》2017 年第 4 期。

6. 顾维遐：《全球国际商事法庭的兴起与生态》，《南大法学》2022 年第 6 期。

7. 何其生课题组等：《当代国际商事法院的发展——兼与中国国际商事法庭比较》，《经贸法律评论》2019 年第 2 期。

8. 龙飞：《新加坡 ADR 制度的发展及启示》，《人民法院报》2013 年 8 月 16 日第 8 版。

9. 李燕妮：《RCEP 全面生效　助力区域经济一体化》，《中国外资》2023 年第 13 期。

10. 牛子文：《澳大利亚调解制度新发展述评》，《司法改革论评》2015 年第 1 期。

11. 齐树洁：《韩国调解制度》，《人民调解》2021 年第 11 期。

12. 沈伟：《国际商事法庭的趋势、逻辑和功能——以仲裁、金融和司法为研究维度》，《国际法研究》2018 年第 5 期。

13. 石现明：《东盟国家国际商事仲裁协议制度比较研究》，《东南亚纵横》2013 年第 5 期。

14. 万鄂湘、夏晓红：《中国法院不予承认及执行某些外国仲裁裁决的原因——〈纽约公约〉相关案例分析》，《武大国际法评论》2010 年第 5 期。

15. 谢鹏远：《韩国法院附设调停制度的当代发展及其启示》，《东疆学刊》2021 年第 2 期。

16. 尹文希：《论外国仲裁裁决在韩国的承认与执行》，《商业经济》2020 年第 2 期。

17. 袁杜鹃：《上海自贸区仲裁纠纷解决机制的探索与创新》，《法学》2014 年第 9 期。

18. 张巍：《日本的仲裁制度》，《新劳动》2002 年第 3 期。

19. 张玉卿：《国际商事仲裁保密义务的探索与思考》，《国际法研究》2016 年第 4 期。

20. 张建：《论国际投资仲裁裁决在中国的承认与执行》，《南华大学学报》2017 年第 2 期。

21. 朱昕昱：《韩国仲裁制度的变革与发展》，《东南司法评论》2017 年第 10 期。

22. ［澳］PA Bergin：《澳大利亚法院对之调解现状——以新南威尔士州为中心》，《法律适用》2011 年第 6 期。

报告

1.《对外投资合作国别（地区）指南　东盟》(2022 年版）

2.《对外投资合作国别（地区）指南　日本》（2022 年版）

3.《对外投资合作国别（地区）指南　韩国》（2022 年版）

4.《对外投资合作国别（地区）指南　澳大利亚》（2022 年版）

5.《对外投资合作国别（地区）指南　新西兰》（2022 年版）

6. 最高人民法院工作报告（2023 年）

网站

1. 中国商务部网站：http://www.mofcom.gov.cn/

2. 上海国际仲裁中心网站：https://www.shiac.org/pc/SHIAC

3. 香港国际仲裁中心网站：https://www.hkiac.org/

4. 日本法院网：https://www.courts.go.jp/index.html

5. 日本辩护士（律师）联合会网站：https://www.nichibenren.or.jp/cn/judicature. htm

6. 日本商事仲裁协会网站：https://www.jcaa.or.jp/

7. 韩国商事仲裁院国际中心网站：http://www.kcabinternational.or.kr/main.do.

8. 澳大利亚国际商事仲裁中心网站：https://acica.org.au/

9. 新西兰国际仲裁中心网站：https://www.nziac.com/

10. 新加坡国际商事法庭网站：https://www.sicc.gov.sg/

11. 新加坡国际仲裁中心网站：https://siac.org.sg/

12. 新加坡国际调解中心网站：https://simc.com.sg/

13. 新加坡法律学会网站：https://www.sal.org.sg/

14. 新加坡法院网站：https://www.judiciary.gov.sg/

15. 新加坡调解中心网站：https://mediation.com.sg/

16. 马来西亚亚洲国际仲裁中心网站：https://www.aiac.world/

17. 印度尼西亚调解中心网站：https://www.pmn.or.id/

图书在版编目(CIP)数据

中国企业 RCEP 国家经贸风险防范和争端解决指引/
上海国际经济贸易仲裁委员会(上海国际仲裁中心)编. —
上海:上海人民出版社,2023
ISBN 978 - 7 - 208 - 18649 - 1

Ⅰ. ①中… Ⅱ. ①上… Ⅲ. ①企业-国际贸易-风险
管理-研究-中国 Ⅳ. ①F752

中国国家版本馆 CIP 数据核字(2023)第 211412 号

责任编辑 史尚华
封面设计 一本好书

中国企业 RCEP 国家经贸风险防范和争端解决指引
上海国际经济贸易仲裁委员会(上海国际仲裁中心) 编

出 版 上海人民出版社
  (201101 上海市闵行区号景路 159 弄 C 座)
发 行 上海人民出版社发行中心
印 刷 上海商务联西印刷有限公司
开 本 720×1000 1/16
印 张 19
插 页 2
字 数 277,000
版 次 2023 年 11 月第 1 版
印 次 2023 年 11 月第 1 次印刷
ISBN 978 - 7 - 208 - 18649 - 1/F · 2856
定 价 85.00 元